대학
교육의 혁신

KI신서 6698

대학 교육의 혁신

1판 1쇄 인쇄 2016년 8월 18일
1판 1쇄 발행 2016년 8월 25일

지은이 정갑영 외 공저
펴낸이 김영곤 **펴낸곳** (주)북이십일 21세기북스
출판사업본부장 신승철 **영업본부장** 안형태
출판마케팅팀 김홍선 최성환 백세희 조윤정
출판영업팀 이경희 이은혜 권오권
제작팀장 이영민 **홍보팀장** 이혜연
출판등록 2000년 5월 6일 제406-2003-061호
주소 (10881) 경기도 파주시 회동길 201(문발동)
대표전화 031-955-2100 **팩스** 031-955-2151 **이메일** book21@book21.co.kr

기획 및 편집디자인 (주)프로그래시브
대표전화 02-765-2986 **팩스** 02-765-2988
이메일 info@studioprogressive.com **홈페이지** www.studioprogressive.com

ⓒ 정갑영 외, 2016

ISBN 978-89-509-6645-4 03320
책값은 뒤표지에 있습니다.

(주)북이십일 경계를 허무는 콘텐츠 리더

21세기북스 채널에서 도서 정보와 다양한 영상자료, 이벤트를 만나세요!
가수 요조, 김관 기자가 진행하는 팟캐스트 '[북팟21] 이게 뭐라고'
페이스북 facebook.com/21cbooks   블로그 b.book21.com
인스타그램 instagram.com/21cbooks   홈페이지 www.book21.com

대학 교육의 혁신

연세 제3 창학

정갑영 외 공저

21세기북스

Contents

발간사

2015년에 창립 130주년을 맞이한 연세대학교는 국내 사학의 명문으로 양적 확대와 발전을 거듭하여 왔다. 기독교의 이념을 바탕으로 언더우드학당과 제중원으로부터 출발한 연희대학과 세브란스의과대학은 1957년 연세대학교로 합병을 하였고, 이후 한국의 대표적인 사립대학으로 명성을 유지하여 왔다. 나아가 원주캠퍼스와 최근의 송도 국제캠퍼스의 준공을 계기로 국내에서 가장 많은 캠퍼스를 가진 명문 사학으로 성장하였다. 이와 같은 연세의 성장과 발전은 전통적으로 대학교육에 대한 수요가 왕성한 우리 사회의 문화와 명문대학을 선호하는 고정관념을 바탕으로 공급자 위주의 교육환경에서 글로벌 경쟁은 거의 없고 대내적인 규제와 보호의 온실에서 안정적인 성장을 유지한 결과로 나타났다.

그러나 최근 들어 대학을 둘러 싼 국내외의 환경은 급격히 변화하고 있다. 대내적으로는 학령인구가 급감하고 있을 뿐만 아니라 반값 등록금 정책으로 재정적인 압박이 심화되고 있으며, 대외적으로는 연구의 수월성을 제고시키기 위한 경쟁이 치열하게 전개되고 있다. 이 결과 대내적인 구조조정의 압력과 재정여건의 취약성이 큰 위협요인으로 등장하였을 뿐만 아니라 세계적 명문으로 도약하기 위한 연구와 교육의 수월성 확보를 위해 적극적인 투자가 불가피한 상황에 놓여 있다. 특히 연세대학교는 송도 국제캠퍼스의 개교를 계기로 새로운 도약을 모색해야 하는 중요한 전환기를 맞고 있다.

이와 같이 중대한 시기에 연세대학교는 정갑영 교수를 17대 총장으로 맞게 되었고, 2012년을 제3 창학의 원년으로 선포하게 되었다. 제중원과 조선기독교대학의 설립에서 비롯된 제1의 창학에 이어, 연희와 세브란스가 합병한 1957년을 제2 창학기로 구분하고, 이어 송도 국제캠퍼스의 출범과 17대 총장의 취임을 계기로 제3 창학의 역사가 시작된 것이다. 제3 창학의 목표는 교육과 연구, 재정, 행정, 인프라, 멀티 캠퍼스의 운용 등 대학운영의 주요 부문에서 글로벌 경쟁력을 갖춘 세계적 명문으로 도약하자는 다짐이었다.

2012년 2월에서 2016년 1월까지 제3 창학의 출범을 선언한 연세대학교는 각고의 노력 끝에 송도 국제캠퍼스에 신입생을 대상으로 아시아 최초의 Residential College^{RC} 프로그램을 성공적으로 정착시키고, 오랫동안 연세의 숙원사업이었던 3만 8천 평 규모의 백양로 재창조 프로젝트를 완공시켰으며, 경영대학과 공과대학, 기숙사 등 10여 년 이상 현안이 되어 왔던 시설확충을 모두 성공적으로 완료하였다. 이와 함께 언더우드국제대학^{UIC}을 확대하고, 성과연동제를 통해 인사행정을 혁신하였으며, 의료원과 원주캠퍼스에도 각각 암병원과 외래진료소 신축 등 대형 프로젝트를 모두 완성시켰다. 연세의 국제적 위상도 크게 향상되어 2014년에는 세계 80대, 사립대학 중 세계 20대 저명대학으로 평가를 받았다. 2012년부터 4년간은 어떤 기준으로 평가해도 130년 연세 역사에 가장 괄목할만한 성과를 이룩한 시기로서, 슬로건의 표어 그대로, 연세는 역사를 만드는 곳$^{YONSEI, where we make history}$으로 자리하게 되었다.

2012년 2월부터 시작된 4년 간의 연세 역사는 어떤 기준으로 평가해도 가장 큰 변화와 혁신을 일으킨 시기라고 자부하고 싶다. 백양로 재창조와 국제캠퍼스의 RC 등을 둘러싸고 일부의 이견과 논란이 있었지만, 공약한 정책 사업들을 예정대로 완수하였고, 사업에 대한 평가 역시 상당히 고무적이었다. 어떤 관점에서 평가해도 지난 4년 연세의 역사는 하나님의 은혜가 충만했던 시절이라고 아니 할 수 없다.

이 책은 제3 창학의 꿈을 열었던 제17대 총장의 임기를 마무리하면서 그동안 각 분야에서 함께 봉직했던 실·처장단이 4년간의 성과와 미래의 과제 등을 엮어서 후대의 자료로 남기고자 발간하게 되었다. '연세, 제3의 창학'은 어떤 특정한 개인의 전유물이 아니며 앞으로도 연세가 지속적으로 추진해야 될 사명이라고 생각한다. 이러한 관점에서 이 책은 제3 창학의 과제별로 구체적인 실천 방향과 성과, 그리고 현안과 과제들을 모두 수록하여 향후 대학정책의 집행에 참고가 될 수 있도록 정리하였다.

이 책의 부문별 과제와 성과는 재직 당시에 책임을 맡았던 보직자가 대부분 직접 작성하였으며, 교육 부문은 정인권 교무처장과 최강식 학부대학장, 모종린 국제처장, 박형지 UIC 학장, 연구 부문은 김은경 연구처장, 행·재정 시스템의 혁신과 캠퍼스 인프라 혁신 부문은 김영세 기획실장과 이준기 학술정보원장, 김현정 총무처장, 임홍철 백양로 사업단장, 열린 공동체 문화 부문은 김상준 대외협력처장, 멀티캠퍼스 부문은 정남식 의무부총장과 이인성 원주부총장이 작성하였다. 이 밖에 내용에 따라서는 해당 기관을 담당한 많은 선생님들이 참여하여 만들어졌다. 특히 편집과정에서 최강식 학장과 김상준 처장, 김영숙 팀장의 노고가 많았으며, 출판과정에서 김윤희 실장이 세세하고 전문적인 도움을 주었다.

그동안 제3 창학의 과제들을 묵묵히 수행해 온 교수님과 직원 선생님들께 감사드리며, 연세의 사업들을 후원해 주신 말로 다하기 어려운 수많은 감사한 손길, 그리고 이 책의 정리과정에 많은 도움을 주었던 여러분들께 깊이 감사드린다.

2016년 8월

정갑영 외 저자 일동

1. 무엇이 명문 대학을 만드나

대학의 명성은 국가의 명성보다 더 가치 있게 평가되는 경우가 많다. 실제로 대학의 명성은 국가보다 더 귀하고 더 많이 알려져 있다. 이런 이유로 국적은 바꿀 수 있어도 학적은 바꿀 수 없다고 하지 않는가. 전 세계 수십억 인구가 모두가 가고 싶어 하는 저명 대학, 인류의 문명사를 바꾸는 위대한 발명과 발견이 이루어지는 역사의 현장, 동문이 되었다는 사실 하나만으로 인생의 모든 것이 결정되어지는 대학, 세계 어느 기관에서 평가해도 몇 위 안에 들어갈 수 있는 대학…, 사람들은 모두 그런 대학에서 공부하고 싶어 하고, 모든 대학은 그런 저명 대학을 만들고 싶어 한다.

어떻게 세계적인 명문 대학이 만들어질 수 있을까? OECD^{Organization for Economic Cooperation and Development}와 세계은행, WEF^{World Economic Forum} 등 대학의 경쟁력 제고에 정책적인 권고 사항을 많이 제시하는 국제 기구들은 대학의 경쟁력을 결정하는 요인으로 대체로 다음 네 가지 사항을 지적한다.

첫째는 우수한 교육과 연구 성과를 나타내야 한다. 당연히 연구 역량이 탁월한 연구자가 있어야 하고, 연구를 뒷받침하는 시설과 지원 인력이 있어야 한다. 규모가 큰 대학들은 대부분 교육보다는 오히려 연구 중심을 지향한다. 흔히 말하는 아이비리그 대부분이 전통적으로 세계적인 연구 성과를 자랑한다. 물론 교육도 중요하다. 교육을 통해 세계적인 인물을 배출해야 한다. 따라서 교육의 경쟁력은 흔히 동문들의 활동으로 평가하는 경우가 많다. 교육 프로그램과 교수자의 열정, 교육을 지원하는 시설과 행정 시스템 등 소프트웨어가 교육 경쟁력을 좌우한다. 미국의 윌리암즈대학^{Williams College}이나 에머스트대학^{Amherst College} 등 Liberal Arts 대학들은 교육 중심으로 특화하여 세계적 명성을 유지하고 있다. 연구나 교육이나 모두 탁월한 교수와 우수한 학생이 기본이므로 우수한 인적 자원을 유치하고 활발한 학술, 연구 활동을 뒷받침할 수 있는 역량이 명문을 결정하는 가장 중요한 요인이다.

둘째는 정책 환경policy environment을 지적한다. 대학에 대한 정부의 정책은 물론 대학을 보는 사회의 문화, 인구 구조, 진학률 등 주변 여건이 대학 경쟁력을 결정하는 또 하나의 핵심이다. 미국은 대체로 사립대학을 중심으로 자율성과 시장의 경쟁을 기본으로 하는 대학 정책이 유지되어 왔고, 유럽은 국공립대학 중심으로 대학 정책이 시행되어 왔다. 등록금도 미국은 시장에서 자율적으로 결정되고, 유럽은 정부가 대부분 재원을 부담하는 서로 다른 환경에서 운영되고 있다. 한국과 일본 등은 대학에 대한 엄격한 정부 규제가 적용되어 사학의 자율성이 폭넓게 부여되지 못하였다.

어떤 모델이 바람직한가는 일률적으로 판단하기 어렵지만 정부는 기초연구에 소요되는 연구비를 적극 지원하고, 사학의 자율성을 보장해 주는 것이 대학의 경쟁력 제고에는 필수적인 요인이라고 볼 수 있다. 자율성을 보장받는 대학들은 당연히 일정 부분 소외 계층의 교육을 배려하는 사회적 책무를 감당해야 한다. 대학에 대한 기부 문화도 한국에서는 아직 보편화되어 있지 않기 때문에 정부의 역할과 정책이 더욱 중요하다.

셋째는 재정 여건이다. 대학 교육과 연구는 많은 투자가 요구되는 공공재의 성격을 갖고 있다. 좋은 교육과 연구 성과는 특정 개인만 누리는 것이 아니라 사회에 엄청난 긍정적 파급 효과를 가져오기 때문이다. 따라서 정부가 대학에 투자해야 할 당연한 책임이 있다. 그러나 현실적으로 정부의 대학에 대한 투자는 제한적이기 때문에 민간 부문에서 많은 지원을 필요로 하고 있다. 풍부한 재원이 있어야 세계적 석학을 유치할 수 있고, 우수한 학생도 데려올 수 있으며, 첨단 교육 연구 시설과 연구 기자재도 마련할 수 있다.

실제로 저명 대학의 운용 자금 규모를 보면 천문학적인 숫자이다. 2016년 하버드대학의 보유 자금endowment은 364억 달러약 43조 7천억 원이고, 미국에서 보유 자금의 규모가 큰 10대 대학이 모두 100억 달러^{약12조 원}가 넘는다. 이 대학들은 2015년 한 해 예산의 약 10%를 기존의 보유 자금에서 사용했으며^{보유 자금의 4%}, 17%는 새로운 기부금에서 조달하였으므로 전체 예산의 27%를 기부로 조달한 셈이다.

한국에서는 보유 자금이 가장 많은 대학도 130여 년 이상 기부 등으로 적립한 자금이 수천억 원에 불과하며, 이것도 사회적으로 '잉여자금'으로 인식되어 이 자금을 등록금 인하를 위한 재원으로 사용하지 않고 있다는 비난에 시달리고 있다. 또한 국제적인 기준에서 보면 한국 사립대학의 등록금은 저명 사립대학의 1/3이나 1/5에 불과하며, 기부 문화가 취약하고 재정 역량을 뒷받침할만한 사회적 여건이 극히 빈약한 실정이다. 대학의 경쟁력을 결정하는 핵심 요소의 하나가 극도로 열악한 것이다.

넷째는 대학 내부의 거버넌스^{governance}를 지적한다. 이사회의 구성과 운영, 총장의 선임과 교수의 인사 등 대학 전반의 지배구조가 얼마나 선진화되어 있는가가 경쟁력을 결정하는 핵심 요인인 것이다. 선진화 여부를 판단하는 기준은 오히려 복잡한 구조가 아니다. 대학을 구성하는 이사회, 총장, 교수, 직원, 학생 등의 주체가 독자적으로 각자의 영역에서 전문적인 역할을 얼마나 효율적으로 수행하고 그 과정을 모니터 하며, 성과에 연동된 보상 시스템이 효율적으로 작동하는가가 가장 중요한 핵심 요소이다.

이런 기준에서 볼 때 한국 대학의 거버넌스는 어떠한가? 이사회는 물론 교수와 직원의 인사, 행정 제도가 아직도 성과와는 관계없이 결정되고, 총장을 직선으로 선임하는 전통이 이어져와 행정책임자로서 리더십을 발휘하기가 어려운 경우가 많다. 이런 구조에서는 대학 행정의 혁신을 추진하는 데 많은 제약을 받을 수밖에 없다. 대학은 연구와 교육의 수월성이 모든 의사결정의 최고 우선순위가 되어야 함에도 불구하고 단기적인 이해관계에 얽혀 현재에 안주할 뿐 지속가능한 선도적인 체제를 갖출 수 없는 환경이다. 이런 거버넌스에서는 구성원들의 도덕적 해이가 만연하고 능력보다는 형평지향적인 정책을 선호하게 된다.

이와 같이 대학의 경쟁력을 결정하는 요인은 명약관화明若觀火함에도 불구하고 한국의 대학들은 이를 극복하기가 매우 어려운 제약을 안고 있으며, 네 가지 성공 요인 중에 우수한 학생과 탁월한 연구자만이 유일한 자산이라고 할 수 있다. 다른 세 요인은 선진국과 비교하여 아직은 크게 부족한 실정이다.

그러나 역설적으로 생각해 보면 재정과 정책 환경, 그리고 거버넌스는 대학의 노력 여하에 따라서는 충분히 개선시켜 나갈 수 있는 과제이기 때문에 대학 사회의 적극적인 노력이 필요하다. 대학이 스스로 앞장서서 내부의 혁신을 시도하고, 정책 환경을 바꾸기 위한 사회 운동을 전개하며, 적극적인 기부 활동 등을 통해 재정 역량도 강화시켜 나가야 할 것이다. 특히 한국 대학들은 이와 같은 일반적인 요인 이외에도 인구 구조의 변화 등 더 어려운 여건을 극복해야 하기 때문에 이러한 노력이 더욱 절실히 요구된다 하겠다.

2. 대학 환경의 급격한 변화 [1]

학령 인구의 급감

지난 반세기 동안 한국의 대학은 높은 교육열과 경제 성장에 따른 고급 인력에 대한 사회적 수요 증가에 힘입어 양적·질적 성장을 거듭하였다. 한국전쟁 직전 초급대학까지 포함하여 55개 대학의 16,000명의 재학생 수에서 2015년, 433개 고등교육 기관과 재학생 327만 명^{일반 대학 211만 명}으로 증가했고, 대학원도 1,197개 학교에 33만 명의 학생으로 크게 늘어났다.^{교육통계서비스 http://kess.kedi.re.kr} 이를 통해 대학은 한국 사회 발전에 필요한 지식과 기술을 제공하고 인적 기반을 확대하는 데 크게 기여해 왔다.

그러나 최근 국내외 여건의 변화로 인하여 대학 사회도 새로운 메가트랜드의 파고를 헤쳐 나가기 위한 강도 높은 혁신을 필요로 하고 있다. 무엇보다도 국내의 인구 구조 변화에 주목할 필요가 있다. 저출산과 노령화로 인구 구조가 급격히 변화하는 가운데 18세에서 21세까지의 대학 학령 인구는 1990년 366만 명에서 정점에 도달한 후 지속적으로 감소하여 2015년에는 273만 명으로 감소하였다. 통계청의 자료에 따르면 2025년 대학 학령 인구는 2013년 보다 36%나 감소한 178만 명 내외로 급격하게 감소할 것으로 예측되고 있다. 향후 10년 동안 대학에 들어올 수 있는 입학생의 급격한 감소로 인하여 그동안 편안하게 수요 초과의 지위를 유지해 오던 한국의 대학들은 심각한 도전에 직면하게 되었다.

또한 대학에 대한 사회적 기대의 약화로 인하여 대학 진학률 자체도 감소세로 전환하였다. 학령 인구 중에 대학에 재학하고 있는 학생의 비율을 나타내는 취학률은 2007년 70.2%로 세계 최고 수준이었으나, 이후 감소하는 경향을 보여 2013년 68.7%로 다소 감소하였다. 고등학교 졸업생의 대학 진학률도 감소하여 2008년 83.9%에서 2013

---

[1] 본 장의 일부는 정갑영 총장의 "창조경제의 생태계와 대학교육 혁신"「한국 경제의 지속성장을 위한 제언」(국민경제자문회의, 2015)의 내용에서 수정 인용한 것임.

년 70.7%로 5년 사이에 무려 10% 이상 감소하였다. 학령 인구와 대학 진학률 감소를 함께 고려하면 잠재적인 대학 진학 인구가 향후 10년 동안 40% 이상 크게 감소할 것이라는 예측이 가능하다. 이러한 변화는 한국 대학의 강도 높은 구조 조정이 불가피함을 예고하고 있으며 정부 역시 2000년대 초반 이후 구조 조정을 기조로 하는 정책을 추진하였고 현 정부에서도 지속적으로 '대학 구조 개혁 추진계획'을 발표하였다.

일부에서는 이러한 대학 진학 인구의 감소가 이른바 명문 대학에는 영향을 미치지 않고 수도권 이외의 경쟁력이 취약한 대학에 큰 영향을 미칠 것으로 보고 있다. 저명 대학을 선호하는 한국적인 사회 정서에서 보면 매우 당연한 예측이라 할 수 있다. 그러나 좀 더 구체적으로 살펴보면, 잠재적인 입학 대상 인구가 40% 이상 감소하는 상황에서는 모든 대학의 입학생 수준이 종전보다 크게 저하될 수밖에 없을 것이다. 상위 몇 %의 모집단 자체가 종전과는 비교되지 않을 정도로 작기 때문이다. 또한 형평의 문화가 강한 한국의 사회 정서에서 일부 경쟁력이 취약한 대학만 정원을 조정하는 정책이 실질적으로 집행되기 어려울 것이다.

재정 여건의 악화

설상가상으로 한국의 대학들을 사면초가에 빠지게 하고 있는 것은 바로 '반값등록금' 논쟁이다. 2011년 대선을 앞두고 정치권으로부터 불거진 이른바 '반값등록금' 논쟁이 사회 전반에서 확산되고, 수년째 정부가 주요 대선 공약을 실행하면서 등록금은 인하되거나 동결되었고, 등록금 이외의 외부 자금의 모금이 여의치 않은 한국의 대학들은 재정적으로 심각한 압박을 받고 있다.

특히 우리나라는 OECD 국가 중 고등교육에 대한 정부의 재정 지원은 최하위 수준이면서 그마저도 국공립대학에 집중되어 있고, 민간의 고등교육비 부담이 일본

다음으로 두 번째로 높다. 우리나라 전체 고등교육의 80% 내외를 담당하고 있는 사립대학은 등록금 의존율이 2013년에 평균 75.5%에 달하여 정원 감축과 '반값등록금'은 곧바로 사립대학의 부실로 이어질 가능성이 크다.

재정적 어려움 외에도 한국 사회의 독특한 정서와 문화로 인해 대학이 처한 현실적 어려움이 많이 있다. 예를 들어 동질성과 형평을 중시하는 문화와 서로의 차이를 인정하지 않으려는 정서가 교육 영역에도 그대로 반영되어 수월성보다는 평준화 정책이 더 대중적으로 인기를 얻고 있다. 교육의 수월성 달성을 위한 정책의 논리는 형평성 논리에 뒤지기 마련이다. 그동안 평준화 정책을 지속적으로 시행한 결과 초중등 교육에서는 이미 수월성 교육이 쇠퇴하였고, 사교육비 절감을 위한 교육 정책으로 입시마저 엄격히 통제되고 있어서 대학이 자율적으로 우수한 학생을 선발하기조차 어려운 환경에 직면하고 있다. 이제는 대학 수준에서의 수월성 교육도 어려운 상황으로 치닫고 있는 것이다.

한편 대학 간 글로벌 경쟁은 더욱 치열해지고 있어서 국내의 우수한 인재를 국내 대학이 유치할 수 있는 여건도 급속히 악화되고 있다. 이미 오래전 선진 각국의 정부와 주요 대학들은 구조 조정과 혁신으로 우수한 인재 유치를 위한 무한 경쟁에 돌입하였다. 고등교육 영역에서 비교 우위를 확고히 하고 있는 미국의 대학들은 자율과 경쟁을 통해 끊임없이 혁신하고, 정부는 규제와 간섭보다는 대학의 연구와 교육 활동에 대한 재정적 후원자 역할에 충실하고 있다. 유럽의 대학들은 학생들이 자유롭게 국경을 넘나들어 공부할 수 있도록 미국식의 표준화된 학사제도를 도입하고, 유럽연합 회원국 간 학생교환프로그램ERASMUS Program을 다른 대륙으로 확대하는 등 교육의 개방성 확보를 통한 경쟁력 제고에 나서고 있다.

글로벌 경쟁의 심화

최근 아시아 국가들도 글로벌 경쟁에 대비하기 위해 적극적인 대학 정책을 실시하고 있다. 특히 중국과 싱가포르, 일본 등은 대학 경쟁력을 제고시켜 전문 인력을 양성하고 외국 학생을 유치하기 위해 적극적인 대학 정책을 펴고 있다. 중국은 1990년대 초반부터 '211공정'을 통해 세계 일류대학 육성을 목표로 선택과 집중을 통한 우수 대학 집중 육성 정책을 지속하고 있다. 이어 진행된 '985 공정'을 통해서는 칭화대, 북경대, 푸단대 등 10개 내외 대학에 재정을 집중 지원하면서 동시에 1992년부터 약 10년 동안 733개 대학을 288개로 합병하였다.

싱가포르 정부의 대학 지원 정책은 세계적으로도 잘 알려진 모범 사례이다. 특히 2006년 싱가포르국립대^{NUS}와 난양기술대학교^{NTU} 등 두 국립대학을 법인화한 이후 정부의 재정 지원과 등록금 수입이 늘었고 대학의 자율성도 현저히 향상되었다. 2009년 한 해 동안 NUS와 NTU 두 대학에 지원한 국고는 1조3천6백만 원 규모로 법인화 직전인 2005년에 비해 40% 이상 증가한 액수이다. 이러한 정부 지원에 힘입어 두 대학은 세계대학평가에서 20위에서 30위권에 드는 세계적 명문으로 수직 상승을 거듭하고 있다.

선택과 집중을 통한 우수 대학 육성 정책은 전 세계적인 추세여서 전통적으로 평등의 가치를 중시해 온 유럽도 예외는 아니다. 영국은 고등교육 재정 배분 시스템을 활용하여 대학 간 경쟁을 유도해 우수 대학을 집중 육성하려고 노력하고 있다. 독일도 2005년 연구 수준 향상을 통한 세계적 수준의 엘리트 대학 육성을 목표로 '엑설런스 이니셔티브'Excellence Initiative를 시작하였다. 연방 정부와 주정부가 함께 2011년까지 19억 유로^{약 2조 5천억 원}, 2017년까지 270억 유로를 지원할 계획이다. 이 정책으로 뮌헨대학, FU베를린대학교, 하이델베르그대학, 훔볼트대학, TU드레스덴대학 등 12개 대학의 43

개 연구가 선정되어 재정 지원을 받고 있다.

기술의 발전으로 고등교육 영역에서 시·공간의 제약 없는 무한 경쟁은 더욱 가속화되고 있다. IT 기술의 발달로 세계 어느 곳에서나 양질의 강의를 누구나 직접 접할 수 있도록 MOOCs^Massive Open Online Courses가 보편화되고 있다. 이제 대학은 교육과 연구를 포함한 모든 분야에서 세계를 대상으로 무한 경쟁을 해야 하는 상황에 직면한 것이다.

이러한 환경 변화를 적극적으로 수용하고 지속가능한 성장을 이룩하기 위해서는 무엇보다도 먼저 대학의 글로벌 경쟁력을 높이고 시대 변화에 적합한 전문 인력을 배출해야만 한다. 특히 지식기반 경제에서 국가 경쟁력은 첨단 지식의 창출과 기술 혁신의 비교우위에 달려있으며, 고등교육은 이를 지원하는 핵심적인 요인이다. 선진국들이 대학 경쟁력 제고를 통해 국가 경쟁력 확보를 추구하고 있는 것도 바로 이러한 이유에서다.

세계적으로 고등교육이 무한 경쟁에 돌입함에 따라 우수 교원과 우수 학생 확보가 더욱 어려워졌고, 그 비용도 높아졌다. 이런 상황에서도 서울대, 카이스트, 포스텍, 연세대, 고려대 등 5개 대학은 QS의 아시아대학평가에서 아시아대학 20위권 이내^2014년 기준에 진입하여 세계 수준의 대학으로 도약하기 위한 발걸음을 재촉하고 있다.

그러나 정부가 추진하고 있는 획일적인 '반값등록금' 정책과 정원 축소 정책은 자칫 이들 대학의 발목을 잡는 결과를 낳을 수 있다. 현행과 같은 획일적인 등록금 규제 정책이 지속적으로 시행된다면 한국의 대학들은 대부분 하향평준화되는 결과를 가져오게 될 것이다. 따라서 획일적인 규제를 대폭 완화하고 대학 내부의 혁신과 특성화 전략으로 세계 명문 대학으로 우뚝 설 수 있는 길을 만들어 나가야 한다.

3. 대학의 혁신과 특성화

특성화와 자율성 제고

한국의 대학이 대내외 여건 변화를 극복하고 글로벌 경쟁력을 확보하면서, 전문 인력의 육성이라는 사명을 수행하기 위해서는 정부 차원의 선진화된 대학 정책과 함께 대학 내부에서 경쟁력 강화를 위한 혁신이 동시에 이루어져야 한다. 특히 대학이 정부에 의존하는 구조 조정과 혁신보다는 내부 스스로의 변화를 통해 잠재 역량을 확충하고 대학의 역할과 사회적 공헌에 대한 사회적 인식을 개선하여 정부로 하여금 대학 친화적인 정책을 추진할 수 있는 여론을 형성하여야 한다.

실제로 한국 사회에서 대학에 대한 인식은 대학이나 교수 사회에 호의적이지 않은 경우가 많고 국내 대학의 교육과 연구 수준에 대한 평가도 오히려 부정적인 경우가 많다. 또한 글로벌 경쟁력을 갖춘 전문 인력을 양성해야 하는 대학의 책임과 의무에 대한 기대는 많지만 그러한 대학을 만들기 위한 범국가적인 지원에 대해서는 인색한 편이다. 모두가 소위 일류대학에 자녀를 보내고 싶어 하지만 최고의 대학을 우리 사회가 육성해야 된다는 인식은 미흡하다. 특히 사립대학에 대한 사회적 인식이 곱지 않으며 동문과 학부모들의 대학에 대한 기부도 매우 소극적이다.

오히려 사회적 관심은 등록금 수준이나 대학의 적립금, 입학 등에 국한되어 있고, 대학의 특성에 따른 차별화나 세계적인 대학의 육성에는 관심이 거의 없다. 물론 이러한 결과는 과거 오랫동안 사학의 비리가 끊이질 않았고 대학 내부의 행정이나 입학, 총장과 교수에 대한 사회적 기대를 충족시키지 못했기 때문에 나타난 결과라고 볼 수 있다. 따라서 우리 사회에서 대학이 사회적인 존중을 받고 대학에 우호적인 정책을 유도하기 위해서는 가장 우선적으로 대학 내부의 혁신이 선행되어야 한다.

내부 혁신을 통해 각 대학이 전통적으로 갖고 있는 특성을 극대화하여 글로벌 경쟁력을 갖출 수 있게 발전시키고, 정부는 이러한 목표를 추구하고 있는 대학에 자율성을 부여하여야 한다.

정부는 2000년대 이후 지속적으로 구조 개혁에 초점을 둔 대학 정책을 실시하여 왔으며, 단순한 정원 감축에 머무르지 않고 교육 여건 개선과 특성화를 통한 대학 경쟁력 확보를 위해 노력해 왔다. 참여정부는 정원 감축을 정부 재정 지원 사업과 연계하면서도 다른 한편으로는 대학별 특성화와 세계 수준의 연구력 확보를 위한 수월성 추구를 꾀하였다. 또한 정보공시제를 도입하여 대학의 교육 및 연구 여건과 성과를 공개하고 '시장의 선택'에 따른 구조 조정이 가능한 기반을 만들었다. 이명박정부도 규제 완화와 자율화 정책 기조를 더욱 강화하여 국립대학에 대해서는 자율적 구조 조정을 유도하고, 사립대학에 대해서는 부실 대학의 자발적 퇴출 촉진을 기본 방향으로 삼았다. 실제 이명박 정부의 부실 대학 퇴출 정책으로 10여 개 이상의 대학이 통·폐합되거나 폐교 혹은 자진 폐쇄하였다.

최근 정부도 국민 행복과 창조경제 실현을 위해서는 대학의 역할이 중요하다는 인식을 분명히 밝히면서 교육 혁신과 연구 역량 강화를 통한 대학 경쟁력 제고, 산학협력과 평생학습 교육기관으로서의 대학의 역할을 강화할 것이라고 천명한 바 있다. 특히 교육부는 "학령 인구 감소에 선제 대응하고, 수도권과 지방의 균형 발전"을 위한 대학 구조 개혁 정책을 추진하여 정부 주도 구조 개혁이 가능하도록 평가 체제를 개선하고 평가 결과에 따라 차등적 정원 감축을 요구하되 정원 감축 계획과 성과를 정부의 재정 지원과 연계시키는 정책을 추진하고 있다. 실제로 교육부는 우수한 대학은 정원 감축의 자율성을 가져도 된다고 밝혀 왔지만 대학 사회는 모든 대학이 정원을 감축해야 하는 것을 기정사실로 받아들이는 분위기다.

대학의 사회적 책무

지난 반세기 동안 엄청난 양적 팽창을 거듭한 사립대학들은 각자 처한 상황이 매우 다르기 때문에 서로 다른 발전 모델을 추구할 필요가 있다. 정부의 재정 지원이 절실한 사립대학들에 대한 정부 재정 지원을 확대하되 반드시 투명성과 고등교육의 공공성 확대를 전제로 해야 한다. 정부의 재정 지원을 받은 대학을 사적 영역에 그대로 남겨두기 보다는 부분적으로라도 공적 관리가 가능한 구조로 전환하는 것이 타당하다. 국가 전체의 대학 구조 개혁 관점에서 각 대학의 현실을 진단하여 특성화함으로써 자원 배분의 효율성을 추구하는 것도 필요하다. 대학의 정원과 입학 정책도 고등교육 수요와 공급의 균형과 공공성을 달성하는 방향으로 전환해야 한다.

특히 사립대학 중 재정적 자립이 가능한 우수 대학은 규제 완화와 자율성 확대를 동시에 추진하여 세계 명문 대학과 경쟁할 수 있도록 유도하는 '자율형 사립대학'의 모델이 필요하다. 한국과 같은 경제 규모에서는 세계 100대 수준의 경쟁력 있는 대학이 최소한 10개 이상 있어야 한다. 자율형 사립대학은 정부로부터 재정 지원을 받지 않는 대신 획기적인 규제 완화를 통한 정원, 등록금 책정 및 학생 선발의 자율성을 갖는 대학을 말한다. 국내의 몇몇 사립대학들에게 이런 모델을 적용하면 스스로의 전략과 노력을 통해 세계적인 경쟁력을 확보해 나갈 수 있다.

또한 자율형 사립대학은 자율성과 함께 사회적 책무를 이행하기 위해 사회 취약 계층에 대한 입학 기회를 일정 수준 이상 확대하고 이들이 졸업을 할 때까지 장학금과 생활비 등을 지원해주는 등 실질적인 지원을 통해 교육 기회 불균등을 해소하는 데에도 기여해야 한다. 최우수 대학들이 '신분 상승의 사다리' 역할을 회복하게 된다면 우리 사회의 갈등을 해소하고 안정과 신뢰를 구축하는 데 기여하게 될 것이다. 실제로 대학의 입학 장벽이 매우 높고 명문 대학에 입학하는 비율이 학생의 소득 수준과의 상관관계가 상당히 높은 현실을 감안하면 현재의 평준화 정책보다도 자율형 사립대학을 허용하고 사회적 책무를 부과하는 것이 소외 계층에게 더욱 큰 혜택을 줄 수 있을 것으로 평가된다.

이미 지역 거점으로 자리를 잡아가고 있는 국공립대학들은 지역 혁신을 위한 핵심적인 역할을 담당함으로써 지속적으로 발전할 수 있도록 해야 한다. 지역 산업과 연계하여 산학클러스터를 형성하거나 지역의 특성에 따라 문화와 첨단 기능 복합도시 등 다양한 형태로 발전할 수 있다. 핀란드의 울루 테크노폴리스, 스웨덴의 시스타, 영국 캠브리지의 테크노폴, 일본 쓰구바 등이 사례가 될 수 있다. 지역 인재 양성과 평생 교육을 위한 고등교육 기관으로서의 역할도 중요하다. 지역 균형 발전은 지역 산업 인력의 양성, 기반 지식과 기술의 확보와 활용이 내생적으로 활발하게 작동할 수 있을 때 가능한 것이다. 지방 국공립대학은 지식의 생산과 확산, 그리고 응용을 통해 지역 혁신과 경제 발전의 핵심으로서 명실상부한 '지역 거점 대학' 혹은 '지역 중점 대학'으로 발전해 나가야 한다.

교육 역량의 강화

세계는 이미 지식기반 사회, 지식기반 경제로 빠르게 변화하였다. 산업사회에서는 자본과 노동이 생산성의 근원이었다면 지식정보사회에서는 지식과 정보가 자원의 핵심이다. 빠르게 발전하면서 동시에 고도로 전문화되는 지식이 경제 성장의 핵심 요소가 될 것이 분명하다. 노벨경제학상 수상자인 Robert E. Lucas Jr. 교수는 경제 성장은 재능 있는 사람들의 클러스터에서 만들어진다고 주장하였다. 하버드대 경제학 교수인 Edward L. Glaeser는 경제 성장에서 인적 자원의 질이 중요하다고 주장하였다. 경쟁력 있는 전문 인재 양성을 위한 대학 교육의 질 제고가 그 어느 때보다 중요해진 것이다.

대학 교육의 질적인 향상 없이 낮은 수준에서 누구나 대학 교육을 받을 수 있게 보편화시키는 것은 국가 차원에서는 큰 자원의 낭비가 아닐 수 없다. 그런데 현재 한국의 대학 교육은 어떠한가? 대학마다 차별성과 특성화가 부족하고 급변하는 사회적 현실을 반영하지 못한 채 학원식 대량 교육이 주류를 이루고 있다. 특성화된 명문 교육에 대한 수요는 큰 데 국내 대학이 이러한 교육을 제대로 공급하지 못하니 많은 내국인이 해외로 빠져나가고 있고, 외국 학생은 유치하지 못하는 악순환이 반복되고 있다. 대학 교육의 수준 저하는 물론 정부의 평준화 정책에서부터 비롯되는 부작용이다. 그러나 한편으로 대학 스스로의 혁신 노력의 정도에 따라서는 세계적 명문 프로그램을 자체적으로 개발할 수 있는 잠재력도 충분히 있다.

대학의 교육은 초중등 교육과는 달리 연구가 뒷받침되어야 한다. 대학은 기초연구를 통해 지식의 진보에 기여하고 질병, 에너지 고갈, 사회 양극화 등 인류가 당면한 문제 해결의 실마리를 제공함으로써 삶의 질을 개선하는 데 기여한다. 그뿐만 아니라 학생들은 연구의 과정과 결과로부터 미래 사회에 필요한 능력과 전문지식을 습득하게 된다. 연구를 통한 지식의 창출이 Humboldt 이후 줄곧 대학 교육의 핵심 요소가 된 것도 같은 맥락이다. 대학의 연구력 향상은 우수한 학생과 교수를 유인하는 효과가 있어 궁극적으로는 그 사회의 인적 자원의 질을 높이게 된다.

예를 들어 스탠포드대학은 미래 기업가를 양성하여 경제 성장에 기여해 왔다는 점에서 세계 최고 수준이다. 이 대학이 작성한 보고서에 따르면 1930년대 이후 스탠포드 출신이 운영하는 기업은 약 4만 개이며 540만 개의 일자리를 창출했고, 2012년 매출액 합계가 무려 3000조 원에 달한다. 이는 우리나라 국민총생산[GDP]의 2배를 훨씬 넘고, 세계 5위 경제 규모인 프랑스의 GDP와 맞먹는 액수이다. 삼성전자와 애플, 네슬레, 파나소닉 등 전 세계 소비재 기업 매출 상위 10개의 매출총액 1,000조의 3배가 넘는 규모이다.

대학의 연구력 제고와 교육 역량의 강화는 우수한 인재 양성의 측면에서뿐만 아니라 아이디어, 지식과 기술의 진보, 그리고 산업과의 연계를 통해 기술 혁신의 동력을 제공할 수 있다는 측면에서도 매우 중요하다. 산업 전반에 걸쳐 기술 발전의 주기가 점점 빨라지고 있다. 이미 미국과 EU 일부 선진 국가들은 새로운 아이디어와 기술 혁신의 원천으로서 대학에 주목하여 연구비 지원을 늘리고 대학과 산업의 연계 강화를 위한 정책을 꾸준히 추진해 오고 있다.

연구 수월성의 제고

자율과 경쟁이 보장되는 개방적인 문화와 사회적 환경이 경제 성장에 얼마나 중요한지를 알 수 있는 사례로써 미국 캘리포니아의 '실리콘밸리'와 보스턴의 '루트128'이 거론되곤 한다. 두 지역 모두 세계 유수의 대학들이 몰려 있어 우수한 인적 자원과 산학협력을 기반으로 기술 혁신과 새로운 가치 창출이 가능한 환경을 갖추었다. 1970년대에는 루트128이 실리콘밸리보다 많이 알려져 있고 규모도 컸다. 그러나 실리콘밸리는 성장을 계속한 반면 루트128은 정체되어 쇠퇴했다. 학자들은 이 결과가 두 지역의 문화적 차이에서 기인한 것이라고 지적한다. 실리콘밸리의 개방적인 문화는 인적 자원과 정보의 자유로운 이동을 허용한 반면 보스턴 지역의 보수적이고 폐쇄적인 문화는 이러한 흐름을 차단하였다는 것이다.

중요한 것은 이런 문화적 차이가 법과 제도에도 영향을 미쳐 서로 다른 경제 환경을 만들었다는 것이다. 캘리포니아 주 정부는 일찍부터 경쟁 금지 계약을 불법화해 자유 경쟁을 강조해왔다. 실리콘밸리의 이런 법적·제도적 환경과 개방적인 문화가 우수한 인재들을 끌어모아 기술의 창출과 확산의 중심지로 만들었다.

이와 같은 미국의 사례는 우리에게 많은 시사점을 던져 주고 있다. 자율과 경쟁이 기반이 되는 사회와 캠퍼스 문화, 연구의 수월성을 높이는 생태계를 정부와 대학이 먼저 조성해야 한다. 우수한 연구 성과가 제대로 보상받게 하고, 그러한 연구가 초기 단계에서부터 지원을 받게 하는 체계적인 접근이 필요하다. 정부의 연구비 지원과 함께 대학 내부의 혁신을 통한 연구 생태계의 조성이 선행되어야 한다.

연구비의 절대 규모도 문제지만 공정한 경쟁을 통해 수월성을 추구할 수 있는 환경도 중요하다. 우리 사회에 만연해 있는, 차이를 인정하지 않으려는 형평성 중시의 정서는 연구비 지원 정책에도 예외 없이 작용한다. 정부의 연구비 지원이 소수 대학에 집중되어 있다는 비판과 함께 지방대학에 대한 연구비 지원을 늘려야 한다는 비판도 제기되지만, 이것은 연구비 지원에서도 '나누어 주기' 방식을 취해야 한다는 주장과 다름없다. 공개 경쟁을 통해 우수한 연구에 연구비를 지원해야 하는 것은 너무나 당연하다. 치열한 경쟁으로 수월성을 추구할 수 있는 환경이 조성되어야 우리 대학의 연구 경쟁력을 세계 수준으로 올릴 수 있다. 연구의 수월성은 연구 성과 그 자체의 가치도 중요하지만 무엇보다도 우수한 교수와 학생을 유인할 수 있는 메커니즘임을 다시 한 번 인식해야 한다.

대학은 연구 수월성의 제고를 위하여 적극적인 연구비의 확보에도 노력해야 하지만 내부적인 연구 행정의 혁신을 통해 우수한 연구자가 연구의 잠재력을 최대한 발휘할 수 있는 생태계를 조성하는 것이 가장 선행되어야 한다.

'아시아 교육의 허브' 구축

이미 스탠포드의 사례에서 살펴 본 바와 같이 세계적 명문 대학은 국가의 발전에도 엄청난 공헌을 한다. 특히 한국은 중국과 일본 동남아시아 등 고등교육의 수요가 방대한 지역에 위치하고 있어 아시아의 교육 허브로 발전할 수 있는 잠재력을 갖고 있다. 예를 들어 연세대학과 같은 사립대학이 자율성을 갖고 특성화하여 세계적인 명문 프로그램을 만든다면 아시아는 물론 전 세계에서 우수한 인재를 쉽게 불러 올 수 있고, 이것은 곧 한국이 아시아의 교육 허브로 발전하는 첩경이 될 수 있다.

실제로 고등교육이 2조 달러 규모의 서비스 산업으로 규모가 커지면서 세계 각국에서 산업으로서 고등교육에 대한 인식이 높아지고, 미래의 우수한 인재를 확보하기 위한 각국의 정부와 주요 대학들의 구조 조정과 혁신은 이미 치열한 무한 경쟁에 돌입하였다. 예를 들어 싱가포르는 2002년 2015년까지 유학생 15만 명 유치를 목표로 Global Schoolhouse Project를 시작하였으며, 그 결과 10년 만에 유학생 84,000명을 유치하여 일자리 86,000개 창출 효과와 교육 부분 GDP 기여율을 1.5%에서 3.2%로 높였다.

그러나 2014년 스위스국제경영개발원[IMD]이 발표한 한국의 대학 경쟁력은 비교 대상 60개국 가운데 53위로 최하위 수준이고, 국가 경쟁력에도 훨씬 못 미치는 것이었다. 고등교육 이수율이 세계 최고 수준임에도 만족도가 이렇게 낮기 때문에 결국은 많은 고등교육 부문에 엄청난 자원의 낭비가 나타나고 있음을 쉽게 알 수 있다. 그동안 한국 정부도 외국인 유학생을 적극적으로 유치하고, 해외 대학을 국내에 유치하려는 정책을 실시하여 왔지만 아직 큰 성과는 나타나지 않고 있다. 실제로 해외 대학 유치 정책은 투자 비용이 막대한 고비용 구조이면서 실제 운영면에서는 실효성이 떨어지는 저효율의 구조로 갈 수 있는 위험성이 높은 정책이라 할 수 있다. 실제 인천 송도 글로벌 캠퍼스 사업이 아직도 괄목할만한 성과를 거두지 못하고 있는 것을 보면 해외 대학을 국내에 유치하는 정책의 한계를 잘 보여주고 있다.

오히려 기존의 대학들에게 자율성을 부여하고 내부 혁신을 통해 경쟁력을 높여 나간다면 한국은 아시아의 교육 허브로 발전할 수 있는 잠재적 여건을 충분히 갖추고 있다. 우선은 한국을 중심으로 중국과 일본 등 인구가 집중된 국가와 대도시가 많아 경쟁력 있는 프로그램을 개발한다면 한국이 유치할 수 있는 잠재적인 학생 규모가 세계 어떤 지역보다도 풍부하다. 또한 일본이나 중국과 비교하여 한국 교육의 서구화와 개방화가 더 빨리 진행되고 있기 때문에 한국 대학의 경쟁력을 충분히 발휘할 수 있다. 최근 들어 한류의 바람을 타고 한국에 유학 오려는 잠재적인 학생 규모가 크게 늘고 있는 것도 사실이다. 따라서 대학의 국제 경쟁력을 높이고 외국 학생들이 한국에 쉽게 유학 올 수 있는 여건을 만드는 적극적인 전략이 필요하다. 이러한 정책은 국내 대학의 글로벌 경쟁력 향상과 내국인의 해외 유학 수요 흡수, 한국 문화의 국제화 등 다양한 효과를 거둘 수 있다. 구체적으로 정부와 대학이 함께 다음과 같은 정책을 추진한다면 아시아의 교육 허브를 달성할 수 있을 것이다.

첫째, 소수의 저명 대학을 중심으로 글로벌 명문 대학을 육성하여 우수한 외국인 유학생을 유치하는 전략이다. 한국 대학의 전반적인 대외 경쟁력이 상대적으로 취약하므로 모든 대학의 국제화를 통해 아시아 교육 허브로 만드는 것은 현실적으로 제약이 많다. 따라서 전략적으로 일부 대학의 글로벌 경쟁력을 집중적으로 제고시켜 아시아 교육 허브의 선도적 역할을 할 수 있게 해야 한다.

예를 들어 연세대학교의 언더우드국제대학[UIC]은 이미 미국의 아이비리그에 준하는 경쟁력 있는 대학 프로그램을 운영하고 있다. 2006년 세계 수준의 리버럴 아츠 Liberal Arts 교육을 표방하면서 문을 연 이후 현재까지 세계 21개국 출신의 101명이 졸업하였고, 현재 42개국 출신의 212명의 학생이 재학 중이다. UIC의 성공 요인은 100% 영어로 진행되는 교육 과정, 국제적 교수진[100% 외국인 교수], 기숙사를 비롯한 풍부한 인프라 등을 꼽을 수 있다. 동시에 초기 3년 동안 적극적인 장학 제도를 통해 우수 학생을 유치하여 프로그램 인지도를 더욱 높였다. 2017년 이후 UIC는 정원을 422명으로 두 배 이상 확대하고 그간 리버럴 아츠 교육에 집중했던 역량을 융합과학공학부를 신설하여 세계적인 인력 수요에 충실하려고 노력중이다. UIC 모델과 같은 성공적인 경험이 축적되어 확산된다면 인바운드 국제화에 상당한 진전을 기대할 수 있다.

둘째는 대학이 외국 교육 기관을 국내에 합작법인 형태로 설립하여 해외로 유학가려는 수요를 대체하고 최근 급격히 증가하는 유학생, 특히 아시아 지역 유학생을 적극적으로 유치하는 전략이다. 국가 경쟁력에 대한 기여도, 국내 상황에 대한 적응력, 추진 비용 등 여러 면에서 합작법인은 외국 대학의 분교를 유치하는 것보다 성공 가능성이 높다. 이 전략이 성공하기 위해서는 인지도가 높은 명문 대학과의 합작 성사 여부가 매우 중요한데 싱가포르, 두바이, 미국 등에서 합작법인들이 이미 성공적으로 운영을 시작하고 있다.

이제 한국도 최우수 사립대학 중 재정적 자립이 가능한 대학은 규제 완화와 자율성 확대를 통해 글로벌 경쟁력을 강화시켜 세계 명문 대학과 경쟁하여 아시아 지역의 고등교육의 허브로서 자리매김을 할 수 있는 전략이 필요하다. 이러한 정책이 성공하려면 기본적으로 '자율형 사립대학'을 허용하여 정부의 규제 없이 자율적으로 특성화된, 경쟁력이 뛰어난 프로그램을 스스로 개발할 수 있게 유도해야 한다. 물론 정부의 재정 지원이 함께 이루어진다면 아시아 교육 허브 전략은 더욱 신속하게 이루어질 수 있지만 획일적이고 형평지향적인 교육 정책의 기본 틀을 벗어나기 어려운 현실을 고려하면 재정 지원보다는 사회적 책무를 부과한 자율성의 확대가 더 용이하게 실시될 수 있을 것이다.

대학 내부의 혁신

한국의 대학은 그동안 경제 성장에 필요한 인재를 배출하여 사회 발전에 큰 기여를 해왔지만 인구 구조의 급격한 변화와 세계적인 경쟁의 심화로 국내에서는 구조 조정의 압박을 강하게 받고 대외적으로는 우수한 인재의 유치가 더욱 어려워지는 사면초가의 상태에 있다. 이러한 상황을 타개하기 위해 한국의 대학은 양적 팽창을 지양하고 구조 조정을 통해 경쟁력 제고에 나서야 한다. 동시에 미래의 고급 인재 양성을 위한 세계적으로 경쟁력 있는 대학을 확보하는 것 역시 매우 중요하다.

따라서 정부 차원의 거시적인 전략으로써 획일적인 규제와 구조 조정에서 벗어나 각 대학의 특성에 따라 차별화된 대학 정책으로 전환하는 것이 필요하다. 특히 일부 저명 대학은 글로벌 시대에 외국 명문과 자유롭게 경쟁할 수 있게 하는 자율형 사립대학의 모형이 필요하다. 동시에 자율형 사립대학은 사회적 약자에 대한 배려를 확대하여 교육 기회 불균형을 해소하고, 우리 사회의 갈등 해소와 신뢰 수준을 높이는 데 기여할 수 있는 사회적 책무를 부과해야 한다. 동시에 세계적인 대학 경쟁력을 갖출 수 있는 연구의 수월성도 시급히 확립되어야 한다. 이런 여건이 마련된다면 한국에도 세계 100대 대학으로 성장하는 대학이 10개 이상 등장하여 아시아의 교육 허브로서 국위를 선양하고, 한국 경제의 발전에도 크게 기여할 수 있을 것이다. 이러한 목표의 달성을 위해 정부 차원의 거시적인 전략이 시급히 마련되어야 할 것이다.

이러한 거시적 전략과 함께 반드시 동반되어야 하는 노력이 바로 대학 내부의 혁신이다. 한국의 대학들은 오랫동안 대학 교육의 수요가 월등히 많은 지배적인 위치에서 안일한 경영과 취약한 지배 구조, 상대적으로 경쟁력 없는 교육과 연구에 익숙해왔다. 대학 내부의 행정이 비효율적이고 인사 제도와 지배 구조가 전근대적이며 교수와 직원, 학생, 동문 간의 전문적인professional 역할 분담도 분명치 않았다. 또한 일부 사학의 재단 비리 등으로 경영의 투명성조차 확보되지 않은 경우도 있었다.

그러나 한국 대학이 글로벌 경쟁력을 갖는 명문으로 도약하기 위해서는 정부의 정책 못지않게 대학 내부의 자율적인 혁신을 통한 기존 관행의 타파와 선진적인 제도 확립이 시급하다. 대학의 가장 중요한 주체인 교수의 캠퍼스 문화가 획기적으로 개선되어야 한다. 교수의 채용과 승진 등 인사 제도는 물론 연구 실적의 관리, 학생의 교육 등 전반에서 학문적 수월성과 성과를 우선시하는 문화가 정착되어야 한다. 이사회의 구성과 운영, 총장의 선임 등 지배 구조의 혁신도 필수적이며 학생에 대한 서비스, 동문과 학교와의 네트워크 등에서도 전반적인 변화가 필요하다. 대학 스스로 나서서 혁신하는 모범을 보일 때라야 대학에 대한 사회적 존경과 함께 자율성을 부여하는 명분도 확보할 수 있으며, 교수의 신분과 사회적 인식도 크게 달라질 수 있을 것이다.

대학이 국가 발전에 필요한 전문 인력을 지속적으로 교육하고 공급하는 역할을 효율적으로 수행하기 위해서는 무엇보다도 먼저 구조 조정을 통해 대학의 경쟁력을 제고하고 내부 혁신을 통해 효율성을 높여 나가야 한다. 국가 전체적으로는 이제 한국의 대학도 양적 팽창을 지양하고, 교육과 연구의 질적 변화를 통해 세계적인 경쟁력을 확보해야 한다. 특히 미래 경제의 지속적 발전의 근간이 되는 고급 인재에 대한 수요는 더욱 증가하고 있으므로 고급 인력 양성을 위한 경쟁력 있는 대학을 육성하는 것도 시급하다. 동시에 산업계의 수요를 반영한 원활한 생산 인력 수급 방안도 제시해야 한다.

대학은 또한 경제 침체와 산업 기술의 발전으로 심화되고 있는 사회 양극화를 교육을 통해 해소할 수 있는 창구 역할을 해야 한다. 대학 교육이 교육 기회 불균등을 해소하여 '신분 상승의 사다리'로서의 전통적인 기능을 회복하고 사회 양극화 해소와 통합에 기여하는 시대적 사명도 달성해야 한다. 이것은 소외 계층을 배려하는 적극적인 전략affirmative initiatives과 재정적인 지원을 바탕으로 이루어져야 하며, 이 목적을 실현하기 위해서는 대학의 자율성과 사회적 책임을 연계하는 정책이 필요하다. 대학의 특성에 맞는 차별화된 대학 구조 조정과 연구 수월성 달성을 통한 우수 인재 유치 전략으로 대학 경쟁력을 회복하여 대학의 국제 경쟁력을 확보함으로써 한국의 대학이 국가 경쟁력 제고에 기여할 수 있는 방안을 찾아야 한다.

이와 같이 한국의 대학들은 대내외 여건의 악화로 사면초가에 빠져있다. 정치적 요인으로 등록금은 수년째 동결되거나 인하되었고, 학령인구는 급감하고 있으며, 설상가상으로 진학률조차 감소하고 있다. 이런 상태가 지속되면 정원을 채우지 못하는 대학이 급속하게 증가할 것이다. 이와 더불어 정부의 획일적인 대학 정책으로 모든 대학이 하향평준화의 위기에 직면해 있다. 뛰어난 연구와 후학양성을 통해서 지식 창조와 계승의 선봉에 서야할 대학의 경쟁력을 높이는 데 무관심한 우리나라 환경에서는 창조경제는 물론 나아가 선진 한국의 비전을 실현하기도 쉽지 않을 것이다. 그럼에도 불구하고 대학을 보는 사회적 인식은 호의적이지 못하고, 대학의 자율화와 경쟁력 제고를 지지하는 여론도 크게 부족하다. 우리 사회는 자녀의 입시문제에는 지대한 관심을 보이지만, 대학의 경쟁력은 도외시하는 아이러니irony가 팽배해 있다. 대학이 스스로 나서서 혁신하고 경쟁력을 키워 국가의 발전에 기여하고, 어려운 이들에게도 고등교육의 기회를 베풀어 꿈과 희망을 주는 역할을 적극적으로 실천하면서 대학의 사명과 역할을 재정립하여야만 한다.

이러한 관점에서 다음 장부터는 연세대학교에서 2012년 2월부터 2016년 1월까지 시행된 여러 부문의 내부 혁신과 글로벌 명문으로 도약하기 위해 시도했던 전략들을 소개하기로 한다.

1. 환경 변화와 연세의 도전

연세대학교를 비롯한 명문대학들은 우리나라의 대표적인 고등교육기관으로서 개화기 이후 한국의 사회 변화를 선도해왔다. 그러나 최근 경제성장이 둔화되고 취업 난이 심화되면서 학생들은 학문에 관한 관심과 열정을 추구하기보다는 취업을 위한 스펙 쌓기에 더 치중하게 되고, 대학 또한 사회 변혁을 선도하던 리더십을 상실하고, 대학 교육의 위상도 급격히 하락하고 있다.

대내외 환경의 변화와 연세의 도전

연세의 학문적, 사회적 위상의 도전	대학의 사회적 리더십 강화
고등 교육에 대한 사회적 요구 변화	Residential College 기초 교육 강화
대학 경쟁의 세계화, 학문의 융합화	재정 여건 및 글로벌 네트워크 강화
송도 캠퍼스의 도전과 기회	지속가능한 캠퍼스 인프라 조성

설상가상으로 대학교육에 대한 우리 정부의 획일적인 규제는 대학의 특성화와 글로벌 경쟁력의 향상을 가로막는 요인으로 작용하고 있다. 대학들은 정부의 재정 지원에 상당 부분 의존하고 있기 때문에 현실적으로 정부의 정책적 방향을 거스르기 어려운 형편이다. 이 때문에 우리나라의 수많은 대학들이 정부의 일방적인 기준과 가이드라인에 따라 재정지원을 받기 위한 전략을 마련하느라 각 대학의 고유한 전통과 특성을 잃어가고 있으며, 명문사학들 또한 고유의 프리미엄을 유지하기가 매우 어렵게 되었다. 이는 다양성이 강조되는 미래 사회의 모습과는 상당히 거리가 있는 것으로, 획일화된 대학 교육의 틀에서 어떻게 미래 사회를 이끌어갈 수 있는 인재를 육성할 수 있을 것인가에 대한 의문을 불러 온다. 대규모의 단순한 노동력의 투입이 요구

되는 산업화 단계에서는 이러한 교육 방식이 어느 정도 효과를 거둔 것이 사실이지만, 21세기 지식정보 사회에서 이러한 방식은 당연히 개편되어야 할 것이다. 이는 우리 사회가 요구하고 있는 창의성과도 동떨어져 있으며, 다른 한편으로는 사회와 경제의 역동성을 저해하고 있다. 대학의 획일화는 각 대학별 교육의 특성을 없앰으로써 결과적으로는 대학의 존재 가치를 위협하고 있으며, 대학의 경쟁력 저하는 물론 모든 대학의 하향평준화를 가져 올 위험을 안고 있다.

세계화의 급격한 진전으로 인하여 연세대학교는, 이처럼 불리한 내부적 여건에 더하여 설상가상으로, 한국을 넘어 해외의 세계적인 명문대학들과의 경쟁을 마주하고 있다. 전 세계적으로 진행되고 있는 ICT 기술의 발전은 대학 교육을 근본적으로 바꾸고 있다. 과거에는 대학 교육이 강의실을 중심으로 이루어져 시간적·공간적 제약이 강하게 작용하였으나, ICT 기술의 발전으로 동영상 강의 등 기존의 강의실 중심의 교육을 보완하고 나아가 전통적인 강의중심의 교육을 대체할 수 있는 새로운 형태의 교육이 부상하고 있다. ICT 기술을 기반으로 한 대학 교육 변화의 양상은 멀지 않은 미래에 대학의 개념과 존재 방식 자체를 변화시킬 것으로 예상되며, 이러한 변화에 어떻게 적응하느냐에 따라 개별 대학의 미래 역시 크게 달라지게 될 것이다.

한국 사회 역시 산업화 시대를 지나 지식정보화 시대에 접어들었으며 이에 따라 한국 사회에서 기대되는 대학 교육도 크게 변화하고 있다. 과거 산업화 시대에는 대량 생산 체제에 적합한 지식의 전수 및 인재 양성이 대학에 요구되었고, 대학의 교육 역시 여기에 초점이 맞추어졌다. 하지만 지식정보화 시대에 접어들면서 지식 전달에 치우친 대학 교육은 점점 그 설 자리를 잃고 있다. 창의력을 갖춘 융복합적인 인재 양성에 대한 수요가 증가하고 있고 그에 맞추어 대학의 교육도 근본적으로 변화하지 않으면 안 된다.

연세대학교 역시 이러한 대내외의 환경 변화와 도전에 직면해서 시대적인 과제를 어떻게 수행해나갈 것인가를 심각하게 고민해야 했다. 여러 가지 제약 속에서도 고등교육에 대한 사회적 요구는 급격히 변화하고 있고, 연세대학교가 가지고 있었던 학문적, 사회적 위상이 도전을 받고 있으며, 특히 세계적으로 경쟁력을 갖춘 대학으로 거듭나지 않으면 안 되었다.

제3 창학을 통해 연세대학교는 세계적인 글로벌 명문으로 도약하는 사명을 수행해야 하며, 이러한 도전을 위한 부문별 전략을 찾아나갔다. 2013년부터 모든 신입생들이 국제캠퍼스에서 함께 생활하며 학습하는 Residential College^{RC} 교육을 통해 그동안 국내 대학 교육에서는 양성하지 못했던 새로운 인재를 양성하고, 국제화의 새로운 장을 열고 있다. RC 교육은 단순한 기숙사 생활을 넘어, 학습과 생활이 공존하는 생활공동체를 통해서 공동체 구성원이자 성인으로서의 책임감은 물론, 창의력^{creativity}과 소통능력^{communication}, 융합력^{convergence}, 문화적 다양성^{cultural diversity}과 기교적 리더십^{Christian leadership}을 함양하는 글로벌 리더 양성 프로그램이다.

더 나은 교육과 연구 환경을 위해 이를 뒷받침할 재정적 여건을 개선하고 글로벌 네트워크를 강화하고 있으며, 지속가능한 캠퍼스 인프라를 만들어가고 있다. 이와 같은 일련의 노력을 통해 사회에 대한 기여를 강화하며 연세의 사회적 리더십을 더욱 굳건하게 세워나가고자 하였다.

2. 연세 제3 창학의 출범

1885년 제중원으로부터 출발한 연세대학교는 2015년에 130주년을 맞이하였다. 연희와 세브란스의 합병이 1957년에 이루어 졌으니 "연세"라는 모습으로 태어난 지도 60년에 가깝다. 그동안 연세는 숱한 민족의 고난과 역사의 질곡을 함께 하며 우리 사회의 영욕을 증언하는 명문사학으로 성장해 왔다. 130여 년이 지난 연세의 모습은 본교와 의료원과 원주, 송도 등 4개의 캠퍼스를 지닌 한국 최대의 대학으로 위용을 자랑하고 있다. 학생규모나 예산, 연구인력 등 세계 어디에 비교해도 뒤지지 않을 만큼 양적으로 큰 대학으로 성장했다. 또한 2014년에는 영국의 THE^{Times Higher Education}에서 80위권의 세계 저명대학으로 평가됨으로써 연세 역사상 처음으로 세계 100대 대학에 진입하였다.

그러나 130년의 긴 역사에도 불구하고 연세는 아직도 교육과 연구의 수월성은 물론 인류와 사회에 공헌하는 대학으로서의 국제적 위상이 세계적 명문과는 견주기 어려운 수준에 머물러 있다. 대학을 둘러 싼 국내의 경제 사회적 여건도 선진 명문들과는 비교조차 하기 힘들다. 사립대학에게 당연히 주어져야 할 자율성도 매우 미흡하여, 사학명문으로서의 특성화를 추구하는데도 많은 제약이 따른다. 특히 최근에는 엄격한 등록금 규제와 학령인구의 감소로 인한 대학 구조 조정 등으로 대학정책 의여건이 심각한 수준에 이르고 있다. 반면 세계적인 개방화와 IT 기술의 발달로 대학교육에서도 글로벌 경쟁이 치열해지고 있다. 연구 인력의 확보는 물론 우수한 인재의발굴, 교육과 연구 경쟁력의 제고, 투자재원의 확보 등 모든 분야에서 국경 없는 경쟁을 이겨내야만 한다.

이러한 환경 변화에도 불구하고 연세는 오랫동안 국내학생들을 대상으로 공급자 중심의 대학교육에 치중해 온 결과, 국내 명문 사학 이라는 경직된 틀에서 안주해 왔다. 교육과 연구, 행정 등 모든 면에서 "2등에 만족하는 증상"2nd tier syndrome이 만연하여 새로운 변화와 혁신보다는 무사안일의 현상유지를 추구하는 캠퍼스 문화가 널리 확산되어 왔다.

특히 2012년 초에는 송도 국제캠퍼스의 시설이 준공되었음에도 불구하고, 어느 단과대학 하나 선뜻 가겠다고 나서지 않았으며, 경영관의 신축은 위치선정을 둘러싸고 10여 년째 논란만 거듭하고 있었다. 물론 이러한 와중에서도 연세는 국제캠퍼스를 계기로 새로운 대학교육의 혁신을 모색하고, 의료원에서도 의생명과학을 중심으로 한 연구중심 병원으로의 발전을 모색하여 왔다.

이러한 시기에 연세대학교 이사회는 2011년 11월 14일 5명의 후보 가운데 정갑영 교수를 17대 총장 인준 대상자로 선임하였다. 이어 11월 30일 교수평의회가 주관한 총장 후보자 인준 투표에서 86.5%의 교원과 56.65%의 직원이 참가한 가운데 86.6%의 압도적인 지지로 인준을 받았고, 이어 12월 14일에 이사회에서 최종적으로 17대 총장으로 선임되었다.

2012년 2월에 취임한 정갑영 교수는 연세, "제3 창학"의 기치를 내걸고 연세가 새롭게 헤쳐 나가야 할 미래의 도전과 비전을 보여주었다. 우선 1885년과 1915년에 각각 창립된 세브란스와 연희전문의 시대를 제1 창학기라 하고, 1957년 연희와 세브란스의 합병을 제2 창학기의 시작으로 구분한 후, 2012년부터 송도 국제캠퍼스의 개교를 계기로 제3 창학의 꿈을 펼쳐 연세의 새로운 역사를 만들자고 주창한 것이다.

당시 연세 제3 창학의 모토는 연세인 어느 누구에게나 생소하기만 했다. 어떤 기준으로 무엇을 어떻게 추진하자는 것인지 모두에게 생소한 전략으로 느껴졌다. 당시 정 총장은 취임사에서 "역사를 만드는 연세"YONSEI, where we make history의 사명을 되새기며 연세의 학문적 수월성과 위엄을 제고하여, 아시아 최고의 명문Asia's World University으로 도약하기 위한 전략을 발표하였다. 즉, 교육과 연구의 학문적 수월성 확보, 캠퍼스의 인프라의 혁신과 함께 멀티 캠퍼스의 자율과 융합을 추구하고, 새로운 공동체 문화를 확립하기 위한 전략 등을 구체화하였다.

특히 송도 국제캠퍼스에 신입생 전원을 포함하는 5천여 명의 학생을 대상으로 아시아 최초로 Ivy league형 RC^{Residential College}를 도입하여 대학교육을 선도하는 연세의 사명을 제시하였다. 또한 백양로 재창조 사업을 비롯하여, 기숙사의 확충과 교육 연구 시설의 현대화, 행정 시스템의 선진화와 캠퍼스의 융합, 재정역량의 강화와 글로벌 교육 프로그램의 개발 등 각 부문별 실천방안을 제시하였다.

물론 이러한 정책을 실행하는 데는 많은 어려움도 있었지만 2012년부터 시작된 연세 제3 창학의 꿈은 기적적으로 많은 결실을 맺게 되었다. 송도 국제캠퍼스는 5천2백여 명이 거주하는 아시아 최고의 RC 교육 현장으로 성공을 거두었고, 지금은 아시아 저명 대학이 벤치마크를 하기 위해 가장 많이 찾는 캠퍼스로 변모하였다. 백양로는 2만 2천여 기부자가 참여하는 대역사를 만들며 3만 8천여 평의 녹지 공간이 문화와 예술이 함께 숨 쉬는 캠퍼스의 명품으로 재탄생하였다. 경영관과 암센터 등의 신축으로 신촌캠퍼스와 의료원은 면모를 일신하였고, 원주의료원도 새롭게 탄생하였으며, 캠퍼스 융합의 상징인 제중학사와 법현학사의 통합 건축도 힘차게 시작되었다.

시설뿐만 아니라 교원의 인센티브 강화와 직원의 성과 연동제가 40여 년 만에 처음으로 도입되었고, 세계 최고의 스마트 캠퍼스가 구축되고, 연구역량의 강화를 위해 미래융합연구원^{ICONS}과 연세 과학원^{Y-IBS} 등 신설, 역사상 최대 규모의 미래 선도연구사업을 집행하는 등 수없이 많은 새로운 제도와 전략이 도입되었다. 6천여 동문이 함께 하는 5월의 별 헤는 밤 을 개최하여 동문과 학교를 잇는 새로운 공동체 문화를 형성하였다.

3. 제3 창학의 비전과 목표

"제3의 창학"이란?

제1 창학 1885~1956

연세의 제1 창학기는 1885년 제중원의 설립과 1915년 조선기독교대학 개교로부터 출발하여, 한국 최초의 근대식 의료기관이자 고등교육기관으로서 연희와 세브란스가 조국의 독립과 근대화, 한국학의 발전을 선도한 시기이다. 이 시기의 제중원은 의료기관이자 교육기관으로서 의료인을 양성하고 전염병의 확산을 막는 등 이 땅의 사람들을 질병의 고통으로부터 구하는 데 지도적인 역할을 담당했다. 같은 시기에, 언더우드 선교사는 돌봄의 손길이 필요한 어린이들을 위한 고아학당을 세워 안창호, 김규식과 같은 이들에게 학문과 조국애를 가르쳐 독립운동가이자 민족의 지도자로 길러냈으며, 연희대학의 전신인 조선기독교대학을 세워, 우리나라 최초로 문과, 신과, 상과, 수물數物과를 아우르는 서양식 고등교육을 시작하였다. 제중원은 세브란스병원 및 세브란스의과대학으로, 조선기독교대학은 연희대학으로 발전하며, 식민지 조선인들에게 근대학문과 근대의학을 전하고 우리나라의 근대화를 이끌었다.

제2 창학 1957~2011

제2의 창학기는 1957년, 연희대학교와 세브란스의과대학이 통합함으로써 연세대학교가 태동하고, 전후 대한민국의 산업화와 민주화를 선도하는 고등교육기관으로, 원주캠퍼스를 개설하는 등 그 지경을 확장하며 성장의 역사를 걸어온 시기이다. 제2 창학기의 연세대학교는 국내의 명문 사립대학으로서 한국의 경제성장과 민주화,

고등교육의 발전을 선도하며, 선진 지식을 도입하여 우리 실정에 맞게 현지화하고, 이를 대량 보급하는 데 중점을 두었다.

제3의 창학 2012년~

연세는 언더우드 선교사가 첫발을 내디딘 인천 앞바다를 메워 조성한 송도 국제캠퍼스의 개교를 출발점으로 2012년부터 세계적 글로벌 명문 대학, Asia's World University를 향한 새로운 비상을 시작하였다. 제3의 창학은 연세대학교가 급변하는 교육 환경의 변화를 극복하고 세계적인 명문으로 도약하기 위한 전략으로 사회의 발전과 변화와 맥락을 같이 하며 연세의 새로운 사명을 실현하기 위해 반드시 실천해야만 하는 과제이기도 하다. 한국이 선진국으로 도약하고 있는 지금 연세대학교에 요구되는 역할은 지식의 보급을 넘어 지식을 창조하고 미래 사회를 선도해 나가는 것이다. 즉 제3의 창학은 국내 사학 명문을 넘어 세계적인 명문 대학으로 도약해야 하는 시대적 사명을 완성하기 위한 전략인 것이다. 이러한 맥락에서 2010년 출범한 송도의 국제캠퍼스는 연세대학교가 앞으로 나아갈 방향을 상징적으로 보여준다.

제3 창학을 위해 연세는 무엇을 해야 하는가

대한민국의 대학 가운데 가장 오랜 역사를 지니고, 가장 뛰어난 교육 및 연구 역량을 자랑하는 연세대학교는, 앞으로도 미래를 열어갈 지도자를 길러내는 초일류 연구중심대학으로 기독교 정신을 바탕으로 사회와 인류에 기여하는 대학이 되어야 한다. 이를 위해 21세기의 연세는 교육과 연구라는 기본적 소명에 충실하여, 창조적 글로벌 인재를 기르는 동시에 세계적 수준의 연구생태계를 조성하고 구성원들과 함께 섬김의 연세문화를 만들어가야 한다. 역설적으로, 연세는 초기 대학의 이념과 전통을 되살림으로써 미래 사회를 바르게 변화시켜 나가는 창조적인 역할을 수행해야 하며, 한국 사회를 선도하고 인류와 사회 발전에 기여하여야 한다.

연세의 사명

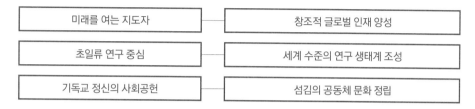

미래를 여는 지도자	—	창조적 글로벌 인재 양성
초일류 연구 중심	—	세계 수준의 연구 생태계 조성
기독교 정신의 사회공헌	—	섬김의 공동체 문화 정립

　　제3의 창학을 위해 무엇을 해야 하는가는 정갑영 총장의 '대학발전계획서'를 통해 그 윤곽을 살펴볼 수 있다. 대학발전계획서에서 그는 글로벌 명문교육의 확립, 세계 수준의 연구 강화, 캠퍼스 인프라 선진화, 멀티캠퍼스 자율과 융합, 공동체문화의 확산을 주요 과제로 제시하였다. 특히 총장 취임사에서 정 총장은 "연세의 제3 창학을 위해 무엇보다도 먼저 대학의 기본 사명인 교육을 강화하여, 명문사학으로서의 연세의 세계적 위상을 재정립 하겠다"고 선언하였는데, 이는 제3 창학의 기본 정신을 잘 보여주고 있으며, 동시에 제3 창학이 연세 창학의 이념 및 전통과 맞닿아 있음을 의미한다. 여기에서 교육이란 단순히 많은 전공지식을 습득하는 것을 의미하지않는다. 현대 사회에서 뚜렷한 철학 없이 전공지식에만 몰두하면 결국 하나의 도구로전락할 위험성이 크다. 총장 취임사에서 정 총장은 도덕성이 뒷받침되는 '지성적탁월'academic excellence을 연세대학교가 배출할 인재의 덕목으로 꼽았다. 이는 앞으로의 대학교육이 단순히 뛰어난 기능을 습득한 인재가 아닌 통찰력을 가지고 사회를 이끌어 나갈 수 있는 지도자를 배출해야 한다는 것을 의미한다.

　　교육과 함께 강조하고 있는 것은 바로 세계적 수준의 연구이다. 이는 교육과 마찬가지로 세계적인 명문 사학으로 발돋움하기 위해 반드시 필요한 요소이다. 또한 지식의 전수를 넘어서서 지식을 창조하고 사회를 선도하기 위한 필수 조건이기도 하다. 제3 창학을 위해서는 세계적인 학자들과의 인적 교류를 활발히 하고 이에 걸맞은 연구 생태계를 조성해야 한다. 이는 연세대학교가 초일류 연구 중심 대학으로 거듭나기 위함이기도 하다. 특히 단일 학문으로는 현대 사회의 복잡한 문제들을 해결하는 데 한계를 보이고 있는 시점에서 학제 간 융합 연구를 발전시켜 학문을 선도하고 사회 난제 해결에 기여하는 대학의 역할이 어느 때보다도 중요해지고 있다.

정 총장은, 또한, 취임사에서 연세대학교가 추구해야 할 핵심 가치로 "위엄dignity을 갖춘 탁월함의 추구"를 언급하였다. 탁월성은 앞서 언급한 교육 및 연구에 요구되는 가치이다. 여기에서 위엄을 지킨다는 것은 "아카데미아로서 순수한 이성과 철학, 그리고 역사적 안목을 간직하면서 대학 본연의 위엄과 자긍심을 지켜나가야 한다"는 의미이다. 자본주의가 고도화됨에 따라 대학 역시 사회적 분위기에 휩쓸리고 자본의 영향을 받고 있는 현실에서, 제3 창학을 통해 연세대학교가 대학 본연의 가치를 추구하며 새로운 중심을 잡아야 함을 역설한 것이다.

제3 창학을 실현하기 위한 구체적인 과제로서 정 총장은 교육과 연구, 인프라, 멀티 캠퍼스의 자율과 융합, 공동체 문화의 확산 등 5개 부문에서 구체적인 혁신과제를 제시하였다. "YONSEI , where we make *history*"라는 슬로건을 제창하며, 글로벌 명문 교육의 확립을 위해 선진명문형 Residential College^RC를 도입하여 아시아를 선도하는 대학Asia's World University으로 발전시키고, 연구부문에서는 융복합 연구와 산학협력 강화 등을 통해 세계 수준의 연구역량을 강화해야 함을 강조하였다. 또한, 캠퍼스의 인프라 확대와 안정적인 재정기반의 확대, 열린 공동체의 문화 정립, 그리고 멀티 캠퍼스의 자율과 융합을 통한 연세의 시너지 강화 등을 주요 전략 과제로 제시하였다.

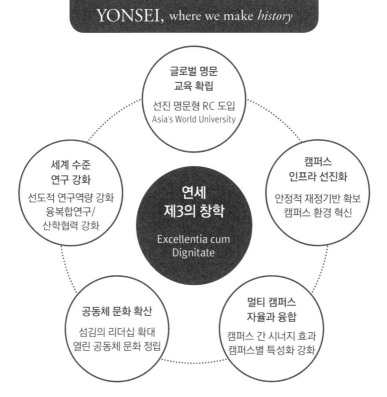

비전 선언문

연세 '제3의 창학'

기독교의 가르침을 바탕으로 진리와 자유의 정신에 따라 겨레와 인류 사회에 이바지할 지도자를 길러온 연세대학교는 오늘로 창립 127주년을 맞는다. (중략) 연세는 이제 제3 창학기를 열어가고 있다. 연세는 새로운 대학 패러다임을 제시하고 글로벌 시대의 변화를 선도하여 세계적 대학으로 도약해야 하는 역사적 사명을 지니고 있다. 이에 연세 제3의 창학 비전을 선포하여 우리가 지향하는 목표를 공유하고 모든 연세인의 역량과 지혜를 모아 연세의 새로운 역사를 만들어 나가고자 한다.(YONSEI, where we make *history*!)

연세대학교는 **글로벌 명문교육**을 확립하여 소통과 창의력, 융·복합 능력과 문화적 다양성 및 기독교 리더십을 갖춘 전인적 인재를 양성한다. 연세대학교는 연구인프라의 획기적 개선을 통하여 선도적 연구역량을 강화하고, 융·복합 연구와 산학협력을 확대하여 **세계 수준의 연구**를 촉진한다. 연세대학교는 재정기반의 건전성 확충, 행정시스템 및 캠퍼스 환경의 혁신을 통하여 **캠퍼스 인프라**를 선진화한다. 연세대학교는 교내외 소통을 활성화하여 **열린 공동체 문화**를 확산하고, 교육과 봉사를 통해 사회의 책무를 다하는 섬김의 리더십을 실천함으로써 그동안 유지해 온 사회적 리더십을 더욱 강화한다. 연세대학교는 **멀티캠퍼스 간 자율과 융합**을 통해 캠퍼스별 특성화를 추진하고, 동시에 교육·연구·시설 인프라 등의 모든 면에서 캠퍼스 간 시너지 창출을 극대화한다.

연세대학교는 이러한 비전을 달성함으로써 창립 당시부터 지켜온 수월성과 위엄을 공고하게 하고, 21세기 세계를 선도하는 교육과 연구의 전당이 되고자 한다.

2012. 5. 12 연세대학교

Ⅰ. 명문 사학의 교육 경쟁력 확보

연세 제3 창학의 가장 큰 과제의 하나는 세계적인 명문 교육의 수월성을 확보하는 것이다. 1885년 창립 이후 연세대학교는 규모면에서는 엄청나게 성장하여 세계 유수 대학에 버금가는 큰 대학으로 성장하였으며, 교육과 연구의 질적 측면에서도 국내 최고의 사학에 걸맞게 많은 발전을 해 온 것이 사실이다. 그러나 지난 130년 동안 연세는 국내 최고 사학이라는 전통과 명성에 안주하여 대외적인 교육의 경쟁력이나 연구의 수월성 확보에는 많은 투자와 노력을 기울이지 못했던 것 또한 현실이다. 특히 학부 교육을 중시하는 한국의 전통에 따라 연구 역량의 강화에는 상대적으로 관심이 적었으며, 학부의 입시 또한 대학 서열을 중심으로 운영되어 대학 간 경쟁도 활성화되지 못하고, 외국 학생을 적극적으로 유치할 인센티브도 결여되어 있었다.

그러나 연세가 세계적인 대학으로서 교육의 수월성을 확보하기 위해서는 우선 학부와 대학원 교육의 수준과 내용이 획기적으로 달라져야 하며 세계 어느 대학과도 공유하고 경쟁할 수 있는 교육 프로그램이 갖추어져 있어야 한다. 이런 관점에서 연세는 제3 창학의 일환으로 먼저 전 세계 명문 사학의 공통적인 특징인 Residential College^{RC} 프로그램을 송도 국제캠퍼스에 도입하여 24시간 학습과 생활의 공동체를 만들고, 1학년 학생을 위한 전인교육全人敎育 프로그램을 개발하였다. RC는 국가마다 다른 형태로 운영되고 있지만 연세는 미국의 아이비리그 모델을 한국 실정에 맞게 조정하여 1학년에 적용하였다.

RC 프로그램은 2007년 당시 연세대 원주캠퍼스 행정 수장이었던 정갑영 부총장이 국내 최초로 도입한 생활-교육 일체형 프로그램으로 당시에는 RC라는 이름조차도 국내에서 생소하기만 하였다. RC를 실시하기 위해서는 기본적으로 학생들을 수용할 수 있는 기숙사가 확보되어야 한다. 또한 기숙사에서 학생들과 함께 생활하는 교수Residential Master, RM와 생활조교 역할을 하는 상당한 규모의 RARefidential Assistant가 필요하다. 당시 원주캠퍼스에는 다행스럽게도 상당한 규모의 기숙사가 있었고 900여 명 규모의 청연학사를 추가 신축함으로써 완벽한 RC 여건을 갖추게 되었다.

원주캠퍼스의 RC는 피교육자인 학생들의 학교 생활 만족도 향상은 물론 원주캠퍼스를 한 단계 상승시키는 기폭제가 되었을 뿐만 아니라 국내 많은 대학의 벤치마크가 되었다. 이 경험을 바탕으로 제17대 총장 집행부는 2012년 총장 취임 후 바로 송도 국제캠퍼스에 제2 기숙사를 준비하고 2013년부터는 신촌캠퍼스의 신입생을 대상으로 RC를 도입하였다.

기존의 한국 대학 교육은 대량 학원형 교육으로 대학다운 캠퍼스 문화를 찾기 어렵고, 강의실에서 교수로부터 1주일에 18학점 내외의 주입식 강의를 듣고 귀가하여 대학 생활의 대부분을 외부에서 보내는 특징을 갖고 있었다. 그러나 RC는 동료와 같이 캠퍼스에서 24시간 생활하며 학업에 몰입하고, 서로 소통하고 배려하면서 예술과 체육은 물론 각종 창의적 활동을 함께하여 건강한 공동체를 가꾸어 가는 학습과 생활의 장을 학교가 제공해야 하는 것이다.

실제로 4천여 명의 1학년 학생 전체를 대상으로 대규모 RC를 실시하는 것은 아시아에서는 처음 있는 역사적 사례였다. 더구나 서울과 상당히 떨어져 교통과 주위의 생활 여건도 여의치 않은 곳에 새롭게 조성된 송도 국제캠퍼스에서 RC를 성공시키는 것은 결코 쉬운 일이 아니었다. 이 때문에 RC를 전면 도입하는 데는 그만큼 용기가 필요했고, 성과가 바람직하지 않을 경우에 그에 따른 책임을 진다는 비장한 각오가 필요했다.

대학본부는 RC를 성공시키기 위해 많은 자원과 노력과 열정을 투입했다. 1학년 교육을 전담하는 학부대학의 80여 교수가 희생적으로 봉사했고, RC 교육원을 만들어 기숙사 생활을 지원하였으며, RM 교수들의 열정과 희생도 빼놓을 수 없는 성공의 요인이다. 학생들이 스스로 찾고 즐길 수 있는 창의적 활동을 개발하기 위해 선진 명문 대학들을 수없이 벤치마크했으며, 학생 수가 많고 대학 1학년은 대부분 학업에 관심이 없는 현실을 반영하여 한국적 RC 모델을 만드는 데 심혈을 기울였다.

그 결과 도입 초기에 많은 반대가 있었음에도 불구하고 RC에 대한 평가는 아주 고무적이었다. 3년이라는 짧은 기간에 성공적으로 정착하여 아시아 고등교육의 패러다임을 바꾼 새로운 모델로 인용되고 있으며 학생은 물론 학부모, 대학 관계자들로부터도 좋은 평가를 받고 있다. RC 교육을 경험한 학생들은 동료와 함께 지내며 학습과 생활 공동체를 만들었던 송도를 그리워한다. 매년 실시하는 RC 교육에 대한 평가와 학생들의 설문에서도 모두 긍정적인 답변이 압도적이다.

RC 교육과 더불어 명문 사학의 교육 경쟁력을 확보하기 위한 방안으로 연세는, 석학을 지속적으로 유치하고 세계적 흐름에 맞는 새로운 교육 프로그램을 개발하며 외국의 우수한 학생들을 유치하는 데도 적극적인 노력을 기울였다. 석학급 교수의 상시 특별채용제도를 활성화하고 정교수의 경우에도 5년마다 평가하여 교육과 연구, 봉사에 공헌한 성과를 인센티브로 활용하는 제도도 도입하였다.

교육과 학습의 효율적인 지원을 위해 세계 최초로 스마트 캠퍼스 네트워크를 구축하여 정규 및 특별 강좌를 언제 어디서나 공유할 수 있도록 뒷받침하고 있을 뿐만 아니라 학교에 등교하는 순간부터 강의실의 출결석 관리, 교내의 각종 행사, 수강신청, 학생들의 안전에 이르기까지 모든 교내 생활 정보를 ICT 기술을 기반으로 언제 어디서나 접근할 수 있도록 하여 쾌적하고 편리한 캠퍼스 생활과 학습 지원을 제공하고 있다. 대학 교육의 혁신을 위한 Open Smart Education 센터OSE센터를 설립하고 세계적인 MOOC 교육 서비스 제공 기관인 FutureLearn과 Coursera 등을 통해 연세의 우수 강의를 전 세계에 온라인으로 보급하여 큰 성과를 거두고 있다.

학생지도 및 경력관리 지원 체계화를 위해 도입한 e-Portfolio 시스템은 학생의 교과 학습 뿐 아니라 각종 자격 취득 등 경력 개발과 진로 상담까지 한 곳에서 통합 관리함으로써 학생들의 경력 개발과 학교 적응에 현실적으로 도움을 줄 수 있는 여러 방안을 개발하는 데 필요한 방대한 기초 자료를 확보할 수 있게 되었다. 또한 재수강 제도, 계절제 수업 등 학사 제도를 합리적으로 정비하여 교육 자원이 더욱 효과적으로 배분될 수 있는 구조도 구축하였다.

교육의 수월성은 내부적인 제도의 혁신과 교수의 열정, 그리고 학생들의 적극적인 참여로 이루어지는 종합예술과 같다. 연세의 이와 같은 노력이 지속적으로 이루어질 때 세계가 연세 교육의 수월성을 평가하게 될 것이고 이 결과에 따라 연세는 아시아의 세계대학으로 우뚝 설 수 있을 것이다.

1. Ivy League형 Residential College 도입

왜 Residential College인가?

지난 130년 동안 연세대학교는 건국과 산업화, 민주화의 주역들을 배출하여 왔다. 그러나 21세기에 들어서면서 대학을 둘러싼 사회적 여건은 급속하게 변화하여 대학은 대형화되고 교육보다는 연구를 강조하며 산학협력과 학생들의 취업률이 중요한 대학 평가 지표로 부상하게 되었다. 이러한 변화 속에서 대학 교육 역시 사회의 지도자를 길러내기보다 오히려 전문적인 지식을 습득하는 대량 학원형 교육으로 변질될 위기에 처하게 되었다. 이에 더하여 우리 사회의 인구 구조 역시 매우 급격하게 변화해서 2010년에서 2020년 사이에 대학에 입학하는 학령 인구가 약 30% 감소하게 된다. 또한 현재의 부모 세대들은 형제자매의 숫자가 많았지만 이들의 자녀 세대는 불과 2명도 되지 않아 공동체 생활의 경험과 타인에 대한 이해와 배려심이 크게 부족한 실정이다. 명문 대학을 졸업하는 학생들도 학업 성적은 우수하지만 성취 동기가 약하고 과업에 실패했을 때 회복 탄력성이나 다른 사람과의 갈등을 풀어 나가는 능력에서는 뒤떨어진다는 평가를 받고 있다.

미래의 사회는 급속한 기술 진보와 함께 불확실성이 더욱 커지고 전문적인 지식뿐만 아니라 급변하는 기술과 환경 변화에 잘 적응하는 인력을 필요로 할 것이다. 또한 사회적으로는 계층 간·세대 간 갈등과 함께 문화적 다양성이 심화됨에 따라 서로를 배려하고 이해하며 존중하는 인성 함양 교육의 필요성이 더욱 절실해지고 있다. 따라서 대학은 다시 근본으로 돌아가서 Back to the Basics 학부 교육, 특히 인문학적 기초를 확고히 하는 교양 교육의 중요성을 재인식하게 되었다. 이에 제3 창학의 전략으로 학생들이 다섯 가지의 핵심 역량 5 Core Competences, 즉 Creativity, Convergence,

Communication, Cultural Diversity, Christian Leadership의 함양을 통하여 '섬김의 정신을 실천하는 창의적인 글로벌 리더'로 성장하는 것을 교육의 목표로 설정하였다. 특히 오늘날 한국의 대학생들에게는 학습과 생활을 통합Integration of Living and Learning하는 교육이 절실하다는 판단하에 미국의 Ivy League 대학들이 시행하고 있는 Residential Education을 1학년 학생들을 대상으로 실시하게 되었다.

대학교 1학년은 발달론적 측면에서 매우 중요한 시기이며 인생의 중요한 전환기conversion year로 대학 생활의 성패를 좌우하는 시기이다. 수도권 대학생들의 평균 통학 시간은 2시간가량 되고 연세대학교 신입생의 50% 정도가 부모와 거주하지 않는 것으로 나타났다. 이에 따라 학생들의 공동체 활동 시간과 학습 시간은 매우 적고 1학기 학사 경고자의 대부분은 대학 1학년인 실정이었다.

RC는 학원형 대량교육 체제를 혁신하여 학습과 생활이 통합된 창의적인 공동체 교육을 실시함으로써 학습 효과를 극대화하고 건강한 공동체 문화를 선도하는 글로벌 리더를 양성하기 위한 선진화된 명문형 프로그램이다. 연세대학교의 RC는 해외 대학들의 프로그램을 그대로 이식한 것이 아니라 2007년 이 프로그램을 처음 도입한 원주캠퍼스에서 장기간 축적한 경험을 바탕으로 한국의 실정에 맞게 개선한 연세만의 특성화 프로그램이다.

RC, 어떻게 추진되었나?

연세대학교는 2011년부터 송도 국제캠퍼스에서 프리미엄 교육의 일환으로 언더우드국제대학, 학부대학 자유전공, 의치의예과, 글로벌융합공학부 학생 등을 대상으로 약 600여 명이 기숙사 생활을 시작하였다. 2012년 취임 초부터 1학년에 대한 전면적인 RC를 공약한 정갑영 총장은 2013년에는 1학년 전체가 한 학기씩 송도에 거주하면서 신촌에서 교육받던 기초 교양 교육에 더해 RC 교육을 받게 하였고, 2014년 부터는 1년씩 거주하는 체제로 발전시켜 약 3,600명의 신입생에 대한 전면적인 RC 교육이 시행되었다. 다만 전공의 특성상 전 학년이 같이 수업을 해야 하는 음악대학을 제외하였고, 체육계열체육교육과, 스포츠레저학과은 2016년 신입생부터 포함되었다.

2013년 초, 송도 국제캠퍼스에 제2 기숙사를 완공함으로써 약 5,300명이 거주할 수 있는 기숙사가 확보되었고, 2015년 2학기 현재를 기준으로 신입생을 포함하여 5,000여 명이 넘는 학생들이 거주하고 있다.

연도별 추진 내용

- **2012년**: 조직 개편(RC 교육원을 학부대학 산하로 배치), 1학년 전체 한 학기 RC 교육 과정 준비, 자연계열 기초 실험실 확충과 전문 조교 선발, 2인 1실에서 3인 1실로 전환, RC필수 교육 과정 개발

- **2013년**: 1학년 전체 한 학기씩 RC 교육 과정 실행, 1학년 전체 두 학기 RC 교육 과정 준비, 하우스별로 RC 교육을 특화시켜 신입생이 선택하도록 함 (1지망 하우스 선택 안 된 학생의 관심 저하, 개인의 선택이 아닌 학과 학생회의 하우스 선택으로 인해 RC 교육 참여율 저하)

- **2014년**: 조직 개편(2학기에 생활관 분리) 후 RC 교육 강화, 학사지도교수의 RC 교육 전체 프로그램 운영을 통한 RC 교육 안정화, 다양성을 고려하여 하우스 배정(학생의 생활 양식을 고려해 학과를 고루 섞음. 반대가 거셈)

- **2015년**: RC교육 참여 확대와 질적 수준 향상을 위한 [RC자기주도활동] 신설, RC 교육의 일환으로 RA들이 재학생 대상의 리더십 교육 실습에 참여토록 하는 리더십 교육 과정 개발, 학사지도교수의 RC 하우스 학사지도 확대, OT와 연고전 참여를 RC 교육에 포함시킴. 인텐시브 튜터링과 하우스 내 튜터링을 도입하여 학습 지원 강화

이에 따라 1학년 학생들은 12개 하우스House별로 300여 명씩 배정되었고 각 하우스에는 Residential MasterRM 교수와 하우스 RC 교육의 조교 역할과 1학년의 멘토 역할을 하는 Residential AssistantRA 조교들이 배정되었다. 그리고 외국인 교수로 구성된 English Residential FellowERF 가 기숙사에 거주하며 다양한 영어 프로그램을 운영하고 있다.

하우스의 명칭은 연세의 전통과 역사를 상징하고 대학을 대표하는 인물이나 지역을 중심으로 언더우드, 알렌, 에비슨, 동주^{윤동주}, 용재^{백낙준}, 치원, 한결^{김윤경}, 이원철, 무악, 청송, 백양, Aristotle 하우스 등으로 정하였다.

기초 교양 교육과 RC 교육의 통합

연세대학교 1학년 학생들은 공통 기초 과목^{채플, 기독교의 이해, 글쓰기, 대학영어}, 필수 교양 과목^{인문, 사회, 자연의 총 9개의 영역에서 최소 8개 영역 과목 이수}, 선택 교양 과목을 이수하게 되어 있고 학업 시간의 대부분을 기초 교양 교육을 공부하는 데 보내 왔다.

국제캠퍼스 기초 교양 교육과 RC 교육

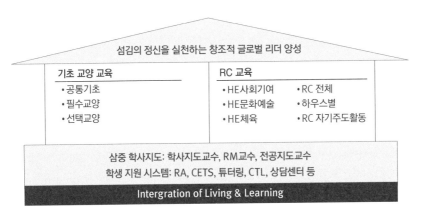

RC 교육이 시작되면서 학점을 부여하는 전인교육 과목^{Holistic Education, HE 과목: 사회기여, 문화예술, 체육}과 RC 101 과목, 그리고 RC 전체 교육 프로그램 및 하우스별 RC 교육 프로그램이 추가되었다. 학생들은 RC 101 과목을 포함하여 최소 2영역 이상의 HE 과목을 수강하여야 한다.

RC 프로그램

HE 1 사회기여: 연인(延仁) 멘토링

목표
- 섬김의 리더십 교육과 사회적 책임 실천교육
- 지역사회 발전에 기여하는 실질적 봉사프로그램

활동
- 인천지역 초·중·고등학교 멘토링
- 학습지원, 예체능활동, 독서지도, 정서멘토링, 방과후 돌봄교실, 진로탐색

[2014년]
- 멘토 1,309명 참가 • 멘티 2,900명
- 198기관(학교)참가
- 우수멘토(29명) 인천시장표창

HE 2 문화예술: 학술

- 학생들의 지적인 상상력, 문화적 다양성, 예술적 감수성 발현
- 적극적인 참여, 실습 강화
- 학술 분야 강화

구분	교과목 명
학습	스무 살, 동서양고전을 만나다, Critical Thinking & Freshman Research, TED 활용하기, Intercultural communication, 명저명화감상, 한국문학, 느끼고 이해하기
음악	합창, 음악감상, 클래식 기타, 오케스트라, 융합과 음악의 미래, 음악과 인간, CCM찬양
미술	Creative Art, 온라인 미술관, 그림의 입문, 유화
영상제작	사진과 창의적 사고
공연예술	연극연습, 음악과 춤

HE 3 체육

- 국제캠퍼스 특성화 프로그램
- 250명 규모, 700명 회원 운동 가능
- 현재 300명 학생 Body for Life 강의 수강

YONSEI RC101/102

목표
- 성공적인 대학생활
- 연세 공동체 의식 함양
- 리더의 자질 함양
- 전공 및 진로 탐색

특징
- 핵심 공동 주제(대학/연세에 대한 이해, 성공적인 리더의 자질과 윤리의식, 대학에서의 공부와 시간, 미래설계 등)
- 전공 연계 특성화 주제(학과의 연계)
  - 전공 학문에 대한 소개(전공 책임교수)
  - 전공 진로에 대한 소개(졸업생 선배)
  - 전공 교수와의 간담회 혹은 면담

RC 전체프로그램: 학술제

RC 특강

2014년	주제	강연자
4. 30(수)	창조시대의 혁신 프로젝트 그리고 성공 DNA를 가진 아이디어의 태동	김동준 박사
5. 27(화)	On Writing My First Failed Novel: A Tale of Ambition, Woe and Faith	이창래 교수 (프린스턴 대학교)
9. 24(수)	대학교육과 글로벌 마인드	국제처장 및 교환학생 경험 선배
11. 12(화)	진로특강(공직분야)	국가고시지원센터장 및 사무관, 고시합격 선배
11. 18(화)	청춘, 도전 그리고 시작 이곳 연세대학교에서	이순우 우리은행장
12. 2(화)	열정으로 만드는 기적	정갑영 총장

RC 전체프로그램: 문화예술제

RC 공연

2014년	공연	
3. 19(수)	중앙동아리 공연	
4.2(수)	탱고공연(코아머러스)	
4.23(수)	재즈, 밴드, 공연(프렐류드)	
5.21(수)	오케스트라(음악대학 02 오케스트라)	
9.3(수)	중앙동아리 공연	
10.1(수)	재즈밴드공연(Con-Fusion Band)	
11.5(수)	인디밴드공연(좋아서 하는 밴드)	

삼중 학생 지도 시스템의 정립

RC 교육이 도입됨에 따라 기존의 전공지도교수와 학사지도교수가 담당해 오던 이중의 학생지도 시스템에 RC의 개별 House를 담당하는 RM 교수까지 더해 삼중 학생 지도 시스템이 확립되었다. 이어서 2013년에는 학생지도 전임 교원 제도가 도입되었고, 2015년부터는 전공별 학사지도에 더해 RC 하우스별 학사지도 제도가 시범적으로 두 개의 하우스에 도입되었다.

삼중 학생 지도 체계

전공지도교수	학사지도교수	Residential Master 교수
• 전공에 대한 소속감, 전공 멘토 연결 • 전공 교육 및 전공 관련 진로 지도	• 삼중 학사지도 시스템 허브 • 학사 단위별 지도 • 1학년 교육 프로그램 • 1학년 세미나 (YONSEI RC101/102) • 기초 교양 교육 및 연세대 교육 자원 지도	• House RC교육 총 책임 • 인성교육 • 지적 문화공동체 조성 • RA 교육 및 관리

RC 전체 교육 프로그램과 하우스별 RC 교육 프로그램

RC 관련 활동은 크게 RC 전체 교육 프로그램과 12개의 하우스가 각각 기획하고 운영하는 하우스 프로그램으로 나누어진다. RC 전체 교육 프로그램은 RC 교육원의 주도하에 이루어지며 각종 특강을 포함한 학술제, 학생 동아리 공연이나 음대 오케스트라 등이 공연하는 음악 공연 등의 예술제, RC 올림픽과 송도 마라톤 대회, 자전거 프로그램쿨리샘 등의 체육제가 있다. 개별 하우스 프로그램은 학기 시작 전에 하우스의 RM 교수와 RA들이 자율적으로 계획하고 개학 직후 학생들이 여기에 참여하여 확정하게 되며 하우스마다 특색을 가지는 프로그램들을 진행할 수 있다. 다음은 12개 하우스들의 프로그램 예시이다.

12개 하우스 RC 교육 프로그램 예시

하우스 명	프로그램명	하우스 명	프로그램명
한결	에즈한결, 삼시세끼_한결 동거동락, 어서와 시리즈	용재	정당한 스케치북, 용재 지니어스 진로상담소, 헌혈나들이
이원철	스타 세미나, 원철 공방 원철 Buttery, PEL(학생 자치프로그램)	에비슨	21프로젝트, 배움의 즐거움 함께하는 우리들, 사랑 그리고 나눔
언더우드	나무아래 "공부방", 나무아래 "옹기종기" 나무아래 "어울림", 나무아래 "이니셔티브"	백양	백양 TED, 백양에서 포동포동 송도, 어디까지 가봤니? 백양 외국어 스터디
윤동주	별헤는 밤, 오병이어(五餠二魚) 독(讀)&Talk, 윤동주 家 한마당	청송	P(Physical), I(Inspiring) N(Network), E(Education)
무악	알찬 무악(도란도란), 꿈찬 무악(무럭무럭) 힘찬 무악(영차영차), 솔찬 무악(종알종알)	알렌	Allen Night, Allen Jogging Allen Movie Night, Allen Talk! Talk!
치원	사람책방, Master's Supper 문화인, 건·치(건강한치원인) Project	아리스토 텔레스	블랙 앤 화이트파티, 아리스토텔레스 강연 주말활동, 아리스토텔레스 연회

[아시아 교육 허브 송도] 연세대 국제캠퍼스 가보니…앞만 보던 학생들, 옆도 보는 리더로 성장(한국경제, 2013. 6. 4.)

지난달 31일 저녁 인천 송도동 연세대 국제캠퍼스 체육관. 6만여개의 조각으로 만들어진 11개 도미노 작품이 '하나, 둘, 셋, 폭파'라는 사회자의 말에 따라 차례대로 쓰러졌다. 'I♥YIC(연세국제캠퍼스)', 독수리 그림 등 도미노로 표현된 글자와 그림이 나타나자 100여명의 학생들은 일제히 탄성을 터뜨렸다. 이날 도미노 행사는 국제캠퍼스 기숙사를 구성하는 8개 하우스의 대표들이 출전한 '하우스 대항 도미노 대회'였다.

공동체 생활 통해 리더 육성

연세대는 송도 국제캠퍼스에서 레지던셜 칼리지 본격화를 기념해 'RC 오픈 데이'를 열었다. 이 행사는 한 학기 동안 RC 생활을 마무리하는 행사를 열어 가족과 지역 주민들에게 공개하고 즐기는 자리다. 연세대는 2011년 송도 국제캠퍼스를 열면서 RC 프로그램을 도입했다. RC의 특징은 기숙사 등의 공동체 생활을 통해 글로벌 리더를 육성하는데 초점을 맞췄다는 것이다. 정규 과정인 교양 수업에서는 기초 교양 외에 대학윤리, 사회기여, 예술체육 등을 배운다. 전인 교육을 목표로 하는 HE(Holistic Education) 과목 중에는 인천시와 협약을 맺고 614명의 연세대 학생들이 지역 청소년 1,811명에게 방과후 학습을 지원하는 '연인프로젝트'도 있다. 비교과 과정은 자전거를 조립하거나 수리하면서 창의성을 높이는 '자전거공방', 자발적으로 교내 순찰을 도는 '미추홀 가드' 등 다양한 동아리 활동이 포함된다.

학생·학부모 만족도 높아

연세대가 신입생 전원 RC 교육을 시작한 것은 지난 3월. 선·후배 관계 단절, 지방 기피에 따른 우수 학생의 이탈 등 각종 우려 속에 시작된 RC 교육이었지만 현장에서 만난 학생과 학부모들은 상당한 만족감을 나타냈다. 작년 RC 생활을 경험하고 올해 RA 기숙사 도우미 로 활동 중인 김정민 군(경제학과 2학년)은 "RC의 비교과 프로그램 대부분이 학교에서 시키는 게 아니라 학생들이 자발적으로 만드는 활동이라 만족도가 더 높다."고 말했다. 학생들의 만족도는 올해 108명을 뽑은 RA 선발 과정에서 경쟁률이 5 대 1에 달했다는 점에서도 짐작할 수 있다. 김군처럼 작년에 RC 생활을 거친 2학년 600여 명 가운데 대부분이 비교과 프로그램에 대한 기대감으로 RA에 신청했다는 후문이다. 김정현 양(UIC 아시아학부 1학년)은 "다른 사람과 함께 살면서 배려심과 책임감이 생기고 동기간 결속력도 높아져 제대로된 대학 생활을 하는 것 같다."며 "술이 아니라 생활을 통해 친해지기 때문에 우정의 깊이가 다르다."고 설명했다.

조직의 재정비: RC 교육원을 학부대학 산하 기관으로 배치

1학년 학생 전체를 대상으로 하는 RC 교육을 실시하기 위해서 기존 프리미엄 교육 체계에서 RC를 담당하였던 RC 교육원을 학부대학의 산하 기관으로 배치하였다. 교양 교육을 전담하는 학부대학이 RC 교육을 전담함으로써 생활과 학습의 통합이라는 큰 틀의 체계가 갖추어진 것이다. 동시에 RC 교육원의 주된 업무 중 하나였던 생활관 업무는 국제캠퍼스 총괄본부로 이전되면서 RC 교육원은 교육이라는 본연의 임무에 전 념하게 되었다.

학부대학 조직도

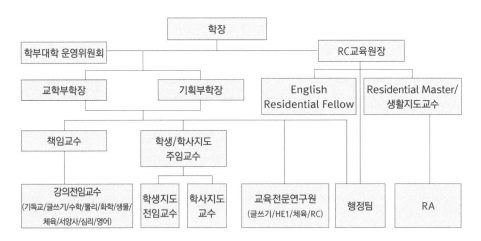

원주캠퍼스 RC 프로그램의 전문화

2007학년도부터 국내 최초로 원주캠퍼스에 전면 도입된 RC 프로그램도 해가 거 듭될수록 안정되고 공고해졌으며 캠퍼스의 발전 전략을 지속적으로 반영하여 특성화하고 있다. 2006년 8월 정갑영 원주부총장의 부임 직후부터 논의가 시작된 RC 프로그램은 외국 대학 사례와 원주캠퍼스 교육 환경에 대한 다각적인 분석을 거쳐 시행 계획이 수립되었고, 학내 구성원에 대한 홍보와 수차례에 걸친 전체교수회의 등 집중적인 의견 수렴 과정을 거쳐 비교적 짧은 기간 안에 모든 준비를 마치고 이듬해부터 시행되었다. 초기에는 국내 최초의 RC 프로그램 시행 사례로써 여러 대학의 벤치마킹 대상이 되었고 근자에 와서는 원주캠퍼스 교육 환경과 특성화 방향에 부합하는 교육 프로그램으로 자리 잡고 있다.

원주캠퍼스는 학생의 90% 이상이 서울과 수도권 등 강원도 이외의 지역에서 오고 있고 학생 대부분이 방과 후 교내 기숙사에 머무는 상황이므로 학생 교육에서 RC 프로그램이 차지하는 비중과 역할은 아무리 강조해도 지나치지 않은 상황이다. 실제로 RC 교육 체제 도입 후 멀리 타지에서 입학한 1학년 학생들의 심리적, 정서적 안정감이 크게 향상되어 신입생들 사이에 소위 '매지병'^{원주캠퍼스가 위치한 매지리에} ^{와서 집 생각과 고향 향수병이 부쩍 늘어나는 증세} 현상이 사라졌다는 평가가 나오고 있다. 신입생들이 입학 오리엔테이션 시점부터 RC 분반에 편성되고 재학생 형과 언니에 해당되는 RA 조교들의 인솔 아래 공동체 속에서 대학 생활을 시작함으로써 중·고등학교의 긴 수험생활 속에서 잃어버린 개성과 인간 관계의 사회성을 회복하는 사례가 많이 보고되고 있다. 입학 후 자신의 자녀가 한층 밝아지고 긍정적으로 변했다고 학교 측에 감사의 뜻을 전해오는 학부모가 꾸준히 이어지고 있다. 또한 1,600여 명의 1학년 학생들이 RC 프로그램의 일환으로 원주시와 인근 지역에서 벌이는 사회 봉사 활동은 지역 사회의 경제, 문화, 사회 복지 활성화에 새로운 활력소가 되고 있다.

원주캠퍼스 RC 프로그램은 '교육에 강한 대학'이라는 발전 목표에 맞추어 전문화 및 선진화 과정을 거쳐 왔고 그 결과 '밀착형 RC체제'에 이어 통합적 교육 지도 프로그램인 HELP^{Holistic Educational Loading Platform} 시스템을 도입하였다. 특히 2학년 학생들이 1학년 RC 프로그램을 통해 축적한 학습 열기와 생활 에너지를 계속 이어갈 수 있도록 학생 지도 프로그램을 마련하고 전공별로 멘토 교수들이 담임반을 운영하도록 하였다. 그 같이 확대된 교육 지도 프로그램을 보다 효과적으로 지원하기 위해 원주 교무처 내의 RC 사업팀을 교육개발센터로 확대 개편하였고, 2014년에는 2학년 RC 프로그램의 핵심 요소인 학생들의 진로 및 경력 개발 지도를 보다 전문적으로 수행하기 위해 해당 업무를 교육개발센터에서 인재개발원으로 이관하여 오늘에 이르고 있다.

RC 교육으로 어떤 성과가 있었나?

학생들의 변화 RC 교육의 효과를 정량화하여 보여준다는 것은 쉽지 않다. 그러나 RC 교육이 실시되면서 장시간의 통학 시간 절약과 공동체 생활로 학생들의 시간 활용은 매우 의미 있게 바뀌었다. "신촌캠퍼스의 경우 만나면 술 마시는 것 밖에는 없었는데 국캠에서는 운동, 산책, 조모임 등 같이 할 수 있는 것이 많아서 좋았다."[13학번 학생 인터뷰]라는 반응이 다수였다. 학과 및 동아리 선배들의 국제캠퍼스 방문과 더불어 RA 선배들과의 친밀한 교류로 인해 신촌·국제캠퍼스 간의 지리적 거리를 극복할 수 있었다. 특히 신촌캠퍼스의 개별 단과대학 교수들의 송도 방문이 정례화되는 등 그동안 소홀해졌던 학생 지도 부분을 학교의 교육 안으로 끌어들일 수 있었고, 교수와 학생들의 관계가 종전보다 더욱 돈독해졌다.

아울러 창의적인 문화 학술 공동체가 활성화되고 하우스에서의 다양한 학과 학생들끼리의 교류를 통해 학과 선후배뿐만 아니라 다양한 전공의 동년배끼리의 횡적관계가 만들어지며 학생 사회에 더욱 폭넓은 씨실날실 관계가 형성되었다고 할 수 있다. 동시에 학교에 대한 자긍심이 고취되었고, 이러한 자긍심은 2016년 정기 연고전의 응원 문화를 바꾸는 데 크게 기여하였다.

"송도캠퍼스서 24시간 교육, 연세대 제3의 창학한다."(중앙일보, 2012. 5. 11.)

중앙일보

2012년 05월 11일 금요일 022면 사회

송도캠퍼스서 24시간 교육, 연세대 제3의 창학한다
(레지덴셜 칼리지·residential college)

대학 경쟁력을 말한다
연세대 정갑영 총장

강의실·숙소 합친 교육형 대학
내년 신입생 4000명 생활
케임브리지·아이비리그선 보편화
반값등록금, 하향 평준화 우려

10일 서울 연세대 캠퍼스를 가로지르는 백양로에는 선화 127주년(12일) 기념 휘장들이 휘날렸다. '연세, 제3의 창학' 'YONSEI, where we make history'('연세, 역사를 써나가는 곳'이라는 뜻) 같은 문구가 담겼다. 올 2월부터 연세대를 이끌고 있는 정갑영(61) 총장이 고안한 슬로건이다. 정 총장은 "인천 송도 레지덴셜 칼리지(residential college·RC)로 연세대 127년의 역사를 새로 쓰겠다"며 밝혔다. RC는 강의실과 학생·교수 숙소가 통합된 '정주(定住)교육형 대학'이다. 영국 케임브리지·옥스퍼드대와 미국 아이비리그 대학에서 보편화돼 있다. 국내 대학 중 RC를 경쟁력으로 내건 것은 연세대가 처음이다. 그는 "세브란스병원 신축(1904년), 연회전문 설립(1915년) 등 1창학과 연회전문·세브란스병원 통합(1957년) 등 2창학에 버금가는 큰 변화가 일어날 것"이라고 강조했다. 인터뷰는 10일 신촌캠퍼스 총장 집무실에서 이루어졌다.

-내년 신입생을 대상으로 한 RC 도입이 대학가의 화제다. 왜 추진하는 것인가.

"대학 경쟁력의 요건은 네 가지다. 첫째로 우수한 학생과 교수, 둘째로 탄탄한 재정, 셋째로 선진화된 의사결정 구조, 넷째가 RC다. 앞의 셋은 우리 학교가 상당한 경쟁력이 있는데 RC만 부족했다. 세계적인 대학으로 뻗어나가려면 RC가 절대 필요하다."

-기존 기숙사와 많이 다른 것 같다.

"기숙사는 잠만 자는 공간이지만 RC는 학생들이 24시간 머무르며 공부하고, 친구를 사귀고, 다양한 체험을 한다. 어떤 의미에선 대학생답게 고상하게 놀 공간이다. 원어민 교수가 함께 살며 학생들과 어울린다. 학생들은 주말에만 집에 갈 수 있다. 인천에 살더라도 기숙사에 들어와야 한다."

-1학년 학생들이 한꺼번에 다 가나.

"RC는 부총장 시절이던 2007년 원주캠퍼스에 국내 최초로 도입했다. 2010년 문을 연 송도캠퍼스는 처음부터 RC를 염두에 뒀다. 현재는 의·치대생 등 700명이 생활 중이다. 내년에 신입생 4000명이 1, 2학기에 절반씩 간다. 1학기는 문과대·교육학부·간호대·의과대생 2000명, 2학기는 사회과학대·상경대·경영대·이과대생 2000명 대상이다. 특히 내년 1학년엔 '무감독시험제'를 도입한다. 원주캠퍼스에서 시행했을 때 반응이 좋다. 2014년에는 1학년 4000명 전원이 1년간 송도 생활을 할 것이다. 다른 학년 확대는 더 검토해야 한다."

경제학자인 정 총장은 '세 가지' '네 가지' 등의 표현을 쓰며 일목요연하게 답변했다. 인터뷰 내내 자료를 보지 않을 정도로 학교 사정을 꿰뚫고 있었다.

-RC를 하면 어떤 효과가 있나.

"세 가지다. 1학년은 인생의 전환기다. 이 중요한 시기를 대학에서 제대로 관리해 주지 못했다. 학원형 교육을 정상화하는 효과

가 있다. 둘째로 사회지도자가 되기 위한 문화적 소양을 교육한다. 정규 학습 외에도 문화예술체험·사회봉사 프로그램을 도입한다. 전공 수업도 20명 단위로 소규모 프로젝트로 진행한다. 셋째로 문화적 다양성 수용 능력을 길러준다. 교수·동료와 함께 생활하면서 자신과 다른 가치관을 받아들일 수 있는 경험을 하게 될 것이다."

-총학생회의 반발은 학생 부담 때문 아닌가.

"학부 교육은 사실 적자다. 1학년은 신촌에 있을 때보다 50억원을 더 투자해야 한다. 충학생회와 여덟 번 만나 소통했다. 총장이 다 수용하기로 결정했다. 문제였던 학생 부담은 기숙사비가 월 30만원으로 한 학기 120만원 정도다. 식대비는 별도다."

정 총장은 인터뷰의 대부분을 RC 설명에 쏟았다. 라이벌 고려대는 '학력 고대'를 내걸었다고 하자 "RC 생각뿐이다"고 강조했다.

-127년 된 대학으로서 글로벌 100대 대학에 진입하지 못했다.

"연세대 역량이 100이면 아웃풋(output)은 70점도밖에 안 된다. 세계적 석학을 모셔와야 한다. 교수를 뽑아 30년 근무하게 하는 시스템도 고쳐야 한다. 우리 대학이라면 외국인 학생이 전체의 4분의 1은 돼야 한다. 학생을 불러오는 인바운드(inbound) 국제화에 적극 나서겠다. 하지만 수도권 정원 규제 때문에 어려움이 많다."

정 총장은 "사회가 글로벌 경쟁력을 주문

하지만 후진국적 규제가 많다"고 했다.

-시장주의 경제학자로서 등록금과 대입 등 어명박 정부 정책을 어떻게 보나.

"정부는 자율화를 강조하지만 현실은, 글쎄… 반값 등록금이 대표적이다. 일률적인 인하는 소득 재분배 효과가 없다. 대학 전체를 하향 평준화할 뿐이다. 소외계층 교육 기회 확대가 중요하다. 입시도 완전 자율화해야 한다."

-연대 논술이 어려워 사교육을 부추긴다는 비판이 있다.

"수능이 쉽고, 고교 간 학력 격차도 반영 못해 변별력을 높이려고 논술을 보게 된다. (내가 보기에도) 조금씩 어려워진 것 같다. 올해부터는 출제 의도와 접근 방법 등을 충분히 설명했다. 모범답안은 공교육을 해친다고 판단해 계속 공개하지 않겠다."

만난 사람=양영유 사회1부장
정리=성시윤 기자, 사진=안성식 기자
yangyy@joongang.co.kr

◆정갑영 총장=1951년 전북 김제에서 태어났다. 전주고·연세대(경제학과)를 거쳐 미국 코넬대에서 경제학 박사를 했다. 86년 연세대 교수가 돼 교무처장, 원주캠퍼스 부총장 등을 거쳤다. 아내와 세 딸이 모두 연세대를 나와 가족이 '5Y'라고 소개한다. 『만화로 읽는 알쏭달쏭 경제학』 등 대중적 경제서적을 잇달아 냈다.

통학 시간의 절약과 공동체 생활도 학생들의 학업 성취도 향상에 기여하였다. 학생들이 학업 외 활동과 학업에 투자하는 시간이 모두 증가하였다. 특히 수학, 물리, 글쓰기 등의 튜터링이 신촌캠퍼스와는 달리 국제캠퍼스에서는 학생들의 주거 공간인 생활관 커뮤니티룸에서 하우스별로 이루어짐에 따라 기초 학습 역량이 증가하였다. 또한 학사 경고자 수가 감소하고 RC 교육이 목표로 하는 5C의 핵심 역량

들이 향상되었으며 2학년에 신촌캠퍼스로 옮겨간 후에도 학생들의 활발한 토론 문화가 정착되었다.

연세대학교 "대나무숲"(학생용 SNS 익명 소통공간) 글

연대숲 #38746번째 외침: 2015. 12. 19 오후 9:28:01　　**"스무살을 스무살답게"**

S안녕하세요 대숲. 저 오늘 기숙사에서 퇴사했어요. 퇴사가 1년의 끝은 아니지만 2015년도 이제 열흘 남짓밖에 남지 않아서 기분이 묘하네요. 저 있죠. 1년 동안 너무 행복했어요. 친구들이 제가 이런 글 쓰는 걸 알면 아마 되게 놀랄 거예요. 원래 이런 성격이 아니거든요. 근데, 저의 2015년은 저 같은 놈에겐 과분할 정도로 너무 행복했기 때문에 이런 글로라도 남기고 싶어요. 다른 학교 학생들은 말해요. '너네 학교 1학년 송도로 간다고? 거기 놀 거 아무것도 없지 않아?' 네. 맞아요. 그들이 말하는 '놀거리'는 부족한 게 사실이죠. 하지만 아무것도 없는 건 아니었다고 생각해요. 송도엔 – 기숙사엔, 강의실엔, 도서관엔 – 항상 사람들이 있었어요. 그 사람들을 만나 얘기를 듣고 얘기를 하면서 저는 제 세상을 그들에게 보여주었고 그들의 세상을 만났어요. 사람 사귀는 걸 좋아하는 저한텐 정말 행복한 순간들이었어요. 대학교 들어올 때, 저의 목표는 다양한 사람들을 만나 제 좁은 시야를 넓히는 것이었거든요.

올해의 기억들이 차례로 스쳐지나가네요. 기쁘기도 했고 허무하기도 했던 대학 합격, 설레었던 동기들과의 첫 번째 만남, 선배들과의 첫 번째 만남이었던 오티와 새터, 어색하기도 했지만 역시 설레었던 입사 후 첫 번째 동기들과의 밤샘, 개강 총회, 선배들과의 밥약, 첫 과 엠티, 동기 엠티, 너무 기뻤던 동아리 합격, 동아리 엠티, 동아리 공연 스태프, 여름 방학, 첫 번째 밴드 공연, 방송 찬조, 기타 소모임, 두 번째 밴드 공연, 종강 총회와 그 밖의 수많은 모임들과 사람들.

오늘 퇴사를 하려고 짐을 싸면서, 저도 모르게 눈물이 맺혔어요. 송도에 너무 많은 추억을 남겨두고 가는 것 같네요. 송도에 있으면서 정말 행복했어요. 우리나라, 아니 세계 어느 곳에서 이렇게 스무 살을 '스무 살 답게' 보낼 수 있을까요. 저에게 송도는 그 어떤 간섭도 받지 않고 오롯이 스무 살을 자기 마음대로 꾸밀 수 있는 공간이자, 사람들을 시간 간섭 받지 않고 만날 수 있었던 공간이고, 힘들 때 너무나도 편안하게 저를 감싸 준 너무 고맙고 소중한 공간으로 기억될 것 같아요. 나중에 저의 2015년을 회상한다면 송도 생활이 가장 기억에 많이 남겠죠? 그리고 그 때에 전 자신 있게 말할 수 있을 것 같아요. 나의 스무 살은 내 인생에서 가장 빛났던 순간들이었고, 그 순간에 난 정말 행복했었다고. 후회 한 점 남지 않는 1년이었다고. 그 어렸던 나의 스무 살을 아름다운 추억으로 만들어주었던, 나의 스무 살에 있어주었던 모든 사람들에게 정말 고맙다고.

연인延仁 **프로젝트**　전인 교육의 일환으로 진행된 사회 기여 과목[HE1] 중 가장 많은 학생들이 참여하는 프로그램인 '延仁 프로젝트'는 연세대학교와 인천시, 인천 교육청이 서로 연계한 초중고생 멘토링 프로그램이다. 이 프로그램은 연세대 학생들이 인천 지역의 소외 계층 학생들을 지도해 주는 것으로, 지역 사회에 대한 공헌뿐만 아니라 연세대 학생들에게는 '섬김의 리더십'을 함양하는 기회가 된다. 이 프로그램은 시작부터 지역 사회로부터 매우 높은 호응을 얻었고, 참가 학생들의 사회 공헌에 대한 인식을 가장 많이 바꾼 프로그램으로 자리 잡았다. 2015년 1학기에 인천시가 조사한 만족도 결과를 보면 '연인 프로젝트'에 참여한 22개 초중고 학교 교사 73명 중 92%가 만족매우 만족 51%, 만족함 41%한다고 응답하였고, 초중고교 학생 251명 중 93%가 만족매우 만족 75%, 만족함 18%한다고 응답하였다. 2015년부터 이 프로그램은 인천대학, 경인교대 등 송도 지역의 다른 대학으로 파급되었다.

한국 고등교육의 선진화를 위한 RC 모델 정립 송도 국제캠퍼스의 RC 교육이 한국 고등교육의 새로운 모형으로 평가받은 것은 오히려 국내외 타 대학으로부터였다. 2012년 이화여자대학교 총장 및 실·처장단의 방문을 시작으로 서울대학교를 비롯한 수많은 국내 대학뿐만 아니라 일본의 메이지 대학, 마이크로소프트 등 해외 대학 및 기업의 방문이 이어지고 있다. 2015년 한 해만 해도 스위스의 교육부 장관과 7개 대학 총장을 비롯하여, 한미교육위원단, UN의 교육 특보, 호주, 싱가포르, 몽고, 유럽 등 국내외 교육관계자 약 500여명의 내방이 이어져 송도 국제캠퍼스는 새로운 교육 관광 대상지로 부상하였다.

RC 교육 향후 과제는?

초기의 열악한 기반 시설과 구성원들의 RC 교육에 대한 이해 부족 송도캠퍼스의 RC 교육이 상당한 성과를 거두고 있지만 처음부터 RC 교육이 성공적으로 정착되지는 않았다. 2013년까지도 국제캠퍼스와 그 주변의 기반시설이 충분하지 못하였고 신촌이 아닌 송도에서 1학년을 시작한다는 점 때문에 신입생들의 입학 성적이 저하될 것이라는 우려가 가장 컸다. 또한 송도와 신촌의 지리적 거리 때문에 선후배 간의 교류 단절을 우려한 총학생회 등의 거센 반대에도 직면하였다. RC 교육에 대한 교내 구성원들의 공감대는 어느 정도 있었으나 RC 교육에 대한 이해도가 다른 것도 초기에 어려웠던 점 중에 하나였다. 그동안 학부대학에서 교양 교육을 담당하였는데, 교양 교육에 RC 교육이 가미되어 생활과 학습이 통합되는 모형이라는 것을 많은 구성원들이 이해하지 못하였다. 기초 교양 교육의 중요성보다는 오히려 RC 관련 과목과 하우스 프로그램이 신입생들이 받는 주된 교육이라고 착각하여 RC 교육 기간을 신입생들이 대학에 적응하기 위한 오리엔테이션 기간 혹은 캠프 기간으로 오해하는 구성원들도 상당수였다.

이에 더해 새로운 캠퍼스에 행정 체계가 제대로 확립되는 데 상당한 기간이 필요하였다. 원주캠퍼스와 달리 국제캠퍼스는 신촌과 단일 캠퍼스 형태를 유지하였기 때문에 국제캠퍼스에는 별도의 행정 관련 실·처를 설치하지 않고 신촌캠퍼스의 기존 행정 실·처들이 국제캠퍼스까지 관할하게 되어 있었다. 대신 국제캠퍼스에는 총괄본부를 두어서 여러 실·처의 업무를 총괄 조정하게 하였다. 그러나 새로운 캠퍼스에서 발생하는 행정 업무가 초기에 폭증함에 따라 상당한 시행착오를 겪을 수밖에 없었다. 더구나 교내외의 언론 기관이나 여론들도 초기에는 국제캠퍼스에 결코 호의적이지 않았다. 조그마한 사건, 사고가 일어나도 사실이 왜곡되거나 과장되어 기성 언론이나 인터넷 매체를 통하여 급속하게 퍼져 나갔다. 특히 초기 1~2년은 수많은 유언비어에 대응하느라 학교는 상당한 어려움을 겪었다.

확고한 리더십과 구성원들의 공감대 형성으로 어려움을 극복 RC 교육이 전면 실시된 이후 초기 1~2년 내에 RC 운영과 관련된 어려움들은 대부분 극복되었다. 우선 총장이 월 수차례씩 국제캠퍼스를 방문하였고, 월 1회씩 정기적으로 총장 주재의 국제캠퍼스 운영위원회를 개최하였다. 동시에 총괄본부장, 학부대학 학장, UIC 학장 등이 본부 실·처장 회의에 주 2회 참석하여 국제캠퍼스의 현안을 보고하고 문제를 해결해 나갔다. 아울러 총괄본부와 학부대학의 교수, 직원 모두가 교육 혁신을 통해 제3의 창학을 이루어야 한다는 사명감을 갖고 헌신적으로 노력하였다. 학부대학 전임교수, 학생·학사지도교수, RC 교육원의 RM 교수, 국제캠퍼스의 행정팀 직원들 상당수는 사무실과 기숙사에 밤낮으로 머물면서 그야말로 불철주야 일하였다.

동시에 교내외 구성원들에게 RC 교육에 대한 소개와 홍보를 지속적으로 이어갔다. 먼저 교내 모든 교수들이 참석하는 교직원 수양회에서 RC 교육에 대한 설명과 함께 공감을 형성해 나갔다. 교무위원회, 학장·대학원장 연찬회, 학장 협의회, 부학장·학과장 회의 등 교내 주요 보직자 회의가 있을 때마다 RC 교육의 진행 상황에 대해 보고하고 협조를 요청하였다. 매 학년 초에는 학부대학 학장단과 학사지도교수들이 16개 단과대학을 모두 방문하여 교양 교육과 RC 교육에 대해 설명하고 단과대학의 협조를 요청하였다. 개별 학과 차원에서는 학과를 담당하는 학사지도교수와 학과의 전공교수 간의 연계를 강화하고 RC 101/102 수업 계획을 학과 교수들과 공동으로 논의하였다.

학생들의 수많은 민원에 대해서는 총괄본부 및 학부대학이 수시로 총학생회, 국제캠퍼스 학생회 등과 소통하였고, 특히 밀착형 학사지도와 RC 101 과목을 통해 학생들의 기대 사항과 문제점들을 실시간으로 파악하여 해결해 나갔다.

한국형 Residential College 모델로 정착해야 1학년 학생 전체를 대상으로 전국에서 처음 시작한 연세대학교 RC 교육 모형은 초기의 여러 어려움에도 불구하고 빠른 시간 안에 급속히 안정되어 상당한 성과를 이루어 나가고 있다. 그럼에도 불구하고 향후의 과제들은 여전히 남아 있다.

무엇보다도 학사지도 체계의 지속적인 보완이 필요하다. 단기적으로는 2015년 2학기부터 부분 시행하다가 2016년 1학기부터 전면적으로 시행된 RC의 하우스별 학사지도 시스템의 정착이 필요하다. 그동안 학사지도는 전공별로 이루어지고 하우스 내에서의 학생 지도는 RM 교수가 그 역할을 수행하였다. 그러나 하우스별로 학사지도 교수들이 배정되어 RM 교수와 같이 학생 지도가 이루어짐에 따라서 삼중 학생 지도가 더 내실 있게 운영될 수 있을 것이다. 동시에 기숙사 커뮤니티룸 등에서 이루어지고 있는 일부 기초 과목에 대한 튜터링tutoring 교육은 이미 상당한 성과를 보이고 있다. 이에 대한 체계적 지원 시스템이 필요할 것이다.

중장기적으로는 신촌캠퍼스에서 2학년 이상 학생을 대상으로 하는 RC 교육이 이루어지도록 RC를 확대하는 것이 바람직하다. 최근 신촌캠퍼스의 학생 기숙사가 크게 증가하였기 때문에 원하는 학생들을 대상으로 국제캠퍼스의 RC 하우스를 연장하여 RC 교육을 실시할 수 있을 것이다. 또한 최근 들어 입시제도가 다양화되고 연세대학교의 인바운드 국제화가 성공적으로 이루어짐에 따라서 입학하는 학생들의 배경 역시 다양해지고 있다. 입학생들의 출신 국가는 이미 전 세계의 70여 개국을 넘어섰고 어학원까지 포함하면 100여 개국이 되기 때문에 캠퍼스에 다양한 공동체 문화가 형성되고 있다. 또한 신입생들의 기초 학력 수준은 과목별로 상당한 차이를 보이고 있다. 또한 학생들이 고등학교 때 수학이나 과학의 어떤 과목을 선택하였는가에 따라 이 과목들의 기초 학력 수준 차이가 현저한 실정이다. 따라서 일부 과목에서는 수준별 학습이 반드시 필요하다. 향후 연세대학교의 교육은 공급자 중심이 아니라 다양한 배경과 학습 수준의 학생들을 모두 포괄할 수 있는 학습자 중심의 교육으로 전환되어야 할 것이다. 이를 통해 대형 연구 중심 대학 안에서 지속가능한 Liberal Arts College 모델을 확립해 나가야 할 것이다.

I. 명문 사학의 교육 경쟁력 확보

주요소식

RC 체험 프로그램과
학부모 RC 체험기

학부모가 기숙사에서 학생들과 함께 생활하며 1박 2일 RC 체험

우리 대학교는 국제캠퍼스에서 2015년 신입생 학부모를 위한 RC 체험 프로그램을 4월 29일과 30일, 1박 2일간 진행했다. 학부모들은 이번 프로그램을 통해 기숙사에서 자녀의 교육과 생활이 이루어지는 RC 환경을 직접 체험해 볼 기회를 가졌다. 올해 처음 진행된 이번 행사에는 60여 명의 학부모님이 참여해 자녀의 RC 생활을 직접 체험했다. 이번 체험 프로그램에 참여한 학부모 2분의 RC 체험기를 소개한다.

01
학부모 RC 체험기

UIC 현지환 학생
어머니 이영옥

학부를 졸업한지 어언 30년 만에 RC 체험을 하기 위해 연세대학교로 향한 내 발걸음은 설렘 그 자체였다. 선진 명문형 RC에 대해서는 공동체 생활을 하면서 함께 살아가는 방법을 익히고 타인과 주변 세계에 관심을 가지며 조화로운 인성을 기르는 소통과 관계 중심 교육이라고 생각했기에 더욱더 기대감이 컸다.

학교에 들어서자마자 시야에 들어오는 도회적 건물도 마음에 들었지만 따뜻하게 미소 지으며 안내하고 진행하시던 여러 교수님, 교직원의 배려가 마음을 편안하게 해주었다. 더욱이 바쁜 일정이 많으실 텐데 총장님께서 함께 해주셔서 큰 고마운 맘이 들었다. "이런 행사에도 총장님이 오셨네." 했더니 우리 딸이 "지난주에도 오셨는데? 자주 오셔 우린 자주 뵙는데."라고 했다. 훌륭하고 멋진 건물과 시설도 중요하지만 총장님 이하 많은 교수님들의 마음과 손길이 얼마나 미치느냐가 우리 아이들을 잘 키워내는 자양분임을 잘 알고 있기에 더욱더 감사한 마음이 들었다.

학부모들과 전체 학생들이 함께 들었던 선의 강의는 가슴이 뭉클해졌고 내 인생의 설계를 변경해야겠다는 생각이 들 정도로 좋은 강의였다. 이러한 강의를 들을 수 있는 기회가 자주 있다는 딸의 말에 다시 한 번 감동을 받았다. 이튿날 신경정신과 교수님의 특강 또한 같은 학부모 입장에서 간과하기 쉬운 대학생활의 알뜰한 안내가 되었다. 도서관 투어는 익히 들어온 바대로 너무나 훌륭한 시설에 감탄을 했다. 하나하나 학생들을 배려한 세련된 감각과 동선, 그리고 학업과 쉼의 균형을 고려한 공간들은 감동 그 자체였다. 1박 2일의 짧은 여정이지만 연세대학교를 지원하길 잘했다는 생각을 다시 확인하는 좋은 기회였다.

우리 가족은 막내의 연세대학교 입학을 위해 최선을 다했다. 고등학교 1학년 때부터 내 휴대폰에는 "연세대 짠이"라고 딸의 전화번호가 저장되었고 천일 간의 기도와 노력이 이루어졌다. 이제 우리 가족과 연세대학교는 동반자가 되었다. 우리 아이는 연세대학교가 만들어 놓은 사랑과 정성의 교육 속에서 무한한 성장을 할 것이다. RC 프로그램 속에서 자발적인 내적 동기로 다양한 경험을 쌓아갈 것이고 그런 작은 성공과 성취감은 우리 아이의 삶 속에서 긍정적인 영향과 지속적인 발전의 원동력이 될 것이라 굳게 믿는다.

밝은 봄 햇살 속에 환하게 웃으며 캠퍼스를 누비던 아이들의 모습, 새벽녘에 간간이 들려온 아이들의 고함소리 또한 귓전을 맴돈다. 그래 너희들의 끝이 없는 무거운 짐이 미안하구나. 그러나 너희들을 사랑하는 교수님들 부모님이 뒤에서 응원의 박수를 보낸다. 장하다 연세인이여! 사랑한다 우리 아들, 딸이여!

2. 명문 사학의 교육 수월성 확립

연세대학교는 1885년 설립된 이후로 우리나라 고등교육의 산실로서 산업화와 민주화 과정에서 큰 역할을 담당한 수많은 인재를 배출하여 왔다. 그러나 2000년대에 들어서면서 대학을 둘러싼 사회적 여건이 급속하게 변화하여 대학의 평가는 연구력 확대에 더 치중되었으며 상대적으로 사회적 지도자 양성을 위한 교육 시스템의 개선에는 큰 관심을 갖지 못하였다. 제3 창학을 선언한 2012년 이후로 우리 대학은 글로벌 대학으로의 도약을 위한 세계를 이끄는 지도자 육성을 목표로 세계 명문의 표준global standard에 맞는 선진 교육 시스템 구축을 위해 노력하였다.

명문 교육의 수월성 확보를 위해 Residential College를 도입한 것 외에도 선진 명문 대학과의 연계를 강화하고 국제적인 교류를 확대하여 교육의 수준을 향상시키려 노력해 왔다. 특히 아시아에서 일본의 게이오대학과 홍콩대학과의 연계를 바탕으로 프린스턴과 코넬, 킹스칼리지 등이 참여하는 동아시아학 분야의 G10 컨소시엄을 확립하였고 세계 50위권의 명문들과의 교류 확대에도 심혈을 기울여 왔다. 이에 대한 구체적인 내용은 국제화 부문에서 언급하기로 한다.

교육 역량을 강화하기 위해 연세는 먼저 국내외 석학 유치 확대를 위한 특별채용 인센티브 제도를 지속적으로 확대하였고 언더우드국제대학 융복합 학사 단위를 국제캠퍼스에 신설하였으며 대학 교육 국제화의 새로운 도약을 위해 글로벌인재학부를 출범하였다. 또한 연세 창립 정신의 바탕인 기독교적 나눔을 적극적으로 실천하기 위해 소외 국가의 차세대 기독교 지도자를 기르는 Global Institute of Theology^{G.I.T}를 설립하였다. 글로벌 사회의 경제 환경과 취업 환경이 변화함에 따라 창업 관련 교과 과정과 경력 관리를 체계화하고 학생 지도를 활성화하기 위한 면담시스템을 아우르는 e-포트폴리오 시스템을 구축하였다. Y-CES^{Yonsei Course Enrollment System}라는 새로운 수강신청 제도를 도입하여 한국 대학의 고질적 문제인 '선착순' 방식의 수강신청 제도를 획기적으로 개선하였으며 재수강 제도의 개선을 통해 학습 분위기 개선과 효율적인 교육 자원의 분배에 기여하였다. 이 밖에 채플 학점화, 수업 기간 준수 실적 점검 시스템 도입, 전자 출결 서비스 확장 및 전자 출석부 시스템 도입 등을 통해 수업 관리를 보다 체계적으로 할 수 있게 되었다.

첨단 ICT를 기반으로 한 지식 정보화 환경의 발전에 따라 고등교육 패러다임의 변화에 선제적으로 대응하고 미래지향적인 연세 교육 비전을 새롭게 수립하기 위해 Open Smart Education 센터를 신설하여 혁신적인 열린 스마트 교육 사업을 추진하였다. 특히 국내 대학 최초로 글로벌 MOOC^Massive Open Online Course 플랫폼인 코세라와 퓨처런에 동시 가입하여 전 세계에 우리 대학의 우수 강의를 온라인으로 제공하고 있다. 아울러 첨단 온라인 학습관리시스템^LMS: Learning Management System 을 개발하여 Flipped Learning을 새롭게 도입하였다. 이처럼 하드웨어와 소프트웨어 전반에 걸쳐 교육 시스템을 혁신하여 대학 교육 발전을 선도하고 연세 교육 수월성 제고에 기여하였다.

석학 교원 유치 확대

우수 교원 유치를 통해 교육의 질 개선을 도모하고자 특별 채용 인센티브 제도를 지속적으로 확대함으로써 석학 교원 유치를 활성화하였다. 특별 채용 제도는 교원 정원이나 채용 일정에 구애됨이 없이 석학급 교수를 1년 365일 언제라도 채용할 수 있도록 하기 위해 마련된 제도이다. 석학급 교수에게는 필요에 따라 교원 인사위원회의 결정으로 상당한 연구 정착금을 지급할 수 있어서 실제로 5억 원까지 지급한 사례도 있었다. 이러한 제도를 통해 2013년 1학기에 전기전자공학부와 토목

환경공학과의 우수 교원을 임용한 것을 시작으로 여러 분야에서 20여 명의 세계적인 석학급 교원을 신규 임용하였다.

이와 함께 Joint Academic Appointment를 적극 추진하였다. 이 제도는 타 대학 또는 연구 기관에 재직 중인 우수 외국인 학자를 전임 또는 비전임 교원으로 본교에 임용하여 강의 또는 공동 연구를 수행하도록 지원하는 것을 목적으로 한다. '국내외 타 대학 또는 연구 기관에 재직 중인 탁월한 연구 성과가 있는 자'를 교원 인사위원회의 결정으로 전임 교원 특별·상시채용 절차에 따라 임용하고 있다. 임용 기간은 1~3년으로 하여 연봉제로 임용하며 임용 교원의 의무, 임용 조건^{급여수준, 연구정착금, 근무기간 등}은 학과·부 또는 대학·원 의 요청 사항을 교원 인사위원회에서 심의하여 결정한다. 본 제도를 통해 임용하는 전임 교원은 신임 교원 일반채용 T/O 배정 시 참고하는 소속 교원 수에는 포함하지 않는다. 실제로 이 제도를 통해 경제학 분야를 비롯한 여러 학과에서 해외 저명 대학의 교수를 겸직 교수로 임용하였다.

융복합 학사 단위 신설 및 확대

언더우드국제대학 융복합 학사 단위 신설 미래 사회의 복잡다단한 문제들을 해결하기 위해서는 단일 학문 분야의 편협된 관점을 넘어선 총체적이고 통합적인 사고를 갖춘 인재가 필요하다는 판단에 따라 우리 대학은 융복합적인 시각을 갖춘 인재 양성에 힘을 쏟아 왔다. 2014학년도에 국제캠퍼스에 언더우드국제대학 융복합 전공을 신설하고 입학 정원 규모를 점진적으로 확대하였다. 신설 융합인문사회계열^{HASS계열} 내에 기존의 아시아학부와 테크노아트학부를 소속시키고, 융합사회과학부를 새로이 설치하였다. 또 융합과학공학계열^{ISE계열}을 신설하여 융합과학공학부를 설치하였다. 이에 따라 언더우드국제대학 학생 규모는 입학 정원 기준으로 2013년 222명에서 2014년 313명, 2015년 383명, 2016년 418명, 2017년 422명에 이르게 되었다.

언더우드국제대학 학사 단위 및 입학 정원(2017년 입학 기준)

계열	학부	전공	입학정원
언더우드계열	언더우드학부	비교문학과문화전공, 경제학전공, 국제학전공, 정치외교학전공, 생명과학공학전공	169
융합인문사회계열 (HASS계열)	아시아학부	아시아학전공	173
	테크노아트학부	문화디자인경영전공, 정보·인터랙션디자인전공, 창의기술경영전공	
	융합사회과학부	사회정의리더십전공, 계량위험관리전공, 과학기술정책전공, 지속개발협력전공	
융합과학공학계열 (ISE계열)	융합과학공학부	나노과학공학전공, 에너지환경융합전공, 바이오융합전공	80
계			422

언더우드국제대학은 학부 단위로 입학 후 2학년 진급 시 학부 내에서 전공을 자유롭게 선택하도록 하고 있다. 전공 선택 후에도 전공 변경의 유연성을 부여하며 이중 전공을 장려한다. 모든 수업은 영어로 진행하며 해외 연수 또는 교환 학생 프로그램 참여를 의무화하고 인턴십 프로그램 참여를 적극적으로 유도하며 학생의 선택에 따라 대학원 수준의 리서치 프로그램에 참여할 기회도 부여하고 있다.

글로벌인재학부 출범 우리 대학교 교육 국제화의 새로운 도약을 위해 학부 국제화의 또 다른 플랫폼으로 2015년 3월 글로벌인재학부를 출범시켰다. 글로벌인재학부는 해외에서 성장하고 수학한 우수 외국인 및 재외 동포들을 한국의 역사, 사회, 문화, 문학 등 한국적 가치에 대한 심화된 이해를 바탕으로 국제 무대에서 활약할 인재로 양성하기 위한 교육 프로그램이다. 글로벌인재학부는 전 세계를 무대로 활약할 한국학Korean Studies 전문가를 길러내는 요람이 될 것이며 2016년 현재 1학년 과정에 225명이 재학하고 있다.

- 한국의 언어, 문화, 사회 등 한국적인 것에 대한 심화된 이해를 바탕으로 한국적 가치를 국제 무대에서 승화시킬 글로벌 인재 양성
- 집단 간 소통 활성화 및 문화적 다양성에 기여하고 섬김의 리더십(Servant Leadership)을 실천할 전인적 인재 양성
- 전통적 학문 분야의 경계를 넘어 연계와 융합을 통해 미래 사회 핵심 가치 창출에 기여할 융복합 창의 인재 양성

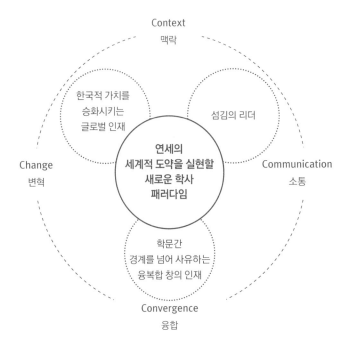

- Context: 한국의 역사, 사회, 문화, 문학 등 한국적 맥락에 대한 심화된 이해를 바탕으로
- Communication: 섬김의 리더십(Servant Leadership)을 구현하기 위한 유연한 소통 능력을 기르고,
- Convergence: 학문 간 경계를 넘어 사유하고 실천하는 융복합 능력을 배양하여
- Change: 국제 무대에서 변혁을 주도하는 글로벌 인재로 성장한다.

    글로벌인재학부 교육 과정은 기본 과정과 심화 과정으로 구성된다. 「기본 과정」에서는 한국적 가치에 기반한 국제화 교육을, 「심화 과정」에서는 인문사회 분야

전반에 걸친 융복합 교육을 실시한다. 인문사회 분야 전반에 걸쳐 폭넓은 학문적 배경을 습득할 수 있도록 다양한 인문사회학 커리큘럼 및 융복합 커리큘럼을 제공한다. 사회적 수요를 충분히 반영한 미래지향적 커리큘럼을 다양하게 경험할 수 있도록 하여 인문사회 분야 전반에 걸쳐 통합적 이해와 참신한 문제 해결 능력을 갖춘 융복합 창의 인재 양성을 목표로 한다. 글로벌인재학부 기본 과정과 심화 과정을 일정 수준 이상 이수할 경우 타 단과대학에서 개설하는 전공 중 하나를 이수할 수 있게 하였다.

또한 글로벌인재학부에서는 특화된 학사 및 행정 서비스를 제공하고 있다. 강좌당 수강 인원 규모를 대폭 축소하여 일대일 토론 세션, 소그룹 세미나, 연구 지도 등을 운영하고 특별 학사지도 및 상담 프로그램도 제공한다. 또 학생 개인에게 특화된 커리큘럼 디자인과 대학 강의 수강을 위한 심화 한국어 어학 강좌도 제공된다. 외국인 학생을 위한 원스톱 행정 서비스를 제공하며 특화된 교환 학생 프로그램 및 우수 학생 한국 기업 인턴십 프로그램에 참여할 수 있게 하였다.

Global Institute of Theology^{G.I.T.} 설립

알렌과 언더우드 선교사의 기독교 정신으로 출발한 연세대학교는 창립 130주년과 신과대학 창립 100주년을 함께 기념하고 설립자들의 기독교적 가치를 심화, 발전 시키기 위해 송도 국제캠퍼스 내에 G.I.T.^{Global Institute of Theology}를 설립하였다. 2015년 3월, 신입생 18명과 함께 문을 연 GIT는 '제2, 제3의 언더우드를 우리 힘으로 길러 한국과 세계 교회에 돌려보내자.'는 선교 보은의 노력인 동시에 글로벌 시대에 감당 해야 할 연세대학교의 기독교적 정체성을 재확인하는 획기적인 교육 프로그램으로 출발하였다.

GIT는 2013년 부산에서 개최된 세계교회협의회^{World Council of Churches} 종료 후 제3 세계 기독교를 돕기 위한 한국 교회의 책임과 노력을 실천하기 위하여 고등 신학 교육 소외 지역 학생들에게 무상으로 신학 교육을 제공하는 기관을 설립하자는 취지로 제안되었는데 한국 최초의 신학 대학원이자 초교파 신학을 대표해 온 연세대학교 연합신학대학원에서 실질적인 열매를 맺게 되었다. 전체 학생이 신학 교육 소외 지역 출신의 외국인으로 GIT는 모든 재학생에게 전액 장학금과 기숙사비를 지원하고 전체 수업을 영어로 진행하는 글로벌 교육 기관이다. 세계 교회의 신학적 스펙트럼을 선도하기 위해 에큐메니컬 신학^{진보적 신학}, 복음주의적 신학^{보수적 신학}, 오순절 신학^{성령 은사 운동의 신학}의 다양성을 추구하며 세계 교회의 여러 기관 및 신학 교육 기관과 협력 관계를 구축하고 있다. 재학생들은 전원 송도 국제캠퍼스에서 함께 생활하면서 신학 공동체의 일원으로 학업에 전념하고 있으며 주일마다 현장 목회와 선교의 실습 현장으로 흩어져 한국 교회의 목회 현장에서 실천적인 경험을 쌓아가고 있다.

창업 친화적 학사 환경 구축

우리 사회의 경제 환경이 변화하고 고용 및 취업 환경이 어려워져 감에 따라 이에 대한 범사회적 노력의 일환으로 정부나 대학에서도 창업 친화적인 환경을 구축하기 위해 많은 노력을 기울이고 있다. 현재와 미래의 젊은이들에게 보다 나은 일자리 환경을 제공하기 위해 우리 대학에서는 학생 창업을 장려하는 방안으로 창업 준비 휴학 제도를 신설하고 창업 교과 과정 자문위원회를 운영하여 창업 관련 교과 과정을 보다 체계화하고 있다. 창업 교과 과정 자문위원회는 교내 기관에서 개설 중인 다양한 창업 관련 강좌를 보다 체계화하기 위한 조정 및 자문을 담당하며 2016 학년도부터 개설되는 창업 관련 교과목을 창업 단계별^{'창업101'부터 '창업503'까지}로 분류하여 교과 과정 개편을 진행하고 있다.

원주캠퍼스 창업·취업 역량 강화 교육 프로그램

　　창업 친화적 학사 환경 구축을 향한 정부 시책과 범연세 차원의 노력에 부응하여 원주캠퍼스도 학생 창업 휴학 및 창업 준비 휴학 제도를 신설하고 원주캠퍼스 졸업 인증제도에 산업 실무 역량 인증 트랙을 신설하였다. 지난 수년 사이에 원주 지역에 혁신도시와 기업도시의 유치가 확정되어 보건·관광·광물·과학수사 분야의 13개 공공기관이 원주시로 이전함에 따라 산학협력과 학생들의 취업 역량 강화를 위한 교육 훈련이 더욱 중요해졌고 이에 대응하여 원주캠퍼스도 발 빠르게 움직여 왔다. 원주 지역에 국내 최초로 의료산업단지를 개척하여 모범적인 산학협력 사례를 구축한 경험이 있는 원주캠퍼스는 제2의 산학협력 기회를 맞이하여 창업 친화적이면서 취업 역량을 강화하는 학사 교육 환경 구축에 심혈을 기울여 왔다.

　　그 대표적 예가 학생들의 취업 역량 관리 체제인 연세 글로벌 엘리트 관리 시스템Y-GEMs: Yonsei Global Elite Management System이다. 이는 학생들을 위한 종합적인 인력 개발 관리 프로그램으로, 2014년부터 시행된 Y-GEMs의 업그레이드 버전 2.0에서는 2학년부터 4학년까지의 취업 역량 교육을 효과적으로 연계하여 진행하고 있다.

　　Y-GEMs하에서 학생들은 섬김의 리더십, 탁월한 능력, 창조적 도전 정신 등 세 영역으로 분류된 각종 활동에 참여함으로써 경력 개발 포인트를 받게 되고 경력 관리 포인트 제도를 통해 장학 포인트를 부여받은 학생들은 장학금을 신청할 수 있는데 2014년도 1학기까지 2,187명의 원주캠퍼스 학생이 약 7억 원의 장학금을 받았다.

　　2012년부터 전공 교수가 학생들의 진로 및 경력 개발 지도 교수가 되는 담임반 멘토 교수 제도가 시행되어 2학년 이상 재학생들이 전공 교수로부터 깊이 있는 상담과 지도를 받고 있다. 2012년 시행 이후 매학기 평균 150명의 교수가 멘토 교수로 활동해 왔고, 1,500~1,800명의 2-4학년 재학생들이 담임반 학생으로 지도를 받아 왔다.

Y-GEMs(Yonsei Global Elite Management System) 개요

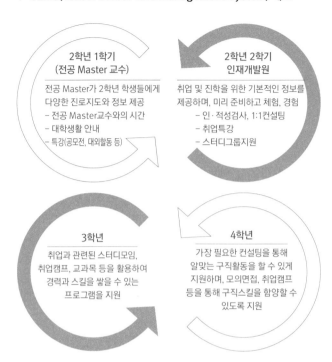

2학년 1학기
(전공 Master 교수)

전공 Master가 2학년 학생들에게 다양한 진로지도와 정보 제공
- 전공 Master교수와의 시간
- 대학생활 안내
- 특강(공모전, 대외활동 등)

2학년 2학기
인재개발원

취업 및 진학을 위한 기본적인 정보를 제공하며, 미리 준비하고 체험, 경험
- 인·적성검사, 1:1컨설팅
- 취업특강
- 스터디그룹지원

3학년

취업과 관련된 스터디모임, 취업캠프, 교과목 등을 활용하여 경력과 스킬을 쌓을 수 있는 프로그램을 지원

4학년

가장 필요한 컨설팅을 통해 알맞는 구직활동을 할 수 있게 지원하며, 모의면접, 취업캠프 등을 통해 구직스킬을 함양할 수 있도록 지원

경력 개발의 첫 해가 되는 2학년을 위해 1학기에는 진로 설계, 2학기에는 경력 개발에 초점을 맞춰 다양한 행사와 활동 프로그램을 진행하고 있다. 즉 1학기에는 전공 멘토 교수와 전공 과목 탐구, 교내 행정 부서의 설명회를 통한 대학 생활 정보 수집, 동문들을 통한 직업 세계 탐색 등을 실시하고 2학기에는 가치관 고찰과 인생 설계, 취업 관련 전문 강의 수강, 인성 및 적성 검사와 개인 특성 분석, 그리고 전문가에 의한 1:1 맞춤형 컨설팅이 실시된다. 다른 한편 취업 교과목 체계도 강화되어 진로 설계와 상담을 졸업 필수 요건으로 지정한 학부의 3~4학년 학생들은 1년 동안 학기별로 4차례 이상 취업 특강을 수강하며 자기소개서와 학업계획서 등을 작성하는 연습을 하고 있다. 2011년 이래 원주캠퍼스 14개 학부·과가 이 같은 취업 교과목 체계에 참여하고 있다.

그 외에도 학생들의 창업 및 취업 역량을 강화하기 위한 다양한 프로그램이 마련되었다. 전공별, 학과별, 직무별 1박2일 혹은 2박3일 취업캠프, 동문 JOB談, 진로·취업 웹진 발행, 취업과 진학을 위한 각종 Study그룹 운영, 기업 인사팀의 채용 설명회, 취업 정보를 상시 제공하는 PC와 세미나실이 구비된 Job Cafe 등이 그 대표적 예이다.

대학 생활의 체계적인 관리를 위한 e-포트폴리오 관리 시스템 구축

학생 자신의 대학 생활 계획, 성취, 발전을 위한 밀착형 학사지도를 위하여 e-포트폴리오 관리시스템을 새로 구축하여 2016년 3월부터 시행하고 있다. e-포트폴리오에는 학생의 입학부터 졸업까지 학술 활동, 외국어 점수, 자격증 보유 상황, 학생회 및 동아리 활동, 상벌사항, 해외 교환학생 경력, 인턴 경력 등 모든 사항을 기록하고 관리할 뿐 아니라 PC, Smart Phone, Tablet PC 등 다양한 Device에서 사용이 가능하도록 접근성을 대폭 향상시킨 면담 시스템을 탑재하여 효과적인 학생 진로지도 등 교육적 목적에 활용하고 있다. 학부대학 학사지도교수와 전공 지도교수를 연계한 학생 지도를 가능하게 하는 면담 시스템과 더불어 학생 스스로 미래 비전을 세우고 실천 정도를 점검할 수 있는 자기 관리 시스템을 포함하고 있다. 또한 학생 지도 및 진로 지도와 관련한 깊이 있고 심도 있는 자료를 확보할 수 있게 되어 학생 지도를 위한 정책 개발에 유용하게 활용할 수 있게 되었다.

학부 계절제 수업제도 개선

계절제 수업 강의를 책임 강의 시수로 인정함으로써 계절학기 교육의 질을 향상시키고 학기 중 교원들의 연구력 증대를 도모하였다. 현 교원 인사규정 26조를 원칙^{정년트랙 주당 6점, 교육비정년트랙 주당 12학점}으로 하되, 학부 계절제 수업^{국제하계·동계대학 및 법학전문대학원 계절제 수업 제외}과목에 한해 1년 1과목^{3학점 이내}에 대해 전임 교원의 책임 강의시수를 인정하고 여름 계절제 수업 강의는 1학기 책임 강의 시수에, 겨울 계절제 수업 강의는 2학기 책임 강의 시수에 포함되게 하였다. 또한 학부 계절제 수업을 책임 강의 시수로 인정하는 경우에는 정규학기와 동일하게 영어 강의 수당, 대형 강의 수당 등의 인센티브를 지급토록 하였다.

계절제 수업 실시 기간도 5주에서 3주로 단축하여 강의 공간 활용 문제 개선 및 학생들의 방학 기간 활용도를 증진하는 효과를 얻을 수 있었다. 3주 수업 운영 시범 실시 후 학생들을 대상으로 시행한 만족도 조사에서 약 80%^{만족 60.6%, 보통 17.3%}가 긍정적으로 응답함으로써 추후 지속적으로 운영해 오고 있다.

새로운 수강신청 제도 Y-CES 시행

마우스 클릭 속도가 아닌 '선호도'를 반영한 합리적 선택으로 수강을 결정 2015학년도 2학기부터 Y-CES^{Yonsei Course Enrollment System}라는 새로운 수강신청 제도를 도입하여 한국 대학의 고질적 문제인 '선착순' 방식의 수강신청을 획기적 개선하였다. 기존 선착순 수강신청의 경우 개설 과목의 중요성이나 필요성보다는 마우스 클릭 속도에 의해 성공 여부가 결정됐다. 2014학년도 2학기의 경우 학생들의 수강신청 시도 횟수는 총 2백30만 건을 상회했으며 학생 1인당 99번 이상 마우스를 클릭해야만 수강신청이 가능했다. 새로운 수강신청 제도인 Y-CES는 현재

예일대, 스탠퍼드대, 코넬대, MIT 등 해외 유수 대학에서 시행하고 있는 '마일리지제도'와 수강 과목을 학년이나 전공 등의 우선순위에 따라 결정짓는 '타임티켓제도', 그리고 '대기순번제도'를 복합적으로 재구성한 것이다.

Y-CES 시행 전후 수강신청 시도 횟수 비교

Y-CES 도입 이전 (2014년 2학기)	수강신청 시도 횟수	신청 인원	1인당 시도 횟수
	2,338,164건	23,452명	99.7회
Y-CES 도입 이후 (2015년 2학기)	수강신청 시도횟수	성공건수	성공률
	147,884건	123,510건	83.5%

Y-CES의 성공 새로운 제도하에서 기존 대비 6%에 불과한 총 14만 7천여 건의 수강신청 횟수만으로 기존과 동일한 수준의 수강신청 성공률을 보였고 수강신청 성공률은 84%에 달했으며, 나머지 과목은 추가 신청 기간 동안에 해소됐다. 이러한 성공적인 결과를 보이는 이유는 학생들이 수강신청 시작 전에 이미 부여받은 마일리지를 자신의 선호도에 따라 배분하였기 때문이다. 즉 마우스 클릭 속도보다는 학생들의 과목에 대한 선호도에 따라 수강신청이 이루어졌던 것이다. 또한 전공이나 학년별 특수성을 고려하는 '타임티켓제도'도 보완적으로 실시됐다. 새로운 제도의 도입으로 예상되는 불확실성에 대비하기 위하여 사전에 2회에 걸친 모의 수강신청을 실시하였으며 수강신청 경쟁이 높을 것으로 예상되는 과목들에 대해서는 전년 대비 200여 개의 과목 및 분반을 추가 개설하였다.

선착순 제도의 폐해인 비교육적 행태 개선 기존의 수강신청 제도인 선착순 제도의 폐해는 이미 널리 알려져 있다. 본교의 통계 자료에 의하면 이전의 경우 수강신청 개시 시작 시간인 9시 정각에 수강신청을 시도한 학생 중 8,000명 정도의 학생이 마우스 클릭의 경쟁 속에서 수강신청에 동시에 성공한다. 심지어 마우스 클릭을 지속적으로 실행할 수 있는 '매크로 프로그램'을 이용한 사례들도 발견되고 있다. 인기 과목은 쏠림현상이 심각하여 학생들이 충분한 여유를 가지고 신청을 할 수가 없었으며,

수강신청에 성공한 학생이 다른 학생들에게 과목을 매매하는 현상도 발생했다. Y-CES와 함께 새롭게 도입된 '대기순번제'는 이러한 폐해를 원천적으로 차단하고 있다.

제도의 추가 보완 및 수강 관련 실수요 정보 정책 결정 자료로 활용 그동안 국내 대학들은 수강신청의 문제점을 인지하면서도 대안 마련에 어려움을 겪고 있었다. Y-CES는 기존 수강신청 제도의 폐해를 획기적으로 개선해 수강신청 문화의 새로운 흐름이 될 것이다. 연세춘추의 보도에 따르면 수강신청 과열 해소와 수강신청 시 개인의 선호도 반영 등을 이유로 새로운 제도를 학생들이 긍정적으로 평가하는 것으로 나타났다. 학생들이 자체적으로 실시한 설문 조사 결과에서도 운이나 요행에 의하여 수강 여부가 결정되던 이전 제도와 비교하여 전략에 의한 수강신청, 여유 있는 수강신청 기간, 원하는 과목에 대한 수강 확률 증가 등을 이유로 새로운 제도에 대해 높은 만족도를 보이는 것으로 조사되었다. 연세대는 Y-CES의 성공적인 개발 성과를 적극적으로 활용하기 위해 특허를 신청하였으며, 2016년 6월 특허를 취득하였다.

재수강 제도 개편

재수강 제도는 건강 문제나 경제적 압박 등의 일시적이고 부득이한 이유로 저조한 성적을 받은 학생에게 과목을 다시 수강해서 우수한 성적을 취득할 수 있는 기회를 부여함으로써 자신의 능력을 충분히 보여줄 수 있도록 기회를 부여하기 위하여 도입되었다. 그러나 제도가 시행되는 동안 일시적인 부진을 만회하기 보다는 저조한 성적을 높이기 위한 제도로 남용되어 개선 필요성이 꾸준히 제기되어 왔다. 재수강이 만연하면서 저학년 학생이 수강신청에 어려움을 겪음은 물론 고학년에 비해 상대적으로 낮은 성적을 받게 되어 재수강을 양산하는 악순환이 반복되 왔다. 또한 재수강 제도에 의지하여 수업 중 교과 이수를 포기함으로써 학습 분위기가 흐려지거나 더 유익한 교육 활동에 투자되어야할 자원이 재수강에 투입되고 재수강으로 학생들의 성적이 지속적으로 높아져 성적에 대한 기업이나 해외 대학원으로부터의 신뢰 하락 등의 문제도 발생하였다. 무엇보다 학생들이 높은 등록금에도 불구하고 재수강을 위해 졸업을 한두 학기 미루는 등 재수강으로 인해 낭비되는 시간과 비용이 학부형과 사회에 부담을 주고 있어 이에 대한 개선책이 필요하였다.

우리 대학은 2013학년도 신입생부터는 원칙적으로 재수강을 할 수 없도록 하였다. 다만 신병이나 경제적 압박 등 불가피한 사정 때문에 일시적으로 학업에 곤란을 겪었던 학생에 대해서는 재학 중 3회 이내에서 제한적으로 재수강 기회를 부여하되 재수강 시 취득할 수 있는 최고 성적은 A0로 제한하는 제도를 마련하였다. 필수 과목에서 낙제점을 받을 경우 졸업을 위해 다시 수강은 가능하나 이수한 모든 교과목의 성적은 평점 계산에 반영하도록 하였다. 이로 인해 본교의 학점 수준과 학사 제도에 대한 엄정한 대내외적 신뢰도를 유지할 수 있게 되었을 뿐 아니라 이 제도의 시행으로 인해 재수강 횟수의 지속적 감소2014학년도에 2012학년도 대비 36% 감소를 통해 제도 개선의 효과가 나타나고 있음을 알 수 있다.

최근 3년간 재수강 횟수 감소

재수강횟수 (2012~2014학년도)

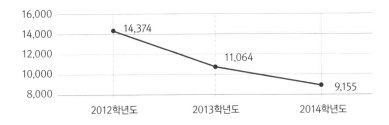

기독교 정신 구현을 위한 채플 학점화 시행

우리 대학교는 설립자인 언더우드 선교사의 선교·교육·의료 및 사회봉사 활동과 본교의 건학 이념인 기독교 정신을 구현하기 위하여 건학 이래 채플 수업을 실시해왔고 4개 학기 이수를 졸업 필수 요건으로 하여 P/NP평가를 부여해 왔으나 학점은 별도로 부여하지 않아 왔다. 학점 부여를 통해 채플 참여도를 높이고 연세인의 기독교 정신을 진작하기 위하여 2015년 입학자부터는 채플 이수에 대하여 학기당 0.5학점을 부여하여 재학 중 총 2학점^{4학기}을 이수하게 하였다. 졸업을 위한 총 취득 학점은 예전과 동일하게 유지하여 학생의 졸업 학점 취득에 도움이 되는 효과를 얻도록 하였다.

수업 관리 체계화

수업 기간 준수 실적 점검 시스템 마련 규정과 원칙 안에서 자율적으로 적정히 관리되던 수업 관리를 체계화시키고 지표 및 실적 관리를 가시화하기 위해 법정 수업 관리 준수 및 확인을 위한 제도 개선을 시행하였다.

성적 산출 시 출석 점수 반영 의무화, 휴보강 계획서 제출과 보강 실시 의무화 및 미이행시 감점 조치 등의 내용으로 학사에 대한 내규 및 교원 업적 평가 시행 세칙을 개정하여 관련 내용을 명문화하였으며, 기존의 종이 출석부 점검 및 보관으로 처리되던 수업 일수 준수 확인 방법을 2015학년도 2학기부터는 전자출석부 시스템을 도입하며 보다 체계적으로 관리하도록 하였다.

전자 출결 서비스 확장 및 전자 출석부 시스템 도입 캠퍼스 전체 ICT 인프라를 선진화한 S-Campus 사업의 일환으로 전자 출결 및 전자 출석부 시스템을 도입하여 수업을 보다 효과적으로 운영할 수 있게 되었다. 대형 강의실에서 실시되던 전자 출결 서비스를 스마트폰을 이용한 Beacon[Bluetooth] 방식으로 바꾸어 스마트폰 앱을 통해 학생의 출결 사항을 즉시 확인할 수 있게 하였다.

종이 출석부를 대체하는 전자 출석부 시스템을 도입하여 전자 교탁이나 컴퓨터 또는 모바일 기기에서 기존 종이 출석부에 기록하던 내용을 기재할 수 있도록 하고 휴·보강 계획서 및 해외여행/출장 허가 신청도 한꺼번에 처리할 수 있게 하였다. 전자 출석부를 통해 수업 실시 현황을 보다 체계적이고 정확하게 확인할 수 있을 뿐 아니라 출결 현황을 성적 평가시스템과 연동하여 결석이 1/3이상인 학생은 성적 평가 시 낙제[F 또는 NP] 점수가 자동 반영되도록 하여 보다 효율적이면서도 엄정한 학사 관리가 가능하게 되었다.

대학 교육 혁신을 위한 Open Smart Education[OSE] 센터 설립

첨단 ICT를 기반으로 사회의 지식 정보화가 가속화됨에 따라 대학 교육에도 개방과 공유, 혁신이 요구되고 있다. 일방적인 지식 전달에서 벗어나 학습자 중심의 자기 주도적이고 창조적인 참여를 진작하기 위한 교수·학습법도 다양화되고 있다. 우리 대학은 대학 교육 혁신의 요구와 고등교육 패러다임의 변화에 선제적으로 대응하고 미래지향적인 교육 비전을 새롭게 수립하기 위한 전담 조직인 Open Smart Education 센터[이하 OSE 센터]를 신설하였다. 또한 사이버·온라인 교육 영역과 교수·학습지원 및 교육 정책 연구 영역의 유기적 결합을 통한 시너지 효과 창출과 교육 역량 강화를 위해 기존 교육 개발 지원센터를 OSE 센터에 흡수 통합하고 조직을 재정비하여 혁신적인 열린 스마트 교육 사업을 적극 추진하였다.

OSE 센터는 대학 교육 혁신을 선도하고 연세 교육의 수월성을 확립하는 미션을 이룩하기 위하여 다양한 활동을 하고 있다. 연세 오픈 스마트 교육 마스터 플랜을 수립하고 이에 관련된 각종 규정의 제·개정을 지원하며 MOOC^{Massive Open Online Course} 강의 개발·평가·성과관리·홍보 및 환류 체계를 구축하고 LMS^{Learning Management System} 개발·운영 및 지속적 업그레이드를 담당한다. 또한 OCX^{Open Campus Experience} 강의 콘텐츠를 구축하여 제공하며, Flipped Classroom 교과목 개발과 효과적인 온·오프라인 통합 교육 플랫폼을 구축하고 운영하는 업무도 담당하고 있다.

MOOC 강의 개설을 통한 연세 교육의 국제적 위상 확립

인터넷과 정보 통신 기술의 발달로 대학 환경이 급속히 글로벌화되고 대학들이 자신들이 가지고 있는 지식 자산을 대중들과 공유하려는 시도가 활발해짐에 따라 대학 내 물리적/공간적 강의 환경에 대한 변화 및 개선의 필요성이 증가하고 있다. 이미 해외 선진 대학들은 대중 공개 온라인 강좌인 MOOC를 통해 대학 강의를 일반인들에게 적극적으로 제공하는 데 앞장서고 있다. MOOC란 수강 인원의 제한 없이^{Massive} 누구나^{Open} 온라인^{Online} 환경에서 무료로 학습할 수 있는 고등교육 강좌^{Course}를 뜻한다. 기존의 OCW^{Open CourseWare}와는 달리 단순한 강의 공개를 넘어 질의 응답, 퀴즈, 토론, 동료 평가 등의 다양한 학습 활동이 제공되고 학습 커뮤니티, 스터디그룹 활동 등 쌍방향 커뮤니케이션 학습이 가능한 것이 특징이다. 특히 대학 강의에 준하는 학사 관리와 교수진의 참여가 이루어지고 있으며 수강을 마치면 수료증도 발급된다.

우리 대학도 이러한 변화에 선도적으로 대응하고자 2014년 3월에 교내 유관 부서가 공동으로 참여하는 MOOC 구축 실무 위원회를 구성하여 글로벌 MOOC 참여를 위한 기반을 마련하였으며 이후 OSE 센터에서 본격적인 MOOC 사업을 추진하였다. 우리 대학은 2014년에 국내 대학 최초로 세계 3대 Global MOOC 플랫폼 중 2개 플랫폼에 동시 가입하여 2015년부터 전 세계인들에게 연세의 명품 강의를 제공하고 있으며 수강생들로부터 좋은 평가를 받으면서 대학의 국제적인 위상을 높이는 효과를 거두고 있다.

연세 MOOC 추진 전략

- 고등교육 환경 및 패러다임의 변화를 선도할 수 있는 MOOC 개발 및 활용 계획 수립
- Global MOOC와 Domestic MOOC로 이원화된 전략 추진
- Domestic MOOC는 수강자별 맞춤형 운영을 통한 활성화 및 학습 역량 강화
- LMS 업그레이드 및 Flipped Classroom 연계를 통한 교육 수월성 제고
- K-MOOC에 우수 강의 콘텐츠 공개를 통한 지식 기부의 섬김의 리더십 실천
- One Source-Multi Use를 통한 MOOC 콘텐츠 활용도 제고

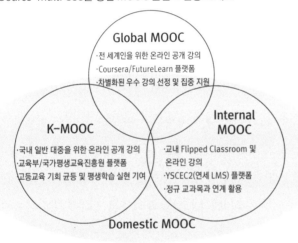

아시아 지역 최초로 퓨처런^{FutureLearn} **가입 협약 체결 및 강좌 개설** 2014년 6월 2일, 아시아 지역 최초로 Global MOOC 플랫폼인 퓨처런과 온라인 강의 콘텐츠 제공 협약을 체결하였다. 퓨처런은 2012년 4월에 영국의 Open University가 설립한 영국

최초의 MOOC 플랫폼으로 2013년 9월부터 서비스를 시작하였다. 퓨처런은 세계 유수 대학과의 협약을 통하여 최고 수준의 대학 강좌를 전 세계 학습자에게 제공하고 고등교육 발전을 위한 연구를 수행하는 공개 강의 서비스 플랫폼이다. 협력 기관으로는 영국 버밍엄대학과 에딘버러대학, 뉴질랜드의 오클랜드대학을 비롯해 영국국립도서관, 대영박물관 등 90여 개 기관이 참여하고 있으며 아시아 지역에서는 우리 대학이 최초로 협력 파트너로 협약을 맺었다. 2015년에 국제학대학원 소속의 John Delury 교수의 「Lips and Teeth: Korea and China in Modern Times」와 Michael Kim 교수의 「Modern Korean History」 등 한국학 관련 2개 강좌를 개설하여 성공적으로 운영하였다.

세계 최대 MOOC 플랫폼인 코세라^{Coursera} **가입 협약 체결 및 강좌 개설** 2014년 9월 15일, 세계 최대 글로벌 MOOC 플랫폼인 코세라와 콘텐츠 제공 협약을 체결하였다. 우리 학교는 퓨처런에 이어 코세라에 가입함으로써 대표적인 글로벌 3대 MOOC인 코세라^{Coursera}, 퓨처런^{FutureLearn}, 에덱스^{edX} 중 2개 플랫폼에 동시 가입한 국내 유일한 대학이 되었다. 코세라는 2012년 2월에 시작된 세계 최대의 MOOC 플랫폼으로 스탠포드대, 예일대, 존스홉킨스대 등 150여 개의 세계 명문 대학·기관이 1,800여 강좌를 제공하고 있으며 전 세계에서 1,800여만 명이 수강하고 있다. 우리 대학은 2015년에 경영학 분야 강좌와 전기전자공학 분야 Specialization 강좌^{5개 강좌 + 캡스톤 프로젝트} 등 총 7개 강좌를 개설·운영하면서 수강생들로부터 호평을 받았으며, 우리 대학의 국제적인 인지도와 명성을 높이는 데 크게 기여하였다.

정종문 교수의「Emerging Technologies」강의 6개월 만에 수강생 10만 돌파 전기전자공학부 정종문 교수의 Specialization 강좌^{특정 주제 분야 관련 다수의 강좌와 캡스톤 프로젝트를 묶어서 구성한 세트 강좌로 이수증 발급으로 연결될 가능성이 높음}는 스마트폰에서 IoT, 빅데이터까지 최신

정보기술을 망라한 명품 강의를 제공하면서 6개월 만에 10만 명이 넘게 등록·수강하는 큰 성과를 거두었다. 이 강좌는 현재의 정보기술, 미래의 정보기술을 주제로 한 6개의 코스 과목들로 구성되어 있으며 수강자의 평가점수 4.6점[5.0만점]을 기록하는 등 폭발적인 반응을 보이며 눈에 띄는 성공을 거두었다. 이는 정원 90명 규모의 대학 강의를 1,000회 이상 개설한 정도의 효과로 우리 대학 강의가 세계 유수 명문 대학들과 어깨를 나란히 하며 전 세계인들로부터 좋은 평가를 받았다는 점에서 의의가 크다.

한편 경영학과 장대련 교수의 'International Marketing in Asia' 강좌도 강의 만족도와 수강생들의 충성도가 매우 높은 강좌로 호평을 받고 있다. 마케팅 분야 권위자인 장대련 교수는 수강생들의 성원에 힘입어 최선미 교수와 함께 International Marketing 관련 Specialization 강좌 신규 제작을 진행하였다. 특히 장대련 교수가 개발한 신규 강좌는 코세라 Specialization 강좌 RFP 공모에 응모하여 선정됨으로써 우리 대학 MOOC 강의의 우수성을 코세라로부터 인정받고 상당액의 강좌 개발비까지 선지급받았다는 점에서 의미가 크다.

정종문 교수 코세라 강의

글로벌 MOOC 강좌 개설 현황 (2016년 1월 31일 기준)

강좌명	교수	소속	수강신청생수	플랫폼
Lips and Teeth: Korea and China in Modern Times	John Delury	국제학대학원	4,657명	FutureLearn
Modern Korean History: Liberation, War and Nuclear Ambitions	Michael Kim	국제학대학원	8,182명	
International Marketing in Asia	장대련	경영학부	11,250명 * 방문자수 21,713명	Coursera
Emerging Technologies: From Smartphones to IoT to Big Data	정종문	전기전자 공학과	100,122명 * 방문자수 218,263명	

세계 최초 한국학 및 한국어 교육 강좌 개설 추진 성공적인 MOOC 강좌 개설 및 운영 경험을 바탕으로 신규 강좌 개발 시 우리 대학은 우선 세계 최초로 한국학 관련 강좌를 개설함으로써 한국학 가치를 선점하고 동시에 수강생들의 수요가 높은 대중적인 인기 강좌를 개설하여 수익을 창출한다는 이원화 전략을 추진하였다. 우리 대학과 우리나라를 대표할 수 있는 분야를 선정하여 우리나라 국학의 산실이자 한국어 교육의 선두주자로서 MOOC를 통한 대한민국 교육 한류를 선도하고자 노력하였다.

세계 최초로 한국어 교육 강좌인 'First Step Korean' 강의를 개발하였는데, 이는 3,000개가 넘는 다양한 Global MOOC 강좌 중 세계 최초로 개설된 한국어 교육 강좌라는 점에서 의의가 크다. 또한 한국의 정치, 경제, 역사를 비롯하여 한국 문화, K-POP, K-Drama, 한국 영화, 한류 등을 포함한 한국학 관련 강좌 개발을 적극 추진하였다. 아울러 수익 창출용 인기 강좌로 우리 대학을 대표하는 경영학과, IT 강국인 대한민국의 강점을 살린 IT/컴퓨터 분야의 강좌 개발 계획을 수립하여 추진하였다.

분야	과목명	교수	비고
한국학	한국어교육	강승혜	초급, 중급, 고급
	한국정치	문정인	
	한국경제	이두원	
	한국문화역사	서현진, 유준, 김현미	대중음악, 영화 등 한류
경영학	International Marketing	장대련, 최선미	
	Startup Valuation and Business Investment Decision	신현한	
IT/컴퓨터	International Systems and Networking	정종문	
	Wireless Telecommunication	홍대식 외 5명	

MOOC를 통한 수익 창출 기반 마련　MOOC 강의는 무료 공개 강의이지만 강좌 수료 인증을 위한 이수증을 취득하고자 하는 수강생은 수수료를 지불하고, 이수증 발급 수수료 수익은 플랫폼 기관과 대학에 일정 비율로 배분된다. 우리 대학은 코세라 강좌 개설 3개월 만에 약 2,500만 원의 수익금을 거두는 성과를 보였다. MOOC를 통한 수익 창출 효과는 장기적인 관점에서 대학 재정의 새로운 자원이 될 수 있는 가능성을 보인 것으로 2015년은 그 초석을 다졌다는 점에서 의의가 크다.

K-MOOC^{한국형 무크} 사업 추진에 주도적 역할 수행

　뉴욕타임스는 2013년을 MOOC의 원년으로 선언했으며 고등교육 생태계에 일대 변혁을 몰고 올 것으로 예상하였다. MOOC가 가져올 이 같은 고등교육 혁신의 잠재력을 인식한 주요 선진 국가들은 물론 심지어 개발도상국까지 민간 또는 정부 주도로 자국의 MOOC 플랫폼을 구축하고 있다. 우리나라도 교육부 주도로 국내 유수 대학의 최고 강좌를 제공하는 한국형 온라인 공개강좌인 K-MOOC^{한국형 무크} 플랫폼을 구축하여 2015년 10월 14일 교육부총리와 참여 대학 총장 및 교무처장 등 관계자 200여 명이 참석한 가운데 서비스 개통식을 거행하고 다양한 주제 분야의 27개 강좌를 개설·운영하였다.

K-MOOC 시범 운영 사업에는 전국 48개 대학이 지원하였으며 사업계획서 평가를 거쳐 우리 대학을 포함하여 경희대학교, 고려대학교, 부산대학교, 서울대학교, 성균관대학교, 이화여자대학교, 포항공과대학, KAIST, 한양대학교 등 총 10개 대학이 선정되었다. 특히 우리 대학은 정갑영 총장이 '경제학 첫걸음'으로 직접 K-MOOC 강좌 개설에 참여하여 지식 기부를 통한 섬김의 리더십을 실천하고자 하는 강한 의지를 보여줌으로써 국가적인 사업인 K-MOOC의 성공적인 정착과 활성화를 위한 교수 참여를 효과적으로 유도하고 참여 대학으로 최종 선정되는 데에도 큰 힘을 실어 주었다.

MOOC를 통해 교수가 제한된 강의실에서 일방적으로 지식을 전달하는 방식에서 벗어나 시공간의 제약 없이 다양한 계층의 학습자가 상호 소통과 협업을 통한 주도적인 학습이 가능해졌다. 이는 고등교육 패러다임에 여러 가지 변화를 가져올 것으로 예상하고 있다. 대학은 MOOC를 활용한 다양한 교수·학습법을 이용하여 교육 비용은 절감하면서 교육 효과를 향상시킬 수 있게 되었다. 지난 2년간 우리 대학은 국내 그 어느 대학보다 앞서서 세계적인 MOOC 플랫폼들과 업무를 제휴하고 첨단 ICT 기반의 지식 정보 확산에 앞장서고 있다.

특히 MOOC는 미래 고등교육 패러다임 변화의 핵심 요소가 될 것으로 보고 적극적이고 빠르게 도입했다. 세계 최고 수준의 강의를 개발해 '교육 한류'를 통한 대한민국의 소프트 파워를 강화하고 'MOOC는 연세대학교'라는 인식을 확고히 다지는 데 크게 기여하였다고 자부할 수 있다.

K-MOOC 서비스 개통식

K-MOOC 강좌 개발 계획

기간	분야 (전공)	과목명 (교수명)
1차년도 (2015)	한국학/인문학 (국문학)	문학이란 무엇인가 (정명교)
	경영학 (경영학)	서비스디자인 (김진우)
	공학과 자연과학 (천문우주학)	우주의 이해 (손영종)
2차년도 (2016)	사회과학 (경제학)	경제학 첫걸음 (정갑영)
	한국학/인문학 (철학)	가치있는 삶을 사는 철학과 윤리 (김형철)
	경영학 (경영학)	경험디자인 (김진우)
	보건과 건강 (스포츠레저학)	질병과 운동처방 (전용관)
3차년도 (2017)	사회과학 (심리학)	마음이란 무엇인가 (김민식)
	사회과학 (심리학)	행복의 과학 (서은국)
	한국학/인문학 (사학)	역사, 어떻게 볼 것인가 (설혜심)
	공학과 자연과학 (생물학)	활과 리라: 생물학과 철학의 융합 (김응빈)

YSCEC^{온라인 학습관리시스템} 업그레이드를 통한 혁신적인 교육 지원 시스템 구축

YSCEC^{온라인 학습관리시스템} 업그레이드를 통한 혁신적인 교육 지원 시스템 구축

S-Campus 사업의 일환으로 우리 학교의 독자적인 온라인 학습관리시스템^{LMS}
인 YSCEC^{YonSei Creative Education Community}을 전면 개편하여 인터넷은 물론 모바일 환경에
서 체계적으로 학습을 관리할 수 있는 다양한 기능을 새롭게 구현하였으며 MOOC,
Flipped Learning 등 온라인 강의와 최신 교수·학습법을 효과적으로 지원할 수 있게
되었다. 특히 멀티 캠퍼스에 산재된 자원을 효율적으로 공유함으로써 시너지를 창출
할 수 있도록 신촌·국제·원주 캠퍼스뿐만 아니라 의과대학, 치과대학, 간호대학을
포함한 전 연세대학교가 공동 사용하는 시스템을 개발하였다는 점에서 의미가
크다. 새로 개발된 YSCEC의 핵심 기능 및 주요 특징은 다음과 같다.

새로 구축된 YSCEC 핵심 기능

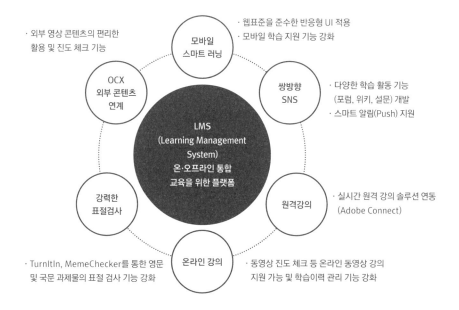

· 외부 영상 콘텐츠의 편리한 활용 및 진도 체크 기능

모바일 스마트 러닝

· 웹표준을 준수한 반응형 UI 적용
· 모바일 학습 지원 기능 강화

OCX 외부 콘텐츠 연계

쌍방향 SNS

· 다양한 학습 활동 기능 (포럼, 위키, 설문) 개발
· 스마트 알림(Push) 지원

LMS (Learning Management System) 온·오프라인 통합 교육을 위한 플랫폼

강력한 표절검사

원격강의

· 실시간 원격 강의 솔루션 연동 (Adobe Connect)

· TurnItIn, MemeChecker를 통한 영문 및 국문 과제물의 표절 검사 기능 강화

온라인 강의

· 동영상 진도 체크 등 온라인 동영상 강의 지원 가능 및 학습이력 관리 기능 강화

모바일·스마트 러닝 지원 반응형 웹 기반으로 다양한 OS맥. 윈도우즈를 지원하며 태블릿, 스마트 기기 등의 모바일 환경에서도 편리하게 사용 가능하고 웹 표준 기반의 동영상 시스템을 구축하여 동영상 강의 학습 편의성을 제고하였다.

쌍방향 SNS 기능 제공 강의 알람 기능을 도입하여 교수가 강의 관련 공지 사항을 학생 전체 또는 일부에게 직접 발송할 수 있게 되었다. 강의 알람 기능을 통해 강의 공지, 강의안 등록, 과제 제출, 토론 등 다양한 학습 활동에 대하여 학생의 스마트 기기로 메시지를 실시간으로 전달하는 Push 서비스를 제공함으로써 교수와 학생 간의 원활한 커뮤니케이션을 효과적으로 지원하였다.

원격·온라인 강의 지원 및 강의 자동녹화 시스템 구축 원격 강의 솔루션인 Adobe Connect를 활용하여 교수가 원격으로 화상 강의를 쉽게 할 수 있도록 지원하며 원격지의 Guest Speaker를 화상 강의실로 바로 초청할 수 있게 되었다. 교수는 아이패드를 이용하여 강의실뿐만 아니라 연구실 등 원하는 장소에서 강의 동영상을 직접 촬영할 수 있으며 특히 강의 자동녹화 시스템이 구축된 첨단 강의실을 각 캠퍼스별로 마련하여 강의하는 교수 모습과 PPT 자료 화면, 칠판의 필기 상황까지 동시에 무인으로 촬영하여 동영상을 제작할 수 있게 되었다. 또한 강의 동영상 진도 체크를 통해 학습 관리를 강화하고 강의 다시 보기, 동영상 공유 기능 등을 통해 학습 효과를 높일 수 있게 되었다.

국내 최초 국·영문 통합 강력한 표절 검사 기능 제공 인터넷과 첨단 ICT를 기반으로 한 지식 정보화 사회의 발전이 가속화될수록 대학생뿐만 아니라 연구자들도 쉽게 표절의 유혹에 노출되고 있어 사회적 이슈로 대두되었다. 우리 대학은 이미 2011년부터 각종 보고서의 표절 여부를 확인할 수 있는 표절 검색 시스템을 도입하고 많은 교과목에서 활용하여 표절 문제를 교육적 차원에서 해결하려는 노력을 기울여 왔으나 국문 자료에 제한되는 한계가 있었다. 이번 LMS 업그레이드 교체 사업을 통해 고등교육의 국제화와 온라인화를 선도하기 위해 표절 검색 솔루션인 '턴잇인'Turnitin과 국내 대표적 표절 검색 솔루션인 '밈체커'MemeChecker를 동시에 도입하여 국내 최초로 국문·영문 통합 표절 검색 시스템을 구축함으로써 학부 교육부터 표절 방지 교육을 강화하였다. 전 세계 130여 개국 11,000여 개 기관에서 사용하고 있는 검증된 영문 표절 검색 시스템인 '턴잇인'Turnitin을 YSCEC에 연계함으로써 우리 대학에서 생산되는 모든 학술 자료에 대해 유수의 글로벌 학술 출판물, 국내외 학회 자료, 해외 학술 논문, 인터넷 자료 등 30여 개 언어로 구축된 방대한 DB350억 건의 웹 페이지, 2,900만 건 이상의 학술 저널 Article, 2억 8천만 건의 Student Paper와의 신속한 실시간 비교 검사가 가능해졌다. 또한 지난 10년간 누적 보유한 200만 건의 교내 과제물과 국내 논문, 인터넷 자료 등 국내 자료 검색에 효율적인 '밈체커'MemeChecker 도 동시에 도입함으로써 정확도가 탁월한 이중 표절 검사를 할 수 있게 되었다. 국문과 영문 인터넷 자료를 총망라하여 유사도 검사를 수행하는 강력한 표절 검사 기능을 통해 학습자 및 연구자가 스스로 자신의 학습 과제와 연구 과제에 대한 책임감을 갖게 하고 나아가 학술 연구 윤리 의식을 강화함으로써 올바른 인성을 함양한 창의적 인재를 양성하는 데 크게 기여할 것으로 기대된다.

OCX 및 외부 콘텐츠 연계 활용   교수, 학생이 학습 자료를 작성할 때 Youtube 동영상, EverNote, 위키피디아 등 외부 콘텐츠를 쉽고 간편하게 활용할 수 있게 되었다. 또한 '캘린더' 기능을 강화하여 사용자 설정에 따라 강의 시간표 및 강의 일정과 학사 일정의 동기화가 가능하며 구글, iCloud 등의 개인 일정도 연계하여 한 곳에서 통합 관리할 수 있게 됨으로써 중요한 일정을 놓치지 않고 효율적으로 관리할 수 있게 되었다. 이외에도 다양한 유형의 학습자 학습 통계를 제공하기

I. 명문 사학의 교육 경쟁력 확보

때문에 교육·공학적 관점에서 이용 통계를 분석하여 강의 설계 및 운영 시 반영할 수 있도록 지원함으로써 학습자 만족도 및 학습 효과를 높일 수 있도록 하였다. 또한 온라인 강의실 백업 및 복구 기능을 통해 새 학기가 되면 교수는 사이버 강의실 구성을 새로 세팅할 필요 없이 기본 구성을 재활용하거나 쉽게 업데이트할 수 있도록 하여 교수자 사용 편의성도 제고하였다.

Flipped Classroom 도입을 통한 학습 역량 강화와 교육 수월성 제고

최신 교수·학습법으로 주목받고 있는 Flipped Learning이란 학생들이 미리 제작된 강의 동영상을 강의실에 오기 전에 미리 학습pre-class하고 강의실에서는 사전 학습에 대한 이해를 기초로 토론이나 질의 응답, 문제 해결 등 학습자 중심으로 진행하는 수업을 의미하는 것으로 기존 강의 방식과 순서를 달리하므로 '거꾸로 수업' 혹은 '역전학습'이라고도 한다. 온라인 학습관리 시스템LMS인 YSCEC을 최신 시스템으로 업그레이드하면서 동영상 온라인 강의를 통한 선행 학습이 가능해짐에 따라 2015년 9월부터 OR 확정 모델이영훈 교수, 공학물리학 실험최진문 교수, 서양 문화의 유산홍석민 교수 등 11개 과목을 Flipped Learning 방식을 적용한 강좌로 운영하기 시작하였다.

전통적인 수업 방식과는 정반대로 수업을 진행하는 파괴적인 교육 혁신 모델을 과감하게 도입하여 교수자 중심의 일방적인 지식 전달이 아닌 학습자 중심의 토론, 발표, 협동 학습을 활발하게 유도함으로써 능동적인 학습 참여를 통한 학생들의 학습 역량 강화는 물론이고 창의적인 사고력과 문제 해결 능력을 효과적으로 향상시킬 수 있는 교육 시스템을 마련하였다. 2015년은 새롭게 구축한 최신 온라인 학습 관리 시스템을 기반으로 Flipped Classroom 교과목 운영 제도를 전격 시행함으로써 향후 우리 대학이 차별화된 교육 수월성을 확보하고 나아가 대학 교육의 혁신을 선도할 수 있는 출발점이 되었다.

명문 사학의 교육 수월성 확립을 위한 향후 과제

연세 제3 창학이 선언된 이후로 세계 명문의 표준에 맞는 선진 교육 시스템 구축을 위해 많은 새로운 제도를 도입하여 소기의 목적을 달성했음에도 불구하고 제도의 안정적인 정착을 위한 향후의 과제들은 여전히 남아 있다.

교육 국제화의 새로운 도약을 위하여 언더우드국제대학에 새롭게 신설된 융복합 학사 단위, 2015년 출범한 글로벌인재학부와 G.I.T.Global Institute of Theology는 모두 설립 초기단계로 성공적인 정착을 위해서는 우수 외국인 교원의 지속적인 충원, 교육과 행정 공간의 확충, 특화된 학사 및 행정 서비스, 학생 장학금과 기숙사 확보, 우수 학생 유치를 위한 홍보, 특화된 교환 학생 및 인턴십 프로그램 등의 후속 지원 정책의 마련과 대학 행정부의 지속적인 관심과 지원이 필수적이다.

창업 관련 교과 과정 또한 이제 막 체계화 단계에 들어서 앞으로 수준별, 단계별로 차별화된 교과목을 개발하여 학생들에게 창업에 관한 기본 지식의 습득을 의무화하고 학부생 창업이 실질적으로 가능하도록 지원하는 제도적 장치가 보완되어야 한다. 학생들의 경력 관리, 학생 지도와 면담 시스템을 체계화하기 위하여 마련된 e-포트폴리오 시스템의 안정적 정착을 위해서는 e-포트폴리오 시스템을 이용한 면담과 학생 지도를 제도화하여 더욱 활성화시켜야 한다. 이 밖에 한국 대학의 고질적 문제인 '선착순' 방식의 수강신청 제도를 획기적으로 개선한 수강신청제도 Y-CES; Yonsei Course Enrollment System는 일정 기간 동안 매학기 사전 모의 수강신청을 통해 문제점을 세밀하게 파악하여 개선하려는 노력이 필요하며 수업 관리를 보다 체계화하기 위하여 도입된 수업 기간 준수 실적 점검 시스템과 전자 출결 서비스 및 전자 출석부 시스템은 안정적으로 정착할 수 있도록 교내 구성원들에게 적극적인 교육과 홍보가 필요하다. 첨단 온라인 학습관리시스템LMS으로 새롭게 태어난 YSCEC

또한 인터넷 및 모바일 환경에서 보다 체계적으로 학습을 관리하고 지원할 수 있도록 효율적인 유지·관리가 이루어져야 한다. 특히 국내 최초로 구축한 국·영문 통합 표절 검사 시스템을 교원은 물론 학생 및 연구원을 포함한 모든 구성원들이 적극 활용함으로써 의도하지 않은 표절 위험을 피하고 학술 연구 윤리 의식을 강화하고 올바른 인성을 함양한 창의적 인재를 양성하는 데 기여할 수 있어야 한다.

첨단 ICT를 기반으로 한 고등교육 패러다임의 변화에 선제적으로 대응하기 위하여 Open Smart Education 센터를 신설하여 혁신적인 열린 스마트 교육 사업을 추진하고 MOOC 사업에 선도적으로 참여하여 국제적 위상을 높이게 된 것은 다행스런 일이며 앞으로 우리 대학이 가장 잘할 수 있는 강좌를 개발하여 글로벌 MOOC에 개설하는 전략적 접근이 필요하다. 현재까지 개설되어 큰 성공을 거둔 정보 기술과 마케팅 분야의 강좌를 더욱 심화 확대시킴과 동시에 한국학 및 한국어 관련 강좌를 지속적으로 확대 개발함으로써 한국학 가치를 선점하고 수강생들의 수요가 높은 대중적인 강좌를 개설하여 수익을 창출하는 전략이 필요하다. MOOC 사업의 성공적인 수행을 위해서는 우수한 강의 내용뿐 아니라 질 좋은 강의를 제작할 수 있는 인적기술적 인프라가 필요하다. 현재 우리 대학이 갖추고 있는 전문 인력과 시설 및 장비는 글로벌 MOOC를 지향하는 대량의 강의를 제작하고 운영하기에는 역부족이며 이를 위해서는 미래를 내다보는 선견지명의 투자가 필요한 시점에 있다.

우리 대학의 교육 수월성은 세계 명문 대학의 글로벌 표준에 맞는 근본을 중시하는 교육 시스템 구축을 통하여 달성할 수 있으며, 세계 무대에서 활약하는 인재를 양성할 수 있는 새롭고 혁신적인 교육 시스템 모델을 확립하는데 더욱 매진해야 할 것이다.

Ⅱ. 전략적 국제화

대학의 국제화는 선진화된 교육 모델과 한국적 특성을 반영하는 선도적 교육 프로그램의 개발, 세계적 흐름을 앞서가는 선도적인 혁신 등이 결합되어 이루어질 수 있다. 이러한 목표를 달성하기 위해서는 대학 운영의 수장인 총장의 국제화 의지가 가장 중요하며 관련 부서의 국제화 마인드, 그리고 국제적인 교육과 교류를 수용할 수 있는 제도적 역량이 뒷받침되어야 한다. 영어 강의의 숫자나 홍보 위주의 국제화 전략만으로는 외국인에 친화적인 실질적 국제화를 달성할 수 없다. 한국 대학들은 오랫동안 국제화를 중요한 정책 목표로 추진해 왔으면서도 외국 학생들이 국내 대학에서 전공을 제대로 이수할 수 있는 강의, 행정 제도, 교수의 지원 등 실질적인 국제화 역량은 지극히 미흡한 상태에 있다. 이런 환경에서 명목적인 국제화 노력만으로는 숫자 중심의 피상적 국제화를 극복하기 어렵다.

제3 창학기의 연세는 이러한 한계를 극복하고 아시아의 세계대학Asia's world university, 글로벌 명문으로 도약하기 위한 국제화 전략을 추진해 왔다. 특히 세계 각국에서 외국 학생이 스스로 찾아오는 대학으로 만들기 위하여 영어 기반의 명품 프리미엄 교육인 언더우드국제대학Underwood International College, UIC을 적극적으로 확대하였다. UIC는 설립 이후 지난 10년 동안 발전을 거듭하여 아시아의 liberal arts college로서 위상을 확고히 하고 있으며, 제3 창학의 일환으로 전공과 정원을 대폭 확대하여 교내에서 입학 정원이 가장 큰 단과대학의 하나로 성장하였다.

UIC는 2006년 5개 전공을 갖춘 언더우드국제학부로 출범하였으나 2012년에는 융합인문사회계열을 만들어 테크노아트학부와 아시아학부를 확대하였고, 2014년에는 융합사회과학부와 융합과학공학부를 신설하여 국제적인 명품 교육기관으로 확고한 자리매김하였으며, 2016년 현재 입학 정원은 420여 명, 외국인 전임교원도 40여 명에 달하고 있다. 또한 2015년부터는 세계적인 저명 대학이 공동으로 입학지원서를 받는 사이트^{Common Application}에 국내 대학으로는 유일하게 가입하여 더 많은 외국 학생들이 손쉽게 지원할 수 있게 되었다.

세계적인 명문 대학으로 부상하기 위해서는 적어도 정원의 1/4은 외국 학생이어야 한다는 전제에서 연세는 우수 외국인 학생 유치를 위한 다양한 전략을 시행하고 있으며, UIC는 이러한 연세의 세계화 정책을 선도하는 기함^{flag ship} 역할을 하고 있다. 130년 역사에도 불구하고 연세에서 외국 학생을 위해 제공되는 프로그램은 매우 빈약했으며, 특히 경쟁력 있는 과정은 거의 존재하지 않았다. 그러나 UIC 설립 이후 연세는 점차 우수 외국 학생들이 찾아오는 세계화된 대학으로 발돋움하여 2014년에는 전 세계 100여 개국에서 온 외국인 학생들이 어학연수를 포함한 교육 과정에 등록하였다. 특히 UIC는 학생의 20%내외가 외국인이며 아이비리그에 입학 허가를 받은 학생도 UIC에 등록하는 사례가 늘어나고 있어 연세의 실질적인 국제화에 큰 진전을 보여주고 있다.

한편 연세의 창학 정신을 되살리고 연세 교육의 세계화를 실현하기 위하여 대학 설립 130주년을 맞는 2015년에는 기독교계와 협력하여 제3 세계의 선교 사역을 담당할 인재를 전액 장학금을 지원하며 교육시키기 위한 GIT^{Global Institute of Theology}를 설립하고 학위과정 교육을 시작하였다. 이와 함께 외국인이 한글을 기반으로 한국학이나 한국학 관련 분야를 공부할 수 있는 학부과정인 글로벌인재학부를 설립하였다. 글로벌인재학부는 해외 교포, 외국인 등이 한국어를 체계적으로 배우고 한국학 관련 전공을 이수할 수 있는 국내 최초의 학부로서 의의가 있다.

제3 창학기에 연세의 국제화 노력은 주로 세계 저명 대학과의 교류 확대에 중점을 두었다. 우선은 권위 있는 대학 간 다자협의체에 적극 가입하여 국제적 네트워크를 강화하였다. 세계 유수의 주요 대학 협의체인 APRU^{Association of Pacific Rim Universities}와

AEARU^{The Association of East Asian Research Universities}에 가입하였고, 연세가 주도적으로 게이오대학, 홍콩대학과 함께 동아시아학 분야의 11개 대학이 참여하는 글로벌 컨소시엄 G11을 만들어 학생의 상호 교류와 공동 수업을 실시하고 있다. 또한 학생 및 교수 교류의 네트워크를 질적으로 확대하여 세계 50대 명문과 협력하는 프로그램을 진행하여 상당한 실적을 거두었다. 해외 교류의 방향 또한 전통적인 학생 교환을 넘어서 공동연구기금 마련 및 지원을 통한 해외 공동연구 활성화는 물론 동아시아라는 대학의 지리적 위치를 십분 활용하여 한-중-일 3개국 대학이 동아시아학 교육 과정을 공동 개발·운영하는 교육 과정 공동 운영의 단계로까지 발전할 수 있었던 것 또한 제3 창학기 교육 국제화의 큰 성과라 할 것이다. 연세 130년의 전통과 최근의 국제화 노력이 결실을 맺어 연세는 2014년에 세계 80위권의 저명 대학으로 130년 역사에 처음으로 세계 100대 대학에 진입하는 데 성공하였다.

UIC, 글로벌인재학부, GIT 등 국제적 경쟁력을 갖춘 교육 프로그램을 확장하여 해외 우수 학생을 유치·교육하고 친한^{親韓} 인재를 양성하는 데 힘쓰는 한편 국제 네트워크를 강화하여 대학의 인지도를 높임은 물론 공동연구 등 교류의 질 향상에도 더욱 박차를 가해나가야 하겠지만 앞으로는 적극적인 홍보와 해외 동문 관리 등을 통해 학생들이 더 넓은 국제 무대에서 활동할 수 있도록 지원하는 노력이 필요할 것이다.

1. Asia's World University를 향하여

1885년 창학 이후 연세는 한국의 고등교육 국제화를 선도해왔다. 한국의 국제화가 본격적으로 시작된 1980년 이후에도 연세는 교환 학생을 교육하는 국제교육부[1985], 국제 전문 인력을 양성하는 전문 대학원인 국제학대학원[1987], 영어로 강의하는 미국형 리버럴아츠 대학인 언더우드국제대학[2005]을 국내 최초로 설립하는 등 국제교육의 선구자적 전통을 이어오고 있다.

2000년대 세계화 추세가 가속화되면서 고등교육의 국제 환경도 급속하게 변하기 시작했다. 선진국 대학이 본격적으로 해외로 진출하는 등 세계화와 지식 정보사회로의 전환에 따른 고등교육 시장의 단일화가 가시화됐고, 한국 정부도 해외 명문 대학의 유치를 고등교육 국제화의 중요한 목표로 설정했다. 고등교육 국제화의 여파로 학생과 교원의 국제 이동이 자연스러운 현상으로 자리 잡았고, 국내 학생의 해외 유학도 급증했다.

국내외 고등교육 환경 변화에 대응하기 위해 정갑영 총장은 2012년 취임사에서 연세의 글로벌 위상을 한 단계 높이기 위한 아시아의 세계대학Asia's World University 프로젝트를 발표했다. 프로젝트의 목표로 교육과 연구의 경쟁력을 제고하기 위해 우수한 외국인을 유치할 수 있는 프로그램을 적극적으로 개발하고 세계적인 연구 역량을 확보하여 세계적 석학을 적극적으로 유치하는 한편 연세의 글로벌 네트워크를 확대하여 공동 학위제를 확대할 것을 제시했다. 이러한 정책을 구체적으로 실현하기 위하여 국제처는 관련 기관과의 협의를 통해 5대 중점 과제를 선정하였다.

가장 먼저 세계 50대 연구 대학과 20대 학부 중심 대학과의 교류를 확대하기 위한 Top 50/20 프로젝트를 추진하였다. 이와 함께 우수 학생을 유치하고 연구 협력을 지원하기 위한 해외 사무소 개설에 박차를 가하는 한편 아시아 주요 대학과 공동 학위와 교류를 자유화하는 원 아시아^{One Asia} 캠퍼스 조성 사업에도 역점을 두었다. 나아가 우수 외국 학생의 적극적인 유치를 통한 인바운드 국제화의 실현에도 꾸준히 매진하며 이를 위해 외국인 지원 서비스와 해외 석학 유치 확대를 골자로 한 국제화 역량 강화에도 더욱 더 많은 노력을 경주하였다.

세계 Top 50/20 대학으로 네트워크 확대

연세는 2015년 말 현재 70개국, 665개 기관과 교류를 하고 있다. 세계 Top 50/20 프로젝트는 세계 우수 대학과의 교류 협력을 통해 높은 수준의 국제화된 교육 환경 제공과 학교 인지도 상승을 목표로 QS 평가 세계 100위, US News 평가 세계 50위 및 Liberal Arts College 20위 이내 대학과 협력을 확대하는 사업이다. 이 사업을 통해 연세는 양적으로 국내 최대인 교류 프로그램을 질적으로 최고인 프로그램으로 만들었다고 평가할 수 있다. Top 50/20 기준을 만족하는 143개 대학 중 2015년 말 현재 연세가 교류 협정을 체결한 대학은 총 79개 교로 목표의 55%를 달성했다. 옥스퍼드대, 캘리포니아공대^{칼텍}, 프린스턴대, 코넬대, 에딘버러대, 글라스고우대 등이 2012년에서 2015년 사이 연세가 새롭게 협력을 시작한 Top 50/20 대학이다.

Top 50/20 사업 경과

* 2015. 12. 31. 기준

구분	대상 학교 수	파트너 수	비율	비고
QS 평가 세계 100위	97개	64개	66%	국내대학 제외
US News 평가 세계 50위	21개	12개	57%	QS WUR와 중복 제외
US News Liberal Arts Top 25	25개	3개	12%	
합계	143개	79개	55%	2012. 1. 대비 12% 증가

대학명	국가	협정체결일	체결내용*	QS랭킹
University of Chicago	미국	2012. 02. 13.	SEA	8위
University of St Andrews	영국	2012. 04. 19.	MOU	97위
University of Southampton	영국	2012. 05. 04.	MOU	75위
Grinnell College	미국	2012. 10. 23.	MOU	19위**
University of Edinburgh	영국	2012. 11. 27.	MOU/SEA	20위
Cornell University	미국	2012. 12. 08.	MOU	15위
University of Notre Dame	미국	2013. 02. 13.	MOU/SEA	19위
King's College London	영국	2013. 03. 25.	MOU/SEA	27위
Duke University	미국	2013. 11. 24.	MOU	19위
Lund University	스웨덴	2014. 04. 03.	MOU	86위
University of Helsinki	핀란드	2014. 10. 22.	MOU/SEA	89위
University of Bristol	영국	2015. 03. 23.	MOU/SEA	30위
The University of Western Australia	호주	2015. 04. 30.	MOU/SEA	73위

* SEA: Student Exchange Agreement, MOU: Memorandum of Understanding
**US News & World Report Ranking

Top 50/20을 통해 개별적으로 해외 명문 대학과 협력을 확대하는 동시에 해외 명문 대학이 참여하는 국제 대학 컨소시엄의 가입을 추진했다. 국제 대학 컨소시엄의 참여를 통해 해외 고등교육 국제화 동향을 파악하고 우리 대학의 중장기 국제화 발전 계획 수립, 국제 교류 협력 강화, 신규 네트워크 구축 등 국제 교류를 확대할 수 있는 기회를 확보했다.

APRU, AEARU 등 국제 대학컨소시엄 가입

2012년 이후 우리 대학교가 가입한 대표적인 국제 대학 컨소시엄은 APRU와 AEARU다. APRU[Association of Pacific Rim Universities]는 아시아-태평양 지역 고등교육과 연구

분야를 선도하고자 1997년에 설립되어 총 16개국 45개교의 연구 중심 대학들로 구성된 연합 기구다. 연세가 2013년 9월 가입할 당시 국내 대학으로는 서울대와 고려대만이 회원으로 가입해 있었다.

APRU 가입을 위해서는 기존 회원 대학의 3/4으로부터 지지를 받아야 했다. 국제처는 가입 신청을 결정한 후 총장단과 협력하여 당시 42개에 달했던 회원 대학을 모두 접촉하고 방문하는 등 적극적인 가입 활동을 전개했다. 2007년에 지원했으나 가입하지 못했던 전철을 밟지 않기 위해 노력한 결과 2013년 9월 하와이대, 뉴사우스웨일즈대와 함께 신규 회원으로 가입할 수 있었다.

APRU 가입으로 연세는 매년 45개 회원국 총장이 참여하는 총장회의를 비롯하여 다양한 교류와 협력 사업에 참가할 수 있게 됐다. 특히 바쁜 일정상 한자리에 모이기 어려운 아시아태평양 지역의 총장들이 참여하는 총장회의는 우리 대학이 그동안 접근할 수 없었던 양자 및 다자 협력 기회를 제공한다. 우리 대학은 총장회의 기간 중 게이오대, 홍콩대 총장과 3자 회의를 여는 등 APRU 참여를 적극적으로 활용하고 있다.

APRU에 이어 2014년 11월 AEARU^{The Association of East Asian Research Universities}에도 가입하였다. AEARU는 동아시아 지역의 고등교육 교류와 연구를 선도하고자 1996년 홍콩과학기술대학을 중심으로 설립되어 총 5개국 18개교가 참여하고 있는 동아시아 명문 대학의 모임이다. 연세가 가입함으로써 한국의 AEARU 회원 대학은 서울대, KAIST, POSTECH, 연세의 4개 대학으로 늘어났다.

APRU와 AEARU는 베이징대, 칭화대, 난징대, 후단대 등 중국의 대표적인 명문 대학이 참여하는 국제 대학 컨소시엄이다. 국제 대학 컨소시엄을 통해 우리 대학은 그동안 부진했던 중국 대학과의 협력을 확대함과 동시에 오랫동안 추진해 온 동아시아학 다자 네트워크를 구축할 수 있는 유리한 위치에 서게 됐다. APRU와

AEARU가 당분간 신규 회원을 영입하지 않을 계획임을 고려한다면 배타적인 접근 기회를 제공하는 이들 컨소시엄을 중심으로 국제 네트워크를 확대하는 것이 바람직하다.

APRU 및 AEARU 회원교 명단

구분	국가	기관명
APRU (45개교)	뉴질랜드	The University of Auckland
	러시아	Far Eastern Federal University
	말레이시아	University of Malaya
	멕시코	National Autonomous University of Mexico, Tecnologico de Monterrey
	미국	California Institute of Technology, Standford University, UC Berkeley·Davis·Irvine·LA·San Diego·Santa Barbara, University of Hawaii at Manoa, University of Oregon, University of Southern California, University of Washington
	싱가포르	National University of Singapore
	인도네시아	University of Indonesia
	일본	Keio University, Kyoto University, Osaka University, Tohoku University, The University of Tokyo, Waseda University
	중국	Fudan University, Nanjing University, Peking University, Tsinghua University, The Hong Kong University of Science and Technology, The University of Hong Kong, University of Science and Technology of China, Zhejiang University
	칠레	University of Chile
	캐나다	The University of British Columbia
	타이완	National Taiwan University
	태국	Chulalongkorn University
	필리핀	University of the Philippines
	한국	고려대, 서울대, 연세대
	호주	Australian National University, The University of Sydney, University of Melbourne, University of New South Wales
AEARU (18개교)	대만	Tsing Hua University, National Taiwan University
	일본	Tohoku University, University of Tsukuba, Kyoto University, Osaka University, Tokyo Institute of Technology, University of Tokyo
	중국	Nanjing University, Peking University, Fudan University, Tsinghua University-Beijing, University of Science and Technology of China
	한국	서울대, 연세대, 포항공대, 한국과학기술원
	홍콩	Hong Kong University of Science and Technology

국내 최초로 해외 명문 대학과 전략적 파트너십 협정 체결

고등교육 국제화가 학생 교류에서 연구 협력, 공동 학위, 교원 교류 등으로 확대됨에 따라 높은 차원의 교류를 집중적으로 추진할 수 있는 '전략적 파트너' 대학에 대한 수요 또한 늘어나고 있다. 이에 우리 대학은 2012년 5월 게이오대를 시작으로 유럽, 호주, 미국 대학들과 전략적 파트너 협정을 체결했다. 전략적 파트너 협정을 통해 전 세계 거점 대학 네트워크를 구축하는 것이 우리 대학의 목표다.

2012년 5월 연세가 처음으로 전략적 파트너 협정을 체결한 대학은 일본의 게이오대학이다. 1970년 교환 협정을 체결한 이후 연세와 게이오대는 서로 상대 학교를 특별한 파트너로 대우하는 관계를 유지했다. 이런 관계 형성에는 양교의 스포츠 교류, 1945년 이전으로 거슬러 올라가는 인적 교류 등이 긍정적인 역할을 했다. 연세와 게이오 양교의 특별한 관계를 전략적 파트너십이라는 새로운 제도적 틀로 제도화하기로 결정했고 이 틀 속에서 3-캠퍼스 컨소시엄 공동 운영, 명예박사학위 수여, 직원 교류 프로그램 실시, 해외 사무소 설치, 공동기금 연구협력사업 추진 등 다른 대학들과 비교할 수 없는 수준의 다양한 협력 사업을 추진하고 있다.

우리 대학과 두 번째로 전략적 파트너십 협정을 체결한 대학은 스위스의 제네바대학이다. 양교는 2013년 7월 제네바대의 3-캠퍼스 컨소시엄 참여, 공동기금 연구 협력사업 실시, 해외 사무소 설치를 골자로 하는 파트너십 협정에 합의했다. 제네바대는 우리 대학처럼 의료, 신학, 사회과학 분야에 오랜 전통과 비교 우위를 점하고 있는 대학으로 우리 대학의 유럽 진출의 교두보로서 기능하고 있다.

제네바대와 공동 사업을 추진하면서 우리 대학과 전략적 파트너 관계를 맺은 대학이 호주의 시드니대학이다. 제네바와 시드니대는 OECD포럼 참여 등 다양한 공동 연구 사업을 추진했고 연세대가 양교 사업에 참여하면서 긴밀한 3자 관계가 형성됐다. 3자 협력 관계를 제도화하고 양자 협력을 확대하기 위해 연세와 시드 니대는 2015년 4월 연구협력 공동기금 운영을 중심으로 한 전략적 파트너십 협정을 체결했다.

에모리대학은 미국 남부의 명문 대학으로 19세기 이후 신학대학을 중심으로 연 세와 인적 교류를 지원했다. 에모리대 명예 총장을 지낸 제임스 레이니 총장도 1950년 대 연세대 철학과에서 교편을 잡을 정도로 양교는 특별한 협력 관계를 유지해왔다. 우 리 대학도 에모리대를 핵심 협력 대학으로 선정하여 다양한 협력 사업을 추진해왔는 데 이런 우호적인 관계를 바탕으로 2015년 2월 에모리대 총장이 우리 대학을 방문하 는 것을 계기로 전략적 파트너십 체결을 위한 논의를 시작했다. 그 후 8개월에 걸친 실 무 협의를 통해 양교는 2015년 11월 공동기금 연구협력사업, 3-캠퍼스 프로그램 참여 추진을 주요 내용으로 하는 전략적 파트너십 협정을 체결했다.

APRU 회원교와 활발한 네트워크 구축 활동 중인 정갑영 총장(연세소식 563호, 2014. 8. 1.)

연세 중심의 글로벌 네크워크 G10 구축

　　세 번째 중점 과제인 원아시아 캠퍼스 구축을 위해 시작한 사업이 'G10' 프로젝트다. 세계적인 대학들을 대상으로 연세 중심의 글로벌 네트워크를 구축하여 우리 대학의 국제화 리더십을 아시아 최상위권으로 재정립하기 위한 사업이다. G10 프로젝트의 중심 프로그램은 동아시아학 관련 교육 및 학생, 교수 교환을 중점으로 하는 '3-캠퍼스 컨소시엄'³⁻Campus Consortium이다.

Yonsei proposes'G10' academic exchange initiative(코리아타임즈, 2012. 5. 17.)

THE KOREA TIMES
2012년 05월 17일 목요일
001면 Main

Yonsei proposes 'G10' academic exchange initiative

By Na Jeong-ju

Yonsei University President Jeong Kap-young said Wednesday that his school's administration is talking with other top schools in the Asia-Pacific region about forming an elite group of 10 higher education institutions to lead change in the global educational sector.

The group, which he dubs the "G10," is one of Yonsei's bold initiatives to expand academic exchange and cooperation among prestigious schools in the region. Under the proposed system, member universities would exchange faculty members and students, and initiate joint degree programs, Jeong said.

"Many schools have reacted positively to the idea of spurring academic exchange through the G10 framework. The group would include top private and state universities in the Asia Pacific region."

Japan's Keio University is

Jeong Kap-young
Yonsei University President

Related story on page 5

Yonsei has agreed to set up an office in Keio to discuss follow-up measures and strengthen bilateral cooperation, according to the 61-year-old economics professor.

The proposal represents Yonsei's vision for globalization.

In his inauguration speech, Jeong called for a "third founding" of Yonsei to make it one of the most respected schools in the world. It adopted the concept of a residential college at its new campus in Songdo, Incheon. Professors and students there will live together in dormitories.

The school said this is to integrate living and learning, helping students develop their character and engage in study more actively. Yonsei is the first Korean college to adopt such a system for undergraduate students.

"In the long term, we want to develop the Songdo campus into a specialized learning environment for professors and students from around the world. It's the centerpiece of our G10 project," said Jeong, a native of Gimje, North Jeolla Province.

"The vision of a third founding reflects our resolve to become a global leader in both education and research. The Songdo cam-

pus is where this dream will come true."

The first founding was the establishment of Jejungwon, a medical institution, in 1885. The following year, the Underwood School was started by Horace G. Underwood, a Presbyterian missionary, providing education for orphans. The second founding came when Yonhui College and the Severance Medical School merged under the name Yonsei University in 1957.

Jeong has invited a group of 15 descendants of Horace Underwood to Seoul to share his vision and ideas for the school's development. They will arrive on May 26 and stay till June 4, Jeong said.

The school also plans to initiate a reconstruction project to turn the Sinchon campus into an eco-friendly learning environment by 2015. It will hold a ceremony to commemorate its 130th anniversary on the renovated campus.

"We are focusing on enhancing the distinctive characteristics of the campuses in Sinchon in Seoul, Wonju in Gangwon Province and Songdo to generate cross-campus synergy in education and research," Jeong said.

jj@koreatimes.co.kr

　　국제처는 2012년 언더우드국제대학이 운영해 오던 '3-캠퍼스 비교동아시아학 프로그램'³⁻Campus Program에 영미권 최우수 대학들을 참여시켜 프로그램을 확장 운영하고 상호 교류를 증진시키기 위한 컨소시엄으로 확대하기로 결정했다.

미국과 유럽의 명문 대학을 접촉하여 유치 활동을 펼친 결과 2015년 말 현재 컨소시엄에 참여하는 대학이 총 11개교로 늘어났다. 컨소시엄 회원교는 호스트 대학인 연세대, 게이오대, 홍콩대와 더불어 서던캘리포니아대, 제네바대, 조지타운대, 에든버러대, 에모리대, 코넬대, 킹스칼리지런던, 프린스턴대 등 8개 파트너 대학이다.

컨소시엄에 가입한 대학은 자교 학생을 일본 게이오대, 한국 연세대, 홍콩 홍콩대 순으로 순환하는 3-캠퍼스 프로그램에 파견할 수 있게 된다. 3-캠퍼스 컨소시엄은 학생 교류 프로그램 외에 매년 6월 실시하는 연례 기획회의, 교수 교환 프로그램, 호스트대학 간 공동연구 사업도 실시하고 있다.

연세의 글로벌 리더십 확대

글로벌 네트워크의 확대로 연세의 국제적 위상이 높아지면서 여러 국제회의에서 연세 비전을 해외 대학 지도자에게 설명하고 공유하는 기회가 크게 증가하였다. 특히 정갑영 총장은 2012년 Stanford대, 2013년 UN Colloquium, 2014년 마이크로소프트 아시아 대학 서미트 등에서 기조연설을 통해서 연세의 발전상을 설명하고 비전을 제시하였다.

2012년 12월 3일 스탠포드대학 아태연구소에서 '아시아 대학의 부상: 도전과 과제'라는 주제 연설을 했다. 기조연설을 통해 정 총장은 아시아 대학의 부상이 세계적으로 주목을 받는 시점에서 아시아 대학 관점에서 그 의미를 진단하고 새로운 경쟁 시대를 위한 아시아 대학의 발전 전략으로 자율, 경쟁, 그리고 국제 협력을 제시했다. 또한 아시아 대학의 부상이 미국 대학에게는 공동 연구, 공동 교육, 공동 취업 지원 사업 등의 새로운 기회를 제공할 것이며 연세대학교가 스탠포드대학 등 미국 명문 대학과의 협력을 통해 이를 구체화할 계획임을 함께 밝혔다.

이와 함께 대학의 사회적 책임 요구에 대한 연세대의 입장도 설명했다. 정 총장은 대학이 세계적인 대학으로 발전하기 위해서는 등록금, 입학 분야에서 자율성을 부여 받아야 한다고 강조하며 대학이 자율적으로 발전해야만 소외 계층 배려 등 사회적 책임도 같이 수행할 수 있는데 모든 대학을 획일적으로 규제하면 앞서 가는 대학, 특히 사립대학의 발전에 큰 장애가 될 수 있다는 점을 지적했다.

총장은 2013년 5월 13일, 미국 뉴욕대에서 열린 '글로벌 컬로키엄 2013'에 한국 대학 총장으로는 처음으로 초청받아 세계 유수 대학과 주요 글로벌 의제에 관해 토론하였다. '글로벌 컬로키엄'은 매년 UN 사무국의 지원하에 예일대, 프린스턴대, 컬럼비아대, 뉴욕대, 펜실베이니아대 등 미국 뉴욕 지역 5개 명문 대학이 주관하는 대학총장 회의다. 지난 2000년 밀레니엄 정상회의에서 유엔이 밀레니엄 개발 목표를 실행하기 위해 8개 의제가 설정됐으며 매년 전 세계 20여 대학 총장들과 관련 전문가들이 참석해 의제를 토론하는 행사가 되어 왔다.

2013년 회의에는 미국 동부 명문 대학을 포함해 Higher Colleges of Technology[UAE], European University at St. Petersburg[Europe], East China Normal University[Asia], Federal University of Bahia[Brazil], Kenyatta University[Africa] 등 전 세계적으로 26개 대학이 참가하였는데, 한국 대학으로는 연세대가 유일하게 초청되었다.

2013년 UN 글로벌 컬로키엄 총장 회의

우리 대학은 UN 회의 참석을 계기로 송도 국제캠퍼스에 UN, 녹색기후기금 등과 연계된 글로벌 이슈 연구와 교육 프로그램의 신설을 적극적으로 추진했고 이런 노력의 성과로 2015년 지속발전연구원을 출범시킬 수 있었다.

2014년에도 정 총장의 글로벌 리더십 행보는 계속되었는데, 대표적으로 10월 중국 칭화대에서 열린 2014년 마이크로소프트 아시아 대학 서미트에서 '융합인재 육성'을 주제로 기조연설을 행하였다. 마이크로소프트 아시아 대학 서미트는 아시아태평양 지역의 대표적인 산학협력 국제회의로 첸지닝 칭화대 총장, 혼 샤유엔 마이크로소프트 아시아 회장, 지넷 윙 마이크로소프트 리서치 부사장 등 300여 명의 아시아 지역 컴퓨터 공학 리더들이 참석하였다. 기조연설에서 정 총장은 레지덴셜 칼리지, 융합연구원, 글로벌 IT 명품교육, 테크노아트 등 연세대의 주요 융합 연구와 교육 프로그램을 소개하고 그 성과와 시사점을 설명했다. 정 총장과 지넷 윙 부사장의 기조연설로 시작된 이 회의에서 참석자들은 융합연구와 인재 교육, 빅데이터와 도시 과학, 컴퓨팅과 과학, 인간과 컴퓨터 등 과학과 사회 발전을 위한 컴퓨터공학의 역할에 대해 최신 연구 결과를 공유하고 주요 쟁점에 대한 의견을 교환했다.

2015년 연세 글로벌서밋Yonsei Global Summit 개최

2012년 이후 새롭게 구축한 글로벌 네트워크에 참여하는 파트너 대학들이 한자리에 모인 행사가 2015년 10월 27일 연세대학교 백양누리 그랜드볼룸에서 열린 '연세 글로벌서밋Yonsei Global Summit 2015'였다. '아시아 시대의 인문학Liberal Arts for the Asian Century'을 주제로 개최된 이 행사에는 국내외 대학 교육을 이끌어가는 리더들이 대거 참석했다.

글로벌서밋에는 미국 워싱턴대세인트루이스 마크 라이튼 총장, 스위스 제네바대 이브 플루키거 총장, 영국 에든버러대 티머시 오시어 총장, 아츠시 세이게 일본 게이오대 총장, 와세다대 가오루 가마타 총장, 호주 시드니대 스테픈 가튼 프로보스트, 홍콩대 피터 마티슨 총장과 정갑영 연세대 총장 등 세계적인 명문 대학의 총장 9명이 한꺼번에 참여했다. 이뿐만 아니라 APRU, APAIE, UCEAP, CIEE, UB 등 대표적인 국제 대학 협력 기구의 대표자들과 미국 프린스턴대, 브라운대, 조지타운대, 에모리대, USC, 캘리포니아 공과대, 영국 킹스칼리지런던 등의 리더^{부총장 등} 30여 명과 주한 독일대사, 스위스대사, 핀란드대사, 멕시코대사 등 주한 해외 대사 20여 명도 참석했다.

연세 글로벌서밋 2015

정갑영 총장은 "연세대는 제3 창학의 비전을 중심으로 최근 여러 분야에서 괄목한 만한 성장을 이루었고, 이에 따라 글로벌 경쟁력이 크게 높아졌다. 이는 연세대 단독으로 가능한 것이 아니라 국내외 여러 기관들과의 우호적인 경쟁 및 상호 협력이 있었기에 가능했다."면서 "연세 글로벌서밋을 통해 대학 교육을 이끌어가는 세계적 리더들이 함께 인문학 교육의 역할에 대해 같이 논의하고 아시아의 지속가능한 발전을 위한 해법을 찾을 것"이라고 밝혔다.

외국인 학생 유치를 통한 인바운드 국제화 실현

　　외국인 학생 유치를 통해 인바운드 국제화를 실현하는 것이 네 번째 중점 과제다. 국제처가 역점을 둔 사업이 연세대학교 방문 학생의 확대였다. 학생 교환 협정이 체결되어 있는 대학의 학생은 교환 학생으로, 협정이 없는 대학의 학생은 방문 학생으로 연세대학교 정규학기 과정에 참여하여 학점을 취득할 수 있다. 방문 학생의 경우 연세대학교에 등록금을 납부하고 최대 2개 학기까지 이수할 수 있다. 해외 대학 방문과 국제회의 참여를 통해 정규학기 프로그램을 적극적으로 홍보한 결과 2015년 방문 학생의 수는 총 1,561명으로 2011년보다 50% 이상 증가했다. 국내 대학 중에서 우리 대학이 가장 많은 외국인 방문 학생을 유치하고 있다.

정규학기 방문 프로그램 참가자 수

* 2015. 12. 31. 기준

학년도	교환학생	방문학생	합계
2011	837	173	1,010
2012	930	203	1,133
2013	1059	243	1,302
2014	1186	329	1,515
2015	1215	346	1,561

　　국제처는 또한 여름 방학 중 6주간 국제하계대학을 운영하여 우수 외국인 학생을 유치하고 있다. 국제학계대학은 한국학, 동아시아학, 인문학, 경제·경영학, 국제정치학 영역의 약 100개 과목을 개설하는 대규모 교육 프로그램이다. 정규 과정 이외에 외국 대학 학생의 인턴십 수요에 대응하여 50여 개 기업과 기관이 참여하는 여름 학기 인턴십 프로그램Korea Summer Internship Program도 운영한다. 차별적인 프로그램 운영으로 전체적 시장 규모의 둔화와 국내 대학의 경쟁 압력에도 불구하고 우리

대학은 국제하계대학 참여 학생을 2014년 1,400명대로 늘릴 수 있었다. 2015년 메르스 사태로 참여 학생이 다소 감소했으나 2016년에는 성장세를 회복할 것으로 기대한다.

국제하계대학 참가자 수

* 2015. 12. 31. 기준

학년도	참가자 수(명)			
	교환	방문	본교	총계
2011	296	968	95	1,359
2012	288	969	63	1,320
2013	293	965	76	1,334
2014	348	961	77	1,386
2015	298	777	75	1,150

연세의 선구자적 전통을 발전시켜 국제처는 2013년 국내 처음으로 국제동계 대학을 개설했다. 4주 기간의 겨울 방학에 한국을 방문하고 싶어하는 홍콩, 싱가포르, 호주 대학생과 방학 기간 중 학점을 취득하기를 원하는 미국 대학 유학생을 타깃으로 설정하고 학사 일정의 차이를 고려하여 3주 세션을 6주에 걸쳐 두 번 운영한다. 12월 말에 시작하는 1세션에는 싱가포르, 홍콩 학생이, 1월 중순에 시작하는 2세션은 호주 학생이 주로 참여한다. 소규모 프로그램으로 시작했기 때문에 교과 과정은 한국학 중심으로 운영하고 있다.

3주간 교과 과정 운영 전략이 주효해 2013년 첫해부터 예상보다 많은 143명이 등록했고 그 후 매년 늘어 2015년 겨울 학기에는 총 322명이 참여했다. 경쟁 대학의 시장 진입 계획 등 불안 요소가 존재하지만 현재 추세라면 2016년에는 규모의 경제를 실현할 수 있는 연 500명 규모의 프로그램으로 성장할 것으로 예상된다. 강사진의 확보가 프로그램의 성공을 결정하는 중요한 요인으로 작용하기 때문에 강사료 인상, 해외 교원 유치 등 향후 강사진 보강을 위한 노력이 필요하다.

국제동계대학 참가자 수

* 2015. 12. 31. 기준

학년도	교환	방문	본교	총계
2013	6	88	49	143
2014	17	145	68	230
2015	24	215	83	322

외국인 지원 서비스 확대와 다양화

2012년 이후 외국인 교원과 학생을 위한 서비스가 국제화의 주요 현안으로 등장했다. 우리 대학을 방문하는 외국인 학생수는 급격하게 증가하고 있으나 외국인 서비스 인력과 예산은 이를 따르지 못했다. 2013년 가을 학기 적정 서비스 인력을 확보한 후 본격적으로 외국인 서비스 업무를 확대했다.

현재 우리 국제처는 외국인 교원에게 비자 수속 대행과 체류에 따른 출입국 사무소 업무와 함께 제반 교내 생활 지원 업무를 포괄적으로 수행하고 있다. 아직까지 외국인 교원 숙소 알선과 관리가 지원 업무의 큰 부분을 차지하고 있으나 2016년 외국인 교원 숙소를 완공하면 대부분의 외국인 교수를 교내에서 수용할 수 있게 되고 외국인 교원 숙소 확보에 투입되던 자원을 이용하여 다양한 서비스를 제공할 수 있게 될 것으로 예상된다.

외국인 학생을 위해서는 출입국 업무와 교내 생활 지원 업무 중심으로 서비스를 제공하고 있다. 오리엔테이션, 대학 및 한국 생활 안내, 장학금, 의료보험, 취업 안내, 다양한 문화 체험 행사 관련 서비스가 주요 업무이다. 외국인 학생 서비스 관리 시스템를 정비함에 따라 우리 대학은 2012년부터 4년 연속 인증 대학으로 선정됐다. 국제처는 또한 외국인 유학생 및 어학 연수생의 출입국 정보 및 학적 정보 업데이트 시스템 관련 업무를 총괄하고 있다.

외국인 지원 업무의 하나가 국가장학생GKS 사업의 지원이다. 국립 국제교육원에서 주관하는 사업으로 국제적 친한 네트워크 구축과 글로벌 인재 양성을 위해 매년 우수 외국인 장학생을 선발하고 지원한다. 우리 대학이 GKS를 통해 우수 외국인 학생을 유치하고 있기 때문에 이 사업 지원에 국제처도 많은 자원을 투입하고 있다. 2015년 말 현재 총 156명의 정부 초청 장학생이 우리 대학에 재학 중이다. 특히 우수 학생이 집중되어 있는 말레이시아 출신 학생은 총 44명으로 국내에서 가장 많은 규모다.

원주캠퍼스 국제화 역량 강화

원주캠퍼스는 지리적으로 국제 교류에 불리한 여건을 가지고 있으나 제3 창학기 연세의 국제적 위상을 높이는 발걸음에 동참하기 위해 국제 교류 네트워크의 확대와 질적 강화에 많은 노력을 경주해왔다.

우선 내부 제도 개선과 인프라 구축을 통하여 2012년 이래 국제교육인증 평가에서 외국인 학생 유치와 관리를 잘하고 있는 대학으로 인정받았고, 이 같은 역량을 발판으로 2012~2014년의 기간에는 미국, 중국, 일본, 러시아 및 중동 지역의 아랍에미리트UAE와 이집트 등 18개 국의 31개 외국 대학 및 주요 기관과 교류 협정을 체결하여 국제 교류의 폭을 크게 확장하였다. 또한 2013~2015년에는 미국 국무부가 주관하는 CLSCritical Language Scholarship 프로그램의 한국어 단기 집중 교육기관으로 선정되어 본 프로그램에서 한국에 파견하는 미국 대학생들의 한국어 교육과 훈련을 담당하였다.

연세 국제화의 미래

　　2012년에 시작된 아시아의 세계대학Asia's World University을 향한 사업에서 연세는 지난 4년간 적지 않은 성과를 낼 수 있었다. 국제 네트워크의 규모와 수준이 모두 연세의 전통적 위상에 맞는 리더십을 회복했다고 자평할 수 있다. 그러나 날로 격화되는 대학 간 경쟁을 고려할 때 현재 위치를 지키기 위해서는 앞으로도 더 많은 투자와 노력을 투입해야 할 것이다. 특히 해외 파견 프로그램 참여 학생이 정체된 것은 우리 대학 국제화의 미래를 낙관할 수 없게 하는 부정적인 요인이다. 파견 학생을 늘리기 위해서는 전통적으로 영어 연수 중심으로 운영해 온 파견 프로그램을 각 학과가 디자인하고 참여하는 진정한 의미의 글로벌 교육 프로그램으로 전환하는 것을 고려해야 한다. 2015년부터 국제처가 학과와 단과대학과의 협력을 시작했으나 본격적인 사업 추진은 차기 집행부의 과제로 남아 있다.

　　해외 파견 프로그램 확대와 더불어 연세가 중점적으로 투자해야 하는 분야는 대학 간 연구 협력과 외국인 동문 관리다. 전통적으로 정부와 본부는 개인 연구자의 국제 연구를 지원했으나 국제 연구를 본격적으로 확대하기 위해서는 대학 본부가 해외 대학과 협력해 새로운 연구진 네트워크 조직을 지원하는 사업이 중요해졌다. 국제처는 2012년 이후 전략적 파트너 대학을 중심으로 대학 간 국제 공동연구 사업을 지원하고 있으나 향후 별도의 연구 기금을 조성하고 공동연구 지원 행정 시스템을 구축하는 등 공동연구 사업의 지속적인 확대와 제도화를 추진해야 한다.

　　연세를 졸업하고 본국으로 돌아가는 외국인 동문의 현지 활동과 본교 연계망 구축을 지원하는 것 또한 현안이 됐다. 국제처는 2016년 1월 베이징을 시작으로 외국인 동문이 참여하는 '연세 외국인 동문회'의 조직을 지원할 예정이다. 외국인 동문을 연세 국제화의 중요한 자산으로 활용하기 위해서는 앞으로 상하이, 도쿄, 뉴욕,

LA 등 주요 거점 도시에 연세 외국인 동문회의 활성화를 유도해야 한다.

외국 우수학생 적극 유치(동아일보, 2012. 2. 3)

東亞日報

2012년 02월 03일 금요일 A16면 사회

"외국 우수학생 적극 유치… 25%까지 채울것"

1일 취임한 정갑영 연세대 총장

파란 양복에 하늘색 와이셔츠, 파란 넥타이…. 취임(1일)을 앞두고 지난달 27일 만난 정갑영 제17대 연세대 총장(61)의 옷은 온통 파란색이었다. 연세대를 상징하는 색깔이다. 그는 연세 대에 '제3의 창학'이 필요한 시점이라며 인터뷰 내내 국제화의 필요성을 강조했다. 연세대에 서 23년 만에 간선제로 뽑힌 총장. 그는 "인맥이나 포퓰리즘에 휘둘리지 않고 진정으로 학교 를 위한 정책 개발에만 집중할 수 있는 게 간선제의 가장 큰 장점"이라고 입을 열었다.

－4년 임기 뒤 이것 하나는 정말 변했다 고 평가받고 싶은 점은….

"인천 연수구 국제캠퍼스에 도입할 '레지 덴셜 칼리지'가 안정됐다는 이야기를 듣고 싶다. 한국 대학이 생활밀착형 전인교육으 로 전환하고 연세대가 아시아의 세계적 대 학으로 거듭나는 계기가 됐으면 좋겠다."

－레지덴셜 칼리지는 어떤 개념인가.

"학부생이 기숙사에서 생활하는 형태다. 내년 신입생은 모두 한 학기씩 국제캠퍼스에 서 지내게 된다. 2014년 4000명을 수용할 기 숙사 시설이 완공되면 1년씩 생활할 수 있 다. 하버드, 옥스퍼드, 프린스턴 등 세계의 유명 대학은 이미 이런 형태로 운영한다."

－이를 '제3의 창학'이라고 표현하는 이 유는….

"한국 대학은 학원형 교육에서 벗어나지 못한다. 학생들은 통학에 1∼2시간을 보내 고 밤에는 술 먹고 집에 늦게 들어간다. 인 생의 전환기인 대학교 1학년을 이렇게 보 내긴 아깝다. 기숙사에 살면 낮에는 공부하 고 밤에는 체육 문화 봉사활동을 경험할 수 있다. 모르는 게 있거나 생활에 어려움이 있으면 연세는 상담을 받는다. 기숙사 한 동에 교수가 1명씩 지내고, 학생 30명당 내 학생생을 1명씩 배정을 생각한다. 자신과 경 제·문화적으로 다른 환경에서 자란 학생과 함께 지내며 글로벌 리더로 크는 셈이다."

－국제화에 대한 구체적인 계획은….

"이제 국내 대학도 해외 우수 인재를 데려 오는 데 관심을 기울여야 한다. 교육환경이 변하고 있다. 10년 뒤 학력인구가 30% 줄어 든다. 연세대도 현 체제를 유지하지 못한다. 아이비리그 경쟁할 프로그램을 만들어 우 수한 외국 학생을 적극 유치해야 한다. 현재 는 외국학생 비율이 2∼3%에 불과하지만 장 기적으로 전체 정원(3200명)의 약 25%는 외 국학생으로 채워야 한다고 본다."

－외국학생을 끌어오기 위한 방안은….

"늦어도 4년 안에 해외 입학사무소 2곳을 만들 계획이다. 마국, 동남아시아나 중국 가운데 한 곳에 열 것 같다. 우수한 학생을 현지에서 인터뷰를 해 뽑는 역할을 하게 된다. 국내 종합대가 해외 입학사무소를 만드는 건 처음 이다. 포스텍이 포스코의 베트남 지사를 활용 해 대학원생을 주로 데려온다고 들었다."

－교육 프로그램도 손봐야 하지 않나.

"외국학생이 믿을 만한 교육 과정을 만드 는 게 우선이다. 우선은 언더우드국제대학 을 중심으로 정원화하는 프로그램을 늘릴 생각이다. 올해 처음으로 언더우드국제대 학의 외국학생이 한국 학생 정원(120명)의 30%를 넘었다. 4년 내에 언더우드국제대

학의 정원을 300명으로 늘릴 계획이다."

－지난해 처음으로 창의인재전형을 실시 했는데….

"경쟁률이 60 대 1을 넘었다. 100% 입학 사정관 전형이다. 성적 중심의 선발 방식에 서 벗어나기 위해 만들었다. 특정 분야에 장 의성과 전문성을 갖춘 학생 31명을 뽑았다. 다양한 책을 읽으며 1년간 꾸준히 장학활 동을 했던 검정고시생, 7세 때부터 곤충에 관심을 갖고 관찰일기를 쓰면서 현재 '국가 지정 생물학연구정보센터(BRIC)'에서 생 물종 외부 동정위원으로 활동하는 학생도 있었다. 올해는 40명을 뽑을 생각이다."

－선발에 어려운 점은 없나.

"창의인재전형을 더 확대하고 싶은데, 뽑는

정갑영 연세대 신임 총장은 연희전문과 세브란스병원의 설립, 두 대학의 통합에 이어 레지덴셜 칼리지 설립을 '제3의 창학'이라고 표현했다. 국내에 안주하지 않고 세계적인 대학으로 거듭나기 위해 꼭 필 요하다는 말을 여러 번 강조했다. 양회성 기자 yohan@donga.com

**2014년 국제캠퍼스 완공되면
신입생 전원 1년씩 기숙사 생활**

**대학 재정 확대하기 위해
기부연금·기부보험 도입할 생각**

과정이 힘들다. 학생 1인당 교수 2명이 1∼2시 간씩 인터뷰를 하고 에세이를 여러 번 검토해 야 한다. 모든 대학이 똑같이 8, 9월부터 입학 사정관 전형을 수시전형을 해야 하니 시간이 촉긴다. 대학 입시에 자율성을 줬으면 좋겠다. 이쪽이는 외국학생을 데려오기도 힘들다."

연세대는 2일 등록금을 2.3% 인하하겠 다고 밝혔다. 10% 인하를 주장하는 학생 측과 줄다리기를 벌인 뒤였다. 지난달 31일 에는 총학생회장과 부총학생회장이 등록금 인하를 주장하며 단식에 돌입했다.

－등록금 인하 주장에 대해 어떻게 생각 하나.

"지금까지 이야기했던 정책을 펼치려면 재 원이 필요하다. 대학은 정부 지원이나 동문· 사회의 기부, 등록금으로 운영된다. 국내 대 학은 앞의 두 가지가 취약해 등록금 의존도 가 높다. 등록금을 일률적으로 인하하면 하 향 평준화하는 결과를 초래할 것이다. 등록 금은 적어도 고등학교 수준이라면이라도 자율 화해야 한다. 특수목적고나 자율형사립고 등 능력과 필요에 따라 비싼 고교가 있듯이 대학도 등록금이 다를 수 있다. 그런 맥락에서 서울 시립대의 반값 등록금은 긍정적으로 본다. 등록 금이 지금의 반값인 곳도, 무료인 곳도,

지금보다 더 비싼 곳도 있어야 한다."

－일부에선 자율화로 등록금이 치솟을 것이라고 우려하는데….

"대학 수준에 대한 객관적 평가가 나와 있 으니까 무조건 올려 받을 순 없다. 학교 수준 이상으로 받으면 학생들이 오지 않는다."

－등록금이 오르면 중산층 이상에만 유 리할 수도 있는데….

정갑영 총장

- 1951년 전북 김제 출생
- 1975년 연세대 경제학과 졸업
- 1981년 미국 펜실베이니아대 경제학 석사
- 1985년 미국 코넬대 경제학 박사
- 1985년 연세대 경제학과 교수
- 1998년 외교통상부 정책자문위원
- 2002년 한국산업조직학회 회장
- 2006년 연세대 원주캠퍼스 부총장
- 2010년 자유기업원 이사장
- 2011년 동아일보 객원논설위원

"자율화하면서 몇 %는 소외계층을 위해 쓰 라고 정부가 가이드라인을 주면 된다. 대학 은 자율성을 얻는 대신 사회적 책임을 져야 한다. 소외계층이라도 등록금이 비싼 좋은 대학에서 공부할 수 있도록 배려하는게 맞이 다. 예를 들어 미국의 원리엄스칼리지는 등 록금이 엄청나게 비싸지만 최고의 대학으로 꼽힌다. 이 대학은 3대에 걸쳐 처음 대학에 진학하는 집안의 학생에게 입학 우선권을 준 다고 한다. 우리도 참고할 만하다."

－대학 재정을 확대하기 위한 다른 방법 이 있다면….

"다양한 방식의 기부 확대를 생각이다. 졸업생 1명이 하루 1000원을 기부하는 상 점·경영대의 '블루버터플라이' 같은 기부 활동이 전체 동문으로 확대되도록 엠조를 구 하겠다. 기부연금이나 기부보험도 도입할 생각이다. 기부연금은 집이나 건물 같은 자 산을 학교에 기부하면 학교가 연금을 주는 제도다. 기부보험은 기부자가 가입한 생명 보험을 사후에 유족과 학교가 절반씩 나누는 방식이다."

최예나 기자 yena@donga.com

2. 선진형 프리미엄 교육 선도: Underwood International College

제3 창학의 비전을 실현한 UIC

아시아 최초의 4년제 liberal arts college라는 누구도 시도하지 않은 도전으로 그 여정을 시작한 언더우드국제대학Underwood International College, UIC은 글로벌 시대의 변화를 선도하고 세계적 대학으로 도약하기 위한 연세 '제3 창학' 비전을 실현하기 위해 도전과 경주를 지속해 왔다. UIC는 2006년 당시 정갑영 교무처장을 위원장으로 하는 준비위원회를 중심으로 설립되어 언더우드학부 내의 5개의 전공으로 시작된 이후 2012년부터 전공과 정원을 확대하였다. UIC는 연세대학교가 제3 창학을 통해 아시아의 세계대학Asia's World University으로 도약하기 위한 학부 교육의 중추적 기관으로서 새로운 패러다임을 제시하고 글로벌 명문 교육을 확립하기 위한 핵심 역할을 담당하고 있다. 무엇보다도 지난 4년은 UIC가 역동적인 변화와 도전을 시도하며 커리큘럼, 학생 및 교원 규모, 프로그램 등에서 괄목할만한 성장을 이뤄낸 의미 있는 시기였다. UIC에 몸담았던 학생들이 국내외 우수 기업 및 기관에 활발히 진출하며 UIC 동문의 역사를 써나가고 있으며 2012년 설립된 융합학부가 첫 졸업생을 배출하며 새로운 출발을 하는 등 UIC가 대학으로서 가시적인 성과를 맺는 시간이었다.

세계적 글로벌 명문 대학으로의 도약

21세기 들어 세계 유수의 고등교육 기관들은 우수 인재를 유치하고 새로운 시대를 선도할 인재를 육성해야 한다는 필요성과 마주하고 있었다. 이에 연세대학교는 2005년 해외 명문 대학의 장점을 두루 갖춘 UIC를 국내에 설립, 다가오는 글로벌 환경에 적합한 인재를 양성할 준비를 하였다. 국내외 우수 인재가 선택할 수 있는 세계 최고의 커리큘럼을 제공하고 급변하는 환경을 정확히 인지해 변화를 선도할 인재를 배출하기 위해 UIC는 설립 과정에서 liberal arts 교육 모델을 선택하게 되었다.

UIC는 영미권 대학에서 오랜 전통을 가지고 있는 liberal arts 교육을 근간으로 학부가 출범된 이래 선진형 프리미엄 교육을 제공해 왔다. 전 과정을 영어로 진행하는 토론 중심의 소수 정예 교육 과정에서 학생들은 지식이나 콘텐츠보다는 도구 중심의 교육을 받으며 빠르게 변화하는 세계에 적응할 수 있는 능력을 기르고 있다. 학생들은 UIC만의 차별화된 공통교양과정Common Curriculum, CC과 인문학부터 이공계를 아우르는 기초 학문 중심 전공들을 통해 다양한 현대 학문의 복잡한 지형을 넘나들며 '생각하는 방법'을 터득하고 있다. 창의적이고 비판적인 사고력과 글로벌 리더십을 갖춘 민주 시민 사회의 역량 있는 구성원이 되어 시대가 필요로 하는 인재로 성장하고 있는 것이다. 제3 창학기의 연세가 글로벌 리더의 필수 역량으로 강조해 온 Communication, Creativity, Convergence, Cultural Diversity 및 Christian Leadership의 5C를 함양하기 위해 UIC는 매우 효과적인 배움의 터전이다.

아시아를 대표하는 프리미엄 liberal arts 교육을 제공해 온 UIC는 그 노력에 힘입어 설립 이후 지난 4년 동안 눈부신 성장을 일궈냈다. 2006년 설립 당시 1개 학부, 5개 전공이었던 UIC는 2016년 3개 계열, 5개 학부, 총 16개에 달하는 전공을 보유한 교내 두 번째로 큰 단과대학이 되었다. 학생 수 역시 2011년 689명에서 2015년 총 1,694명으로 245% 성장을 이뤘고, 2015년까지 총 57개 국가에서 온 440여 명의 외국인 학생들이 UIC에서 꿈을 키웠고 지금도 키워가고 있다. 연세대학교의 글로벌 명문 교육 확립에 UIC가 선도적인 역할을 담당해 왔다 할 수 있다.

다가올 미래를 준비하며: 융복합 교육의 허브

UIC는 아시아의 허브 송도가 갖는 지리적 입지를 최대한 활용하여 시대적 화두인 융복합 커리큘럼이라는 새로운 도전을 시도해 성과를 이루었다. 연세대학교는 다양한 학문을 창의적으로 융합하여 총체적으로 사고할 수 있는 글로벌 인재 양성을 위해 2012년 아시아학부와 테크노아트학부를, 2014년 융합사회과학부와 융합과학공학부를 새롭게 문을 연 국제캠퍼스의 UIC에 신설하였다. 새로운 학부가 UIC에 둥지를 틀게 된 배경에는 UIC의 학생들이 liberal arts 교육을 통해 고등 학문의 기초를 튼튼히 세울 역량을 보유했다는 점, UIC의 설립부터 인문, 사회, 과학 등 여러 학문이 소속된 단과대학이었던 만큼 학문 간 장벽이 낮다는 점, 그리고 시대적 필수인 융복합 교육을 영어로 제공함으로써 글로벌 인재의 접근을 용이하게 했다는 점 등이 있었다. 또한 녹색기후기금Green Climate Fund과 같은 국제 기구, 최첨단 융복합 기술 연구소, 글로벌 기업, 그리고 세계 유수 대학의 글로벌 캠퍼스 등이 위치한 송도가 갖는 지리적 입지는 다양한 도전과 시너지를 모색하는 UIC로서 최적의 환경이었다. 이와 같이 UIC는 학부 차원에서 연세대학교가 시도할 수 있는 모든 새로운 도전의 일선에서 도전과 개척, 진리와 자유, 개방과 융합 정신을 바탕으로 '제3 창학'의 비전을 위해 힘써 왔다.

도전과 성장의 여정

'글로벌 명문 교육의 확립'이라는 '제3 창학' 비전을 달성하기 위해 UIC가 내디뎌 온 진취적 도전, 그리고 그 과정에서 일궈낸 놀라운 성장은 다양한 지표로 뒷받침된다. UIC는 연세대학교가 선진형 프리미엄 교육을 실현하기 위한 발판으로 송도에 문을 연 국제캠퍼스에 치의예과 및 자유전공과 함께 2011년 가장 먼저 합류한 단과대학이다.

UIC는 연세대학교 글로벌 교육의 선두주자로서 경제 특구와 교육국제화 특구로 지정된 아시아의 허브, 인천의 지정학적 이점을 극대화할 수 있는 송도 국제캠퍼스에 자리를 잡게 되었다. 본교가 시도하는 새로운 교육 패러다임인 융복합 커리큘럼이 국제캠퍼스의 UIC 안에 기틀을 마련하게 된 것이다. 다양한 융복합 전공 신설에 따른 교육 과정의 확대는 UIC가 향후 양적, 질적 성장의 발판이 마련되었다는 의미를 갖는다.

2012년 신설된 아시아학부는 한중일 동아시아 삼국의 관계를 국가가 아닌 지역적 차원에서 이해하는 거시적 안목을 갖추도록 설계되었다. 또한 정보·인터랙션 디자인, 문화디자인경영, 그리고 창의기술경영 등 3개의 전공을 포함한 테크노아트학부는 디자인, 문화, IT, 경영의 다양한 분야를 넘나드는 융합 교육을 통해 급변하는 정보사회를 이해하고 문제 해결 능력을 배양할 인재를 양성하기 위해 설립되었다. 2014년 신설된 융합사회과학부는 사회정의리더십, 계량위험관리, 과학기술정책, 지속개발협력의 4개 전공으로 구성되었다. 학생들이 인문학과 사회과학을 바탕으로 다학제적 접근법을 연습할 수 있도록 설계되었다. 같은 해에 나노과학공학, 에너지환경융합, 바이오융합 전공이 포함된 융합과학공학부도 출범했다. 이는 기존 전통적인 순수 과학과 공학 학부에서 경험하기 어려운 학제 간 연구를 가능하게 하는 교육 과정이다.

이와 같은 교육 과정의 확대는 UIC의 근간을 이루는 liberal arts 교육을 바탕으로 사회와 문화의 변화에 발맞추어 보다 미래지향적이고 취업에 효과적인 교육을 제공하려는 연세대학교의 새로운 시도다. 학문 간 존재하는 장벽과 틀을 초월해 학생들에게 '융복합적' 사고력과 관점을 함양토록 하여 급변하는 환경에서 필요한 다양한 역량을 길러주기 위한 것이다. 이를 위해 학내 다양한 단과대가 전공 공모에 참여하였다.

UIC 교육 과정의 확대 (2006~2015)

계열	학부	전공	설립연도
언더우드계열	언더우드학부	비교문학과문화, 경제학, 국제학, 정치외교학, 생명과학공학	2006년
융합인문사회계열	아시아학부	아시아학, 정보·인터랙션디자인, 창의기술경영, 문화디자인경영	2012년
	테크노아트학부		
	융합사회과학부	사회정의리더십, 계량위험관리, 과학기술정책, 지속개발협력	2014년
융합과학공학계열	융합과학공학부	바이오융합, 에너지환경융합, 나노과학공학	

　　UIC는 2006년 5개 전공 총 94명의 학생으로 출발해 현재 16개 전공 총 1,698명의 학생으로 규모의 신장을 이뤘다. 특히 새로운 교육 과정이 출범하기 전인 2011년 689명과 비교해 2015년 전체 학생 규모는 245% 성장했다.

UIC 입학정원 및 재학생 수 변화(2006-2017)

학부·계열	'06	'07	'08	'09	'10	'11	'12	'13	'14	'15	'16	'17
언더우드학부	58	85	95	95	95	120	107	107	120	145	165	169
아시아학부							45	45				
테크노아트학부							70	70				
융합인문사회계열									153	168	173	173
융합과학공학계열									40	70	80	80
입학정원	58	85	95	95	95	120	222	222	313	383	418	422
재학생정원	94	222	269	500	595	689	689	1,085	1348	1689		

※ '14년부터 아시아학부와 테크노아트학부가 융합인문사회계열에 포함됨

　　같은 기간 외국인 학생 수 역시 165명에서 257명으로 155% 증가했다. 또한 외국인 학생과 같이 정원 외로 선발되는, 해외에서 12년 교육 과정을 마친 입학생 수 역시 증가했다. UIC는 해당 학생들의 학사 일정을 고려해 9월 입학이 가능하도록

학제를 운영하고 있다.

UIC 외국인 학생 출신 국가 누적 분포 (2015년 9월 기준, 52개국 374명)

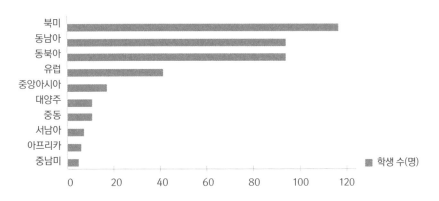

2010년부터 배출된 졸업생 총 590명 중 494명에 달하는 73%가 지난 4년 동안 졸업장을 받았다. UIC라는 배움의 터에서 씨앗을 심고 싹을 틔운 학생들이 사회 곳곳에 진출해 UIC의 학업이 열매로 맺어지는 시간이었다.

UIC의 교육 과정을 특별하게 만드는 또 하나의 핵심은 바로 우수한 교원이다. 2006년 총 5명의 교원으로 시작한 UIC는 2015년 총 41명의 교원이 세계적 수준의 교육 과정을 학생들에게 제공하고 있다. 특히 지난 4년 동안은 UIC가 우수 교원을 확보할 수 있었던 중요한 시기였다. 먼저 UIC는 2012년부터 우수 외국인 교원 확보를 위해 상시 채용이 가능한 교원 정원을 배정받았다. 2016년 기준 총 47명의 교원을 UIC 소속으로 채용할 수 있도록 정원을 확보했고, 2013년부터 24명의 교수가 새롭게 UIC에 몸담게 되었다. 또한 기존에는 Common Curriculum 교원만 채용해 왔으나 국제캠퍼스에 신설된 교육 과정의 교원 수요에 대응하기 위해 2013년부터 2015년까지 총 9명의 UIC 전공 교원을 확보, 추후 지속적으로 증원할 예정이다.

해외 석학들을 강의실에서 만나다

UIC는 해외 석학 초빙 프로그램을 통해 세계적으로 우수한 학문적 업적을 이룬 학자를 초빙해 학생들에게 지적 자극과 도전의 경험을 제공하고 있다. 2004년부터 신한은행으로부터 지원받아 신한석학프로그램 운영을 시작, Kurt Wüthrich 노벨화학상 수상자, Donald Johnston OECD 전 사무총장, David Brady 스탠포드 경영대학원 교수, Naoki Sakai 코넬대 일본문학·일본사 교수, Koichi Iwabuchi 와세다대 국제교양학부 교수 등 총 5명의 석학을 초빙한 이래 지속적으로 프로그램을 확대해 왔다. 또한 2012년부터 2016년까지 5년 동안 지속적으로 신한기금프로그램을 운영하여 이창래 프린스턴대 문예창작과 교수, Roland Greene 스탠포드대 영문과 교수, Martin Evan Jay 버클리대 역사학 교수 등을 통해 세계의 석학을 UIC 강의실에서 만날 수 있게 하고 있다. 특히 노벨문학상 후보로 거론되고 있는 이창래 교수는 2008년 초빙된 이후 2013년부터 3년 연속 UIC에 초빙되어 활발한 학문적 교류를 하고 있으며, 최근 작품 'On Such a Full Sea'에는 연세대학교 소속을 명시하는 등 돈독한 관계를 유지하고 있다.

UIC는 또한 주한 미 대사를 역임하고 한미 우호 증진에 큰 공헌을 한 James T. Laney 대사의 공적을 기리고 국제 외교 분야의 연구 활성화를 위해 2013년부터 Laney 석좌교수 기금을 확보, 전문 외교관, 공공 분야 전문가 등을 초빙해 강의와 연구를 지원하고 있다. 2014년부터 이태식 전 주미대사, 그리고 2016년부터는 최영진 전 주미대사를 초빙해 학생들에게 국제관계 분야의 해박한 지식과 탁월한 식견을 배우고 본받도록 하고 있으며, 향후 대학 내 교수들과의 다양한 세미나 및 포럼을 통해 우수한 강의 자원을 공유할 예정이다.

체계적이고 전문화된 UIC 학생 지도 시스템

UIC는 설립 초기부터 학생들이 지적 성장을 이루고 성숙한 시민 의식을 함양한 지성인이 될 수 있도록 학생 지도에 노력을 기울여 왔다. 설립부터 UIC 소속 외국인 교원들은 학생들에게 체계적이고 전문적인 학사지도와 도움을 제공해 왔다. 교원이 한 명의 학생에게 투입하는 학사지도 시간이 길고 또 학생의 출신에 따른 맞춤형 지도를 제공하는 것으로 잘 알려져 있었다. 그러한 학생 지도 노력의 일환으로 UIC는 학부대학에서 운영해 온 전문 학사지도교수 시스템을 2012년부터 도입해 학생들의 발달 과정에 따라 시의적절한 지도와 도움을 받을 수 있도록 하고 있다. UIC의 학사지도교수 시스템만의 차별점은 신입생 차원의 학사지도를 제공하는 학부대학과는 달리 학생들이 입학부터 졸업에 이르기까지 담당 학사지도교수로부터 지속적이고 체계적인 지도를 받을 수 있다는 점이다. UIC 학생들은 대학 입학과 함께 성장 과정, 진로 계획, 개인의 특성을 가장 잘 이해하는 전문가로부터 대학 생활을 마칠 때까지 최적화된 학사지도를 받으며 중요한 시기의 삶을 잘 설계할 수 있다.

언더우드국제대학 10주년 기념행사(2015. 10. 28.)

해외 우수 인재를 대한민국에서 양성하다

　　UIC는 해외 우수한 인재를 국내에서 양성함으로써 한국에 우호적인 글로벌 인력을 양성해 왔다. UIC에서 학업을 마친 외국인 학생들은 한국의 유수 기업뿐 아니라 세계 곳곳의 글로벌 기업과 기관에서 활약하고 있다. 과거 국제 원조 수여국이던 대한민국이 공여국이 된 것처럼 UIC는 설립 당시 대한민국의 우수 인력이 해외로 유학을 가는 것이 아니라 세계의 우수 인재가 대한민국에서 선진형 프리미엄 교육을 받을 수 있는 기회를 제공하기 위한 비전을 품고 시작했다. 그에 따라 외국인 학생 맞춤 입시 시스템을 구축하고 학사 및 교육 프로그램을 개발하였으며 효과적인 학사지도를 제공하고 다양한 교과 외 활동을 운영해 왔다. 그 결과 한국으로의 유학을 꿈꿨으나 언어 장벽으로 시도하지 못했던 많은 외국인 학생들이 UIC에서 세계 어디와도 비교해 손색없는 교육을 받으며 곳곳에서 꿈을 펼쳐 나가고 있다.

　　이에 따라 UIC는 설립부터 해외의 우수한 인재들이 학비에 대한 걱정 없이 마음껏 공부할 수 있도록 국내 유수 기업 및 기관의 지원을 통한 International Junior Scholar Program[IJSP]을 운영해왔다. 2006년부터 지금까지 삼성전자, LG전자, 금호아시아나, 신한은행, 효성, 리앤원재단 등의 후원을 통해 고등교육의 기회조차 갖지 못했을 개발도상국 학생들은 UIC에서 최고의 교육 기회를 얻고 미래에 대한 비전을 실현하며 국내외 기업에 취업하거나 해외 우수 대학원에 진학하고 있다. 우수 해외 인재들이 IJSP를 통해 입학부터 졸업까지 꾸준한 지원을 받으며 UIC를 발판으로 글로벌 리더로의 도약을 꿈꾸고 있는 것이다.

Big dreams start from small beginnings

UIC는 다양한 모금 활동을 펼치며 발전 기금을 모금해 왔다. 간헐적으로 교원 및 동문을 대상으로 기금을 모금해 오던 UIC는 지난 2015년 10월, 10주년 행사를 맞이하여 'Big dreams start from small beginnings'라는 슬로건으로 공식적인 발전기금 모금 행사를 진행했다. 10주년 기금 모금 행사를 통해 교원, 직원, 외부 참여자, 학부모, 동문이 지난 10년 동안 누적 모금된 UIC 발전기금의 40%에 달하는 금액을 기부했다. 10년차가 된 UIC가 성숙한 만큼 기부 문화도 성숙해졌음을 보여주는 행사였다. 10주년 기금 모금을 계기로 향후 점차 늘어날 UIC 동문을 대상으로 정기적인 기부 행사를 진행할 초석을 마련한 셈이다.

해외 대학과의 활발한 교류

UIC는 설립 전부터 글로벌 리더를 양성하는 학부 중심 교육기관으로 설계되었다. 이에 따라 학생들에게 다양한 문화와 사상을 경험하고 이해할 수 있는 기회를 제공하기 위해 해외 유수 대학들과의 교류 프로그램을 개발해 왔다. 2008년 3-Campus Program을 도입하여 게이오대학, 홍콩대학과 함께 동아시아를 대표하는 대학에서 돌아가며 1년 동안 수학하는 새로운 형태의 교환 프로그램을 시작했다. 현재 3-Campus Program은 Princeton University, Cornell University, King's College London 등 세계적인 대학교들이 파트너로 참여하는 프로그램으로 확대되었다. UIC는 세계 여러 대학의 학문적 네트워크가 된 해당 프로그램의 초석을 마련했고, 프로그램이 시작된 이래 지금까지 해외 우수 인재들에게 연세대학교를 대표하여 최고의 커리큘럼을 제공하고 있다.

순번	협정교류기관	국가	체결일자	형태
1	University of Geneva	스위스	2007	교환
2	3-Campus Program: Keio University, The University of Hong Kong	일본, 홍콩	2008	교환
3	Dartmouth College	미국	2008	교환
4	Barnard College	미국	2009	방문
5	University of Berkeley, Economics Department	미국	2009	방문
6	Waseda University, School of International Liberal Studies	일본	2010	교환
7	University College Utrecht	네덜란드	2011	교환
8	The University of Hong Kong, Faculty of Arts	홍콩	2013	교환
9	Leiden University College The Hague	네덜란드	2014	교환
10	Jacobs University Bremen	독일	2014	교환
11	Wellesley College	미국	2015	교환
12	Lingnan University	홍콩	2015	교환
13	Swinburne University of Technology, School of Design	호주	2015	교환
14	Aalto University	핀란드	2016	교환
15	Columbia University	미국	진행 중	교환
16	Yale-NUS College	싱가포르	진행 중	교환

또한 UIC는 연세대학교 차원에서 교환 협정을 맺은 전 세계 700여 개 대학뿐 아니라 독자적인 협력 체계를 구축하며 글로벌 네트워크와 파트너를 확대해 왔다. 2009년 Dartmouth College와 Barnard College와의 학생 교환 협정을 통해 학생들에게 미국의 전통적인 liberal arts education을 경험할 수 있는 기회를 확보했다. 특히 2013년부터 2015년 사이 다양한 국가의 유수 대학과의 교환 협정이 집중적으로 체결되어 기존 체결된 교환 대학의 두 배 이상의 학교와 단독 협정을 체결 및 준비 중이다. 2013년 홍콩의 The University of Hong Kong, 네덜란드 Leiden University College The Hague, 2014년에는 독일 Jacobs University 그리고 2015년에는 미국 Wellesley College와 호주 Swinburne University of Technology, 2016년에는 핀란

드 Aalto University와 교환 협정을 체결했다. 또한 2015년에는 미국의 Columbia University와 Joint Summer Program을 운영했다. 현재까지 교류를 맺은 대학 외에도 Columbia University, Yale-NUS College 등의 유수 대학과도 UIC 단독 교환 협정 체결을 준비하고 있다. 이와 같은 독점 교환 협정을 통해 UIC 학생들은 연세대학교 내 다른 대학 및 학부생들은 경험할 수 없는 학업 기회를 제공받게 된다. 각각의 학문 분야에 특화된 해외 우수 대학을 선택하여 현지에서 글로벌 감각을 익히고 다양한 체험을 쌓는 기회를 갖고 있는 것이다.

Design Factory를 품다

2014년 UIC는 세계에서 여섯 번째로 Design Factory Global Network의 회원교가 되었다. Design Factory의 모태인 핀란드 Aalto University와 2년의 협의 및 준비 끝에 UIC는 2015년 4월 국제캠퍼스에 Design Factory Korea[DFK]를 설립했다. 이는 학생들에게 창의적인 교육 플랫폼을 활용하여 산학 연계를 통한 실무 중심의 교육을 제공할 수 있는 발판을 마련했다는 의의를 지닌다. DFK는 혁신적인 제품과 서비스 개발을 위해 디자인 분야의 중요성이 커지고 있는 신융합산업 패러다임을 반영해 만들어졌다. 학생들은 DFK에서 학습과 현장이 연계될 수 있는 다양한 관점을 훈련하고 상이한 학문적 배경을 가진 학생들과 협업하며 다양한 산학 연계 프로젝트에 참여함으로써 창조적 상상물을 현실화하는 경험을 획득하고 있다. DFK는 100평이 넘는 창의 공간인 Idea Lab, 그리고 그 아이디어를 실현해 실질적인 결과물을 만들어낼 수 있는 각종 인프라가 구비된 80여 평의 Proto Lab으로 구성돼 있다. UIC 테크노아트 학부가 핵심이 되어 DFK 교육 과정을 운영하고 있지만 2016년 가을 학기부터는 UIC Common Curriculum에도 DFK를 활용한 과정이 개설될 예정이다. DFK는 단순한 공간 이상의 개념으로서 국제화와 산업 협력의 장, 그리고 혁신과 기업가 정신의 인큐베이터 역할을 하는 곳이다. 실제로 '2015 인천국제디자인페어,' '헤럴드디자인테크 2015' 등에서 DFK의 인프라를 활용해 작업한 UIC 학생들의 작품이 출품되고 상을 받기도 했다.

또한 DFK에서는 설립 이후 스타트업 위크엔드Startup Weekend, Allianz, 제품개발 프로젝트Product Development Project, 핀란드 Aalto University, DFK Study Tour호주 Swinburne University, LG-DFK 산학 연계 프로젝트, 특강, 워크숍 등의 다양한 프로그램을 지속적으로 운영해 왔다. 이를 통해 학생들은 전 세계 다양한 전문가들과 협업하고 의미있는 영향을 주고 받으며 살아있는 경험을 쌓고 있다.

핀란드식 창업센터 "디자인 팩토리 코리아" 문 열어(한국경제, 2015. 4. 23.)

한국경제   2015년 04월 23일 목요일 A37면 people

핀란드式 창업센터 '디자인 팩토리 코리아' 문 연 툴라 테리 알토대 총장

"규칙·학과 등 장벽 없애 창업 아이디어 발굴"

전 세계 19명 이상이 사용하는 메모 앱에블라 케어반을 만든 '에버노트'의 회의장에 빠지지 않는 것이 있다. 던질 수 있는 마이크 '캐치박스(Catch Box)'다. 겉에서 보면 사람 머리 크기만 한 정육면체 쿠션이지만 안에 마이크가 들어 있다. 화와나 강연에서 진행자가 마이크를 들고 청중 사이를 오가며 대신 참석자들이 직접 마이크를 DFK하게 만든 것이다. 그만큼 화의 진행 속도가 빠른 아니라 분위기도 부드러워진다. 필 리빈 에버노트 최고경영자(CEO)가 "에버노트 직원은 모두 캐치박스의 팬"이라고 말했을 정도로 반응이 좋다.

던질 수 있는 마이크라는 아이디어는 핀란드 알토대의 디자인 팩토리에서 나왔다. 디자인 팩토리는 다양한 전공의 학생이 모여 창업 아이디어를 나누는 핀란드식 창업 교육 시설이다. 2010년 설립돼 5년 남짓한 기간에 300개 이상의 팀이 기업들로부터 지원을 받았다. 그중 30개 팀이 '캐치박스' 같은 실제 창업으로 이어졌다. 성과가 나오자 중국 호주 스위스 칠레의 대학들도 알토대의 도움을 받아 디자인 팩토리를 설립했다. 한국에서는 22일 연세대 송도캠퍼스에 처음으로 문을 열었다.

지난 21일 서울 성북동 핀란드 대사관저에서 만난 툴라 테리 알토대 총장에게 디자인 팩토리의 성공 비결을 물었더니 "다른 곳에 없는 한 가지가 있는가 하면 다른 곳에 있는 두가지가 없기 때문"이라는 대답이 돌아왔다.

다른 곳에 없는 한 가지란 글로벌 네트워크다. 한국을 포함한 여섯 개 디자인 팩토리는 창업 아이디어가 있을 때 언제든 교류한다. 연세대에 들어선 디자인 팩토리에도 화상회의를 할 수 있는 공간이 마련돼 있다. 테리 총장은 "내수시장이 좁고 수출 의존도가 높은 핀란드나 한국 같은 국가는 바로 수출할 수 있는 제품을 만드는 것이 중요하다"며 "세계 곳곳의 디자인 팩토리 학생들이 교류하면서 개발 중인 상품이 다른 나라에서도

연세대 송도캠퍼스에 개설
세계 6개국 학생들과 교류
글로벌 네트워크 활용 강점

팔릴 수 있을지 고민하는 등 시너지 효과가 크다"고 설명했다.

디자인 팩토리에 없는 두 가지는 규칙과 학과 간 장벽이다. 테리 총장은 "디자인 팩토리에 있는 규칙은 오직 개인과 커피 머신을 들고 오지 말라는 것뿐"이라고 말했다. 되도록 많은 사람이 섞여 자유롭게 이야기를 나눌 때 틀을 깨는 아이디어가 나온다는 이유에서다.

학과 간 장벽도 없다. 창업에 관심 있는 학생이라면 누구나 디자인 팩토리에 모여 대화이나 서비스 기획부터 제작까지 모든 과정에 참여할 수 있다. '디자인 기술 경영대엔드가

개발 단계부터 고려돼야 바로 상품화할 수 있는 제품이 나온다"는 것이 테리 총장의 철학이다. 여기에는 2010년 헬싱키 기술대, 헬싱키 경제대, 헬싱키 미술 디자인대 등 세 대학을 합쳐 만든 알토대의 학풍이 반영됐다. 그는 "어느 집단이든 규모가 커질수록 사람들 사이의 교류를 막는 내부의 벽이 생긴다"며 "디자인 팩토리에서 대학의 역할은 뭔가를 만드는 것이 아니라 소통을 가로막는 벽을 없

애는 것"이라고 강조했다.

디자인 팩토리는 앞으로 더 많은 국가로 네트워크를 넓힐 예정이다. 테리 총장은 "노키아의 몰락으로 핀란드가 경제 위기를 맞은 이후 많은 사람들이 위기를 극복할 수 있는 창업에 관심을 갖게 됐다"며 "디자인 팩토리를 통해 핀란드의 창업 붐을 세계로 확산시키고 싶다"고 말했다.

나수지 기자 suji@hankyung.com

융복합 연구소를 설립하다

UIC는 2015년 5월 국제캠퍼스에 베리타스 연구소를 설립했다. 철학에서부터 경제학, 바이오 융합 전공에 이르기까지 다양한 학문 분야에 걸친 전공이 소속돼 있는 UIC는 학문적 우수성을 확보하고 다양한 학문의 융복합적 연구·교류를 통해 수준 높은 교육 과정 제공 기반이 될 수 있는 연구소를 필요로 하고 있었다. 무엇보다도 외국인 교원이 다수인 UIC의 특성을 고려했을 때 해외 유수 기관들과의 연구 협력이 가능한 인프라를 갖추는 것은 세계적 글로벌 명문 대학의 비전을 위해 필수적이었다. 연구 및 학술 활동뿐 아니라 교육 훈련과 다양한 국제 협력을 도모하고 있는 베리타스 연구소는 현재 국제캠퍼스 최초이자 유일한 연구소로 국제화, 융복합 정신의 실천을 위한 학문의 터로 자리매김하고 있고 다양한 국제 컨퍼런스를 운영하고 있다.

연세대학교와 UIC를 세계에 알리다

UIC는 우수 외국인 학생 유치를 통한 인바운드 국제화를 위해 설립 전부터 미국의 주요 거점 도시인 LA, 뉴욕, 시카고 등을 순회하며 입학 설명회를 진행했으며 2006년부터는 중국, 베트남 등 주요 거점 국가의 고등학교를 방문, 입학 설명회를 개최해 연세대와 UIC를 세계에 알렸다. 현재는 미국, 홍콩, 중국, 대만, 싱가폴, 인도네시아, 베트남, 몽골 등을 정기적으로 방문하여 UIC를 홍보하고 해당 국가의 우수 고등학교와 지속적인 협력 관계를 유지하고 있다. 특히 2014년부터는 Counselor workshop을 운영하면서 한국에 관심이 많은 우수 학생 유치를 위해 브라질, 남아공, 몽골, 카자흐스탄, 중국 등의 고교 진학 담당 교사들을 한국에 초청해 UIC를 소개하고 교육 비전을 공유하여 학생들의 연세대학교 선택을 지도하도록 돕고 있다.

또한 UIC는 2015년 국내 대학으로는 최초로 Common Application[Common App]
에 가입해 외국인 학생들이 보다 쉽게 대학에 지원할 수 있는 플랫폼을 마련했다.
Common App은 비영리 기관으로 북미, 특히 미국 대학 진학을 위해 학생들이 필수
적으로 이용하게 되는 입학 서비스를 제공하고 있다. 전 세계 17개국, 600개 이상의
대학이 가입된 Common App을 통해 연간 85만 명의 지원자가 350만 개의 지원서를
제출하고 있다. 2016년 UIC 입학을 위해 지원한 외국인 지원자 중 25%가 Common
App을 통해 지원했다. UIC의 Common Application 가입은 연세대학교를 홍보하고 전
세계의 진학 상담 교사와 우수 학생들의 접근이 수월한 발판을 확보했다는 점에서
큰 의미를 갖는다.

Common Application 사이트를 통한 UIC 입학지원 화면

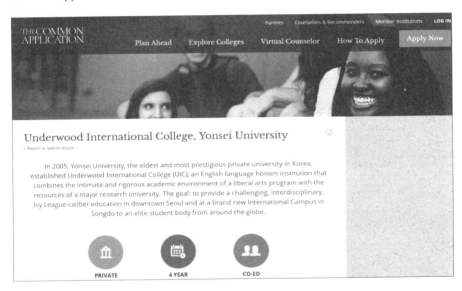

지난 4년은 다양한 매체를 활용해 UIC를 알리기 위한 노력에 적극적인 시간
이었다. 2012년 Newsweek, 2013년부터 현재까지 The Chronicle of Higher Education
에 지속적으로 홍보함으로써 글로벌 매체에 연세대학교와 UIC를 노출해왔다.

특히 2015년부터는 The Economist, National Association for College Admission Counseling^{NACAC} 등의 기관을 포함, 홍보 매체를 다변화하고 있다. 이와 같은 학교 차원의 홍보 외에 학생 차원의 홍보도 이뤄지고 있다. UIC는 Student Ambassadors^{SAM}를 통해 다양한 국가의 학생 홍보대사를 선발해 온라인과 오프라인에서 UIC를 활발히 알리고 있다. SAM은 다양한 언어로 SNS, 블로그, 위키피디아 페이지 등을 운영하고 해외 고등학교 및 박람회 등을 방문할 때 또는 해외 기관에서 UIC 방문 시 해당 국가의 홍보대사가 참여해 UIC를 직접 알리는 활동을 하고 있다.

UIC는 이와 같은 다각적인 노력을 통해 연세대학교를 세계에 알리고 글로벌 네트워크를 쌓으며 활발히 인지도를 쌓아 왔다. 실제로 UIC 홍보를 위해 방문했던 해외 고등학교에서 또는 Counselor workshop에 참여했던 진학 담당 교사의 지도를 통해 UIC에 입학하는 외국인 학생이 많아지고 있다.

자기주도적 연구 경험

UIC는 여러 아이비리그 대학들의 교과 과정과 다양한 비교과 과정을 검토하여 학생들에게 선진형 프리미엄 교육 경험을 제공하기 위해 노력해 왔다. 특히 UIC는 지난 4년 동안 학생들에게 경험 중심의 실무 교육, 그리고 생생한 글로벌 교육을 제공하기 위해 다양한 프로그램을 새롭게 운영했다. UIC는 2013년부터 Global Research Competition 프로그램을 통해 학부생이 자기주도적 연구 기회를 갖고 학술적 경험을 쌓을 수 있도록 연구비를 지원하고 있다. 학생들은 학점 인정을 받는 과정을 통해 세계 여러 국가에 직접 방문해 현장 조사를 하고 관계자를 인터뷰하며 연구 보고서를 쓰는 등 수업에서 배운 다양한 연구 기법을 적용해 안목을 확장하고 문제 해결 능력을 개발할 기회를 쌓고 있다. 현재 3년 차가 된 Global

Research Competition 프로그램에 참여한 UIC 학생들은 미국, 일본, 쿠바, 핀란드, 영국, 독일, 남아공, 인도 등을 직접 방문해 문화적 정체성, 기업가 정신, 공정무역, 공유경제 등의 주제로 연구를 진행했다. 지금은 매 학기 16개 정도의 팀이 지원, 4:1 의 경쟁률을 보이는 프로그램이 되었다. 또한 2016년부터는 '애교의 정치', 'SNS와 대학생의 이미지 구축', '뉴로사이언스' 등 한국 내에서 연구를 진행하는 UIC Research Project도 운영하고 있다.

UIC Global Research Competition(2013~2015)

주제	국가	년도
실리콘밸리 혁신기업	미국	2013
한류와 이민자 정체성	일본	2013
핀란드의 기업가정신	핀란드	2014
쿠바의 urban agriculture와 적용성	쿠바	2014
남아공 패션산업 모델	남아공	2015
공유경제	영국, 독일	2015
공공무역	인도	2015

전문 컨설턴트와 함께 더 나은 사회를 고민하다

UIC는 2014년부터 UIC Community Consultant Competition[UC3]을 통해 학생들이 지역 사회에 긍정적인 변화를 도모함과 동시에 프로젝트 수행 능력을 기를 수 있도록 하고 있다. 그 과정에서 학생들은 리더십, 커뮤니케이션 스킬, 팀워크 등을 개발하게 된다. 무엇보다 다른 사람에게 도움이 되는 방안을 찾는 과정을 통해 자연스럽게 공동체 문화를 습득하고 섬김의 리더십을 함양할 수 있다. 학생들은 각자의 프로젝트에 대해 맥킨지[McKinsey]의 임원들로부터 직접 2개월에 걸쳐 전문적이고도 실질적인 자문과 심사를 받음으로써 커리어 경험을 쌓는 기회를 가진다.

고급 영어 글쓰기 과정으로 대학 생활을 준비하다

UIC는 2014년부터 Writing Intensive Clinic[WIC]을 통해 입학 전 신입생들에게 전 과정이 영어로 진행되는 수준 높은 UIC 커리큘럼에 대비할 수 있도록 지원하고 있다. 연세대학교의 외국인 교원들로 구성된 교수진이 고급 academic writing skills뿐 아니라 UIC의 공통 교양 과정 수업과 학사지도를 함께 제공함으로써 입학 전부터 대학 생활에 필요한 학문적 능력을 기를 수 있는 것이다. 학생들은 WIC을 통해 아이비리그에 준하는 UIC의 liberal arts 교육에 보다 빠르고 효과적으로 적응할 수 있는 기반을 닦으며 보다 구체적으로 대학 생활을 준비할 수 있게 된다.

캠퍼스에서 예술적 영감을 얻다

UIC는 2014년 2학기 Artist-in-Residence 프로그램을 도입하여 국내외 유명 작가들이 특강 및 워크숍을 통해 한 학기 동안 학생들과 예술적 교류를 하고 영감을 줄 수 있게 하고 있다. 2014년 배일린 작가, 2015년 덴마크 영상작가 Jane Jin Kaisen, 황은정 작가의 작품들을 국제캠퍼스에서 상주 전시했다. 이 프로그램을 통해 학생들은 캠퍼스에서 자연스럽게 예술에 노출되고 다양한 배움의 자극을 쌓을 수 있는 기회를 제공받고 있다. 그뿐만 아니라 세계적 예술 축제인 영국 에든버러 인터내셔널 페스티벌에 초대돼 한국 예술을 세계에 알린 바 있는 연세대 커뮤니케이션대학원 원장 김형수 교수도 독도와 도하를 주제로 한 작품들을 UIC에 기증해 상주 전시함으로써 국제캠퍼스에 예술적 영감을 불어넣고 있다. 특히 진리관 B1층 로비 벽면을 덮은 대규모 비디오아트 작품은 캠퍼스를 오가는 많은 사람들의 눈을 사로잡고 있다.

글로벌 현장을 직접 보고 경험하다

Global Career Tour는 학생들이 해외의 다양한 기업과 기관을 직접 방문하여 전문가 집단과의 만남을 통해 실질적인 진로 탐색의 기회를 갖도록 하는 프로그램으로써 2008년부터 운영돼 왔다. 선발된 소수 정예의 학생들은 매년 뉴욕, 샌프란시스코, 런던, 홍콩, 싱가폴 등의 주요 거점 도시에서 J.P. Morgan, Standard Chartered, King's College, McKinsey, Google, UN 등을 방문해 다양한 기업 환경, 업무 문화를 습득하고 글로벌 안목을 길러 왔다. 2015년 여름에는 미국 실리콘밸리를 방문해 주요 IT 기업들을 둘러보았다. 경험보다 중요한 배움은 없듯이 인사 담당자, 실무자를 직접 만나 이야기를 나누고 현장을 둘러보는 시간을 통해 학생들은 빠르게 변화하는 글로벌 채용 환경을 이해하고 구체적인 진로를 설계하는 데 큰 도움을 받고 있다.

UIC Global Career Tour (2008~2016)

지역	기업 및 기관	년도
도쿄, 홍콩	유니클로, 도이치은행, 월스트리트저널, JP Morgan, CNN	2008
뉴욕	UN, Columbia Univ., UNDP, Morgan Stanley, 월스트리트저널, 맥킨지, 구겐하임 미술관, 골드만삭스	2008
런던	푸르덴셜 생명, Standard Chartered Bank, 맥킨지, UK Government Department	2009
홍콩	CNN, 노무라 증권, Clifford Chase, Ardon Capital	2010
뉴욕	ABC, UN, JP Morgan	2010
싱가포르	UBS, 맥킨지, MTV, NUS Business School, P&G	2011
홍콩	도이치은행, Bloomberg, Citi Group, 삼성생명, 미래에셋	2012
런던	JP Morgan, Standard Chartered, King's College, BBC, Financial Times	2013
싱가포르	Lee Kwan Yew School, NUS Law School, UBS, Facebook	2014
뉴욕	골드만삭스, 400 Capital, Sotherby's, Google, UN	2015
샌프란시스코	Apple, Google, Facebook, Intuit, IEDO	2015
홍콩	UBS, CNN, HSBC, Expedia, AON, CLSA Limited	2016

학생 맞춤형 진로 개발 서비스

UIC는 자체적인 Career Development Center^{CDC}를 신촌과 국제캠퍼스에서 각각 운영하고 있다. 이를 통해 한국인뿐 아니라 외국인 재학생들에게도 맞춤형 진로 개발 서비스를 제공하고 있다. 학생들은 CDC 전담 UIC 외국인 교원들로부터 실질적이고 직접적인 상담과 도움을 받으며 구체적인 미래의 계획을 설계하고 있다. 또한 UIC CDC는 다방면에 진출한 UIC 선배들을 초청하는 Alumni Talk와 다방면의 강사를 초빙하는 채용 설명회 그리고 이력서 작성, 인터뷰 요령, 컴퓨터 skill 등의 주제로 구성된 Career Lecture Series 등을 통해 국내뿐 아니라 해외로 취업 및 진학하려는 재학생들에게 맞춤형 진로 개발 서비스를 제공하고 있다. 특히 2012년부터 시작해 매년 시행 중인 UIC Alumni Career Fair는 다양한 분야에 진출해 활약 중인 UIC 동문을 한 자리에 초청해 후배들에게 분야별로 실질적이고 유용한 진로 정보를 제공하는 장으로 자리매김했다. 재학생들은 Fair를 통해 삼성전자, 네이버, 대우건설, 김&장, SBS, 다음카카오 등 우수 기업뿐 아니라 해외대 및 전문대학원에 진출한 선배들로부터 분야별 맞춤형 조언을 듣는 동시에 선후배 네트워크를 쌓을 수 있는 기회를 얻고 있다.

선진형 프리미엄 교육을 선도해 온 UIC

아시아 최초의 liberal arts college로 당찬 여정을 시작한 UIC는 2015년 설립 10주년을 맞이했다. 글로벌 시대의 변화를 선도하고 세계적 대학으로 도약하기 위해 UIC가 걸어온 길은 매 순간이 도전과 개척, 진리와 자유, 그리고 개방과 융합의 여정이었다. 특히 2012년부터 UIC가 내디딘 한 걸음 한 걸음은 아시아 최고의 세계 대학으로 웅비하기 위한 연세대학교의 '제3 창학' 실천의 역사였다. 교내에서 가장 어리고 작은 단과대학에 불과했던 UIC는 이제는 교내에서 두 번째로 큰 규모로 성장했다. 규모의 성장뿐 아니라 대한민국에서 진정한 글로벌 교육을 선도하며 해외 어디에서든 활약할 수 있는 우수 인재가 꿈을 키워나가는 진정한 배움의 장으로서의 질적 성장도 이루어냈다.

UIC에 2012년 새롭게 설립된 전공들에서 2016년 첫 졸업생이 배출된다. 남들이 가지 않은 길을 선택하며 시대적 흐름에 적극적으로 대응하려 했던 UIC는 이제 융복합 교육이라는 배움의 씨앗이 다양한 분야에서 의미 있는 발자취를 그려줄 모습을 기대하고 있다. UIC는 앞으로 새로 시도한 많은 도전들이 잘 정착해 보다 많은 열매를 맺을 수 있도록 내실을 기하고 기존에 운영되던 과정은 효과성을 더욱 높이기 위해 변화를 두려워하지 않으며 나아가야 하는 숙제를 가지고 있다. 아시아의 세계대학, 선진형 프리미엄 교육을 위한 UIC의 경주는 앞으로도 계속될 것이다.

3. 글로벌 특성화 프로그램 확산: 글로벌인재학부, 글로벌신학원

글로벌 특성화 교육의 새로운 모델을 만들다

대한민국의 위상이 높아짐에 따라 한국에 대해 배우려는 해외 학생들의 수가 늘어나고 있으며 이런 학생들 중에는 한국 대학에 진학하여 한국 관련 공부를 하고자 하는 경우가 많다. 이런 학생들의 특징은 한국어를 배워서 한국 대학에서 한국어로 수업을 듣고자 한다는 것이다. UIC를 비롯한 연세대학교가 해외 학생들에게 제공하는 기본적인 교육 과정은 모두 영어로 수업을 제공하거나 한국 내 고등학교 졸업자들과 동일한 수업을 제공하는 방식이었다. 즉 아직 한국어가 능숙하지 않은 해외 학생들을 위한 한국어 수업은 거의 제공되지 않았었다. 또한 연세대학교에 지원하는 해외 학생들은 각 학과에 흩어져 있는 관계로 이들에 대한 행정적 지원이 어려운 상황이었다.

학문적 측면에서도 국내 대학 최초로 '한국학'Korean Studies이라는 분야를 시작하게 됨으로써 새로운 시대적 요구에 따라서 융합적인 새로운 학문 분야를 개척하는 의미도 지니고 있다. 2014년 초에 글로벌인재학부 준비위원회를 구성하여 적극적 홍보활동을 한 결과 2015년도 3월과 9월 두 차례의 학생 모집에서 225명의 학생들이 입학하였으며 이들의 국적 분포는 다음과 같다. 학생들의 구성은 해외에서 장기 거주하며 고등학교를 졸업한 대한민국 국민과 외국인들이다.

2015학년도 글로벌인재학부 입학자 국적분포

뉴질랜드	대만	대한민국	독일	말레이시아	멕시코	미국	싱가포르	예멘	오스트레일리아	합계
1	4	101	1	2	1	5	1	1	1	
우즈베키스탄	인도네시아	일본	중국	캐나다	타이	파라과이	페루	프랑스	홍콩	225
1	1	15	74	4	1	1	1	1	8	

글로벌인재학부의 학생들은 2학년 때 '한국문화'와 '국제통상'의 두 가지 전공 중에서 선택하게 된다. 교과 과정은 학생들이 1학년 기간 중에 한국어를 능숙하게 구사할 수 있는 능력을 배양하도록 구성되어 있으며 이에 따라 글로벌 인재학부의 졸업생들은 유창한 한국어 구사 능력을 보유하게 될 것이다.

대한민국의 위상이 높아지고 국제 교류가 증가함에 따라서 글로벌인재학부 학생들은 앞으로 대한민국과 자신이 거주했던 국가들 간의 가교와 같은 역할을 수행하게 될 것으로 기대된다. 연세대학교로서도 양적, 질적으로 과거보다 훨씬 우수한 해외 동문들을 갖게 됨으로써 진정한 글로벌 대학으로서의 위상을 높일 것으로 기대한다.

연세의 나눔 정신으로 제3 세계 기독교 지도자를 양성하다: GIT^{Global Institute of Theology}

연세 정신은 알렌과 언더우드 선교사의 기독교적 신앙과 가진 것을 모두 나누는 헌신의 자세와 더불어 출발했다. 연세 창립 130주년을 맞이한 2015년, 이런 연세 정신의 글로벌 지평을 확대하고 나눔의 수혜자였던 교육 기관에서 나눔을 실천하고 선도하는 교육 기관으로 거듭나기 위해 연세대학교는 GIT^{Global Institute of Theology}를 출범시켰다. 연세의 나눔 정신으로 제3 세계 기독교 지도자를 양성하기 위한 원대한 포부와 더불어 시작된 프로그램이다.

GIT의 설립 구상은 2013년 부산에서 개최된 세계교회협의회^{WCC}로 거슬러 올라간다. 한국이 세계 교회의 당당한 일원으로 자리매김했던 국제 대회 이후 세계 교회와 한국 교계의 지도자들이 함께 모여 글로벌 시대의 위상에 부합하는 새로운 교육 기관 창설에 합의하고, 연세대학교를 그 중심에 두기로 하였다. 서구 교회의 쇠퇴와 아시아 아프리카 교회의 현격한 부흥이라는 글로벌 기독교의 새로운 지평은 기존의 서구 중심의 신학 교육에서 탈피하는 제3의 신학이 필요한 시점이었고 그 중심에 한국 신학을 선도해 가던 연세대학교 신과대학과 연합신학대학원에 그 새로운 신학 교육의 청사진을 그리는 임무가 맡겨졌다.

세계 교회와 한국 교회의 요청을 수용한 연세대학교는 알렌과 언더우드 선교사의 나눔정신을 실천하고 무엇보다 "제2, 제3의 언더우드를 우리 힘으로 배출하자"는 목표를 실현하기 위해 GIT를 설립하게 되었다. 한국 최초의 신학 고등학위 수여 기관이었던 연합신학대학원은 세계교회협의회가 기금을 출연하여 1964년에 창립되었는데 GIT는 이 연합신학대학원 산하에 학위 프로그램으로 출발하게 되었다. GIT는 전체 학생이 신학 교육 소외 지역 출신의 외국인 학생으로 재학생 전원에 전액장학금을 지원하고 모든 수업을 영어로 진행하는 명실상부한 글로벌 신학 교육기관이다. 2015년 입학한 GIT의 첫 신입생의 전공과 교단, 그리고 출신 국가는 아래와 같다.

2015 GIT 입학자 출신 국가 및 교단

Degree	Sex	Nationality	Denomination	Major
Doctor	M	India	Baptist	Missiology
	M	Philippines	United Methodist	Biblical Studies
	M	Myanmar	LAI Baptist Church	Old Testament
	M	Uganda	Anglican	Practical Theology
	M	Malawi	Presbyterian	History/ World Religion
	M	India	Presbyterian	Systematic Theology/Missiology
	M	Myanmar	Presbyterian	Missiology
Master	M	Pakistan	Pentecostal	Practical Theology
	M	Philippines	Pentecostal	History/ Biblical Studies
	F	India	Presbyterian	Biblical Studies
	M	Nepal	Evangelical/Independent	Practical Theology
	M	Ghana	International Central Gospel Church	Practical Theology
	F	Pakistan	Presbyterian Church of Pakistan	Practical Theology
	M	Cameroon	Presbyterian	Systematic / History
	M	Burundi	Free Methodist	Biblical Studies
	M	Philippines	Evangelical Methodist	Biblical Studies
	M	Indian	Baptist	Missiology

2015년 3월에 열린 제1회 GIT 입학식을 시작으로 총 62명의 지원자 중 선발된 박사과정 8명, 석사과정 10명 등 총 18명^{아시아, 아프리카 10개국}이 GIT에서 학업을 시작하였다. 2015년 한 해 동안 15개의 수업에 10명의 해외 저명 교수가 초빙되었으며 13회의 특별강의가 진행되었다. GIT의 두 번째 연도가 되는 2016년 입학전형을 통해 103명의 지원자 중 박사 7명, 석사 10명 등 총 17명^{아시아 아프리카 10개국}이 선발되어 2016년에는 총 35명^{총 14개국}의 학생이 GIT에 재학하게 된다. 지난 2년간의 GIT 발전기금, 장학기금 총액은 약 15억 원에 이르며 많은 국내외 교회와 단체들이 GIT 장학 사업에 동참하고 있다. GIT의 첫해 진행된 2015년의 가을 학기 수업과 특별강의는 아래와 같다.

GIT 교육프로그램(2015년 2학기)

Fall	class	evaluation	Lecturer & Course Title
Regular Class	9/1–12/18		Core–Seminar (1) – Dr. Koog Pyung Hong (Yonsei University) "Interpreting Scripture in Today's Context"
Intensive Class A	9/1–9/18	9/21–9/25	Core–Seminar (4) – Dr. Young Min Paik (Yonsei University) "Christianity & Contemporary Culture: Science, Economy, Environment, International Conflicts"
Intensive Class B	9/28–10/16	10/19–10/23	Focus Class (BC) – Dr. Jung Mo Sung (San Paulo M. University) "Latin American Liberation Theology & Economic Justice"
			Focus Class (BC) – Dr. Lewis Rambo (San Francisco Theo. Seminary) "Converting: The Dynamics of Transformation"
Intensive Class C	10/26–11/13	11/16–11/20	Focus Class (BC) – Dr. Timothy Son (Princeton Theo. Seminary) "Principles of Teaching & Learning"
			Focus Class (BC) –Dr. Perry H. Hamalis (North Central College) "Christian Ethics & Moral Discernment in the Churches."
Intensive Class D	11/23–12/11	12/14–12/18	Focus Class (BC) – Dr. Suk–Hwan Jueng (Yonsei University) "Narrative Psychology & Pastoral Counseling"
			Focus Class (BC) – Bishop Hee–Soo Jung (UMC) "Comparative Study – Religions in Global Context"

2016년 1월 6일, 왼쪽부터 방사무엘 교수, 백영민 교수, 그레그 반스 프린스턴 신학대학원 총장, 정갑영 총장, 김상근 연합신학대학원 교수, 한태동 연합신학대학원 명예교수

GIT의 설립과 과정 운영 방향은 세계 교회의 변화와 그 맥을 같이하고 있다. 21세기 세계 기독교는 서구 교회의 쇠퇴와 남반부아프리카와 라틴아메리카 기독교의 발전, 그리고 중국 교회의 폭발적인 증가로 요약된다. 한국과 연세의 지리적 위치는 이러한 신학과 교회의 변화에 발맞추어 제3 세계 신학의 미래를 선도적으로 준비하고 신학자들로부터 세계 교회의 미래라고 평가받고 있는 중국 기독교를 위한 신학적 터전을 마련해 나가도록 요구하고 있다. GIT는 이를 실현하기 위한 세계 기독교의 신학적 발판이 될 것이며, 이를 공감한 미국의 명문 신학교인 프린스턴 신학대학원은 2016년 1월 초 GIT를 매개로 하는 '프린스턴-연세 공동 학위 프로그램'을 실시키로 합의하고 협정을 체결한 바 있다. 제2, 제3의 언더우드 선교사를 우리 손으로 교육시켜 세계 교회로 돌려보내자는 연세의 나눔 정신이 명문 신학대학과 협력할 수 있는 신학 교육의 새로운 계기가 된 것이다.

Ⅲ. 연구 생태계 조성

대학의 연구 역량은 교육과 더불어 글로벌 경쟁력을 좌우하는 가장 중요한 요인이다. 연구 역량을 결정하는 요인은 당연히 탁월한 연구자와 연구비, 시설, 기자재, 그리고 연구를 뒷받침할 수 있는 행정 지원 시스템 등이다. 세계적인 석학이 인류에 기여할 수 있는 큰 연구에 몰두할 수 있도록 적극적으로 지원하는 체계가 마련되어야 하며 석학의 연구 활동이 가장 존중받고 훌륭한 성과를 가져올 수 있는 생태계를 만드는 것이 중요하다. 즉 연구를 수행하는 주체가 스스로 연구에 집중할 수 있게 하고 좋은 연구 결과에 따라 승진과 보상이 이루어지며 이런 활동을 최우선으로 지원하는 생태계가 조성되어야 한다. 그러나 한국의 많은 대학들은 연구비가 절대적으로 부족하고 시설도 열악하여 연구 활동을 우선시하는 인사 행정 시스템이 취약한 경우가 많다. 제3 창학을 추진하며 연세대에서는 연구 활동을 기획 단계에서부터 실용화에 이르기까지 전 주기에 걸쳐 지원하고 본교와 의료원, 원주, 송도 등을 연결하여 다학제 간 연구를 활성화하는 융합연구의 확대, 사상 최대 규모의 교내 연구비, 그리고 성과에 연동한 승진 및 보상 체계를 강화하는 등 다각적으로 연구 생태계를 활성화시키기 위하여 노력하였다.

대학에서 연구는 새로운 지식을 산출하고 경제 사회적 문제를 해결할 뿐만 아니라 창의적 교육과 미래의 연구 인력 양성과 직결되어 있다. Internet of things 사물 인터넷에서 Internet of everything만물인터넷, 기계와 인간의 공생, 자율 주행차, 공중 영상, 우주에서 자라는 식물 등 하루가 다르게 발전하는 과학 기술은 물론 수세기 동안 미제로 남아있는 문제에 대한 창의적 해결 방안을 제시함으로써 삶의 변화를 가져오고 경제 발전과 사회적 난제를 해결하는 해답을 줄 수 있다. 따라서 다양한 학문 분야에서 연구력은 곧 경쟁력의 지표가 되고 있고 수많은 대학 평가에서 연구력은 가장 중요한 평가 지수가 되고 있을 뿐 아니라 연구 분야에서 경쟁 우위를 확보하는 것이 국가 발전을 좌우하는 지표로 여겨지고 있다.

이에 전 세계 주요 대학들은 전략적으로 연구 생태계를 조성하고 경쟁력을 높이기 위해 투자를 아끼지 않고 있다. 국내 최고의 사학 명문임을 자부하는 연세는 제3 창학을 맞이하여 국가라는 벽을 넘어 세계 수준의 연구 기관으로 거듭나기 위해 대학 내 연구를 활성화시키고자 하였다. 특히 급변하는 연구 환경에 능동적으로 대처하고자 연구 기획 단계에서부터 연구 성과의 실용화까지 연구의 전 주기에 걸쳐 지원하고자 하였다. 또한 신촌-의료원-원주-국제캠퍼스에 이르는 전 캠퍼스를 대상으로 창의적 융합연구 생태계를 조성하여 미래 선도적 연구를 지원함으로써 세계 수준의 연구 역량을 확보하고자 하였다.

연구 생태계 조성을 위해서 다양한 방면의 프로그램과 제도가 도입되었다. 연구력을 높이기 위한 개별 교수들에 대한 인센티브 프로그램의 도입, 연구 환경의 조성을 위한 연구 기관과 행정 체계의 정비, 연구비 신설, 그리고 기술 사업화 등의 복합적 노력이 제3 창학을 위한 연구 부문의 핵심 내용이 되었다.

연구 진작을 위한 계획은 전체 교수들의 연구 단절을 방지하고 지속적 연구를 장려하는 데 초점이 맞추어졌다. 정년이 보장된 이후에도 계속 연구에 정진하여 그 성과가 높은 교수들을 위한 정교수 인센티브 프로그램을 도입하고 퇴임 전의 연구력이 높은 교수들을 위한 명예특임교수 제도도 신설하였다. 세계적으로 연구력이 대학 경쟁력의 핵심 지표가 되는 현실을 감안해 세계적 연구에 대한 선별적 인센티브도 강화하였다. 연구력 평가에 있어서 인용 지수를 포함하였으며, NSC 게재 논문에 대해서는 파격적인 우대를 실시하였다.

연구 환경의 조성을 위해서 One-stop 연구행정 지원 제도를 정비하고 공동기기원을 정비하였으며 공동연구 기관을 확장하였다. 또한 교내의 융합연구를 진작하기 위해서 미래융합연구원을 설립하였다. 연구비 측면에서는 창학 이래 최대 규모인 미래선도연구사업을 새롭게 실시하였다. 연구 성과의 산업화를 촉진하기 위해 기술지주회사 조직을 더욱 강화하고 창업 지원을 보다 효율적으로 추진하여 소기의 성과를 달성하였다.

연구 전주기 지원 프로그램

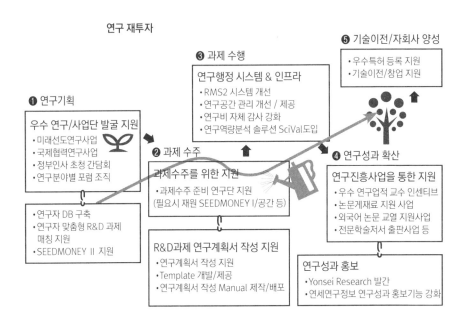

연구 재투자

❸ 과제 수행

연구행정 시스템 & 인프라
- RMS2 시스템 개선
- 연구공간 관리 개선 / 제공
- 연구비 자체 감사 강화
- 연구역량분석 솔루션 SciVal도입

❺ 기술이전/자회사 양성
- 우수특허 등록 지원
- 기술이전/창업 지원

❶ 연구기획

우수 연구/사업단 발굴 지원
- 미래선도연구사업
- 국제협력연구사업
- 정부인사 초청 간담회
- 연구분야별 포럼 조직

- 연구자 DB 구축
- 연구자 맞춤형 R&D 과제 매칭 지원
- SEEDMONEY Ⅱ 지원

❷ 과제 수주

과제수주를 위한 지원
- 과제수주 준비 연구단 지원 (필요시 재원 SEEDMONEY I/공간 등)

R&D과제 연구계획서 작성 지원
- 연구계획서 작성 지원
- Template 개발/제공
- 연구계획서 작성 Manual 제작/배포

❹ 연구성과 확산

연구진흥사업을 통한 지원
- 우수 연구업적 교수 인센티브
- 논문게재료 지원 사업
- 외국어 논문 교열 지원사업
- 전문학술저서 출판사업 등

연구성과 홍보
- Yonsei Research 발간
- 연세연구정보 연구성과 홍보기능 강화

R&D 정보 제공
- 연세연구정보발간
- 주요 R&D과제 공고

연구 관련 교육 강화
- 연구자 대상 R&D 교육
- 연구행정시스템 교육

연구윤리 시스템
- 연구윤리지원단
- 전자연구노트

1. 세계 수준의 연구 역량 확보

「미래선도연구사업」 시행

「미래선도연구사업」 제3의 창학을 달성하기 위해 연세는 세계 최고 수준의 연구 수월성 확보를 핵심 목표로 추진하였다. 이를 위한 대표적인 연구지원사업으로써 연세 대학교만의 선도적이고 창의적인 연구를 통해 글로벌 리더 대학의 위치를 공고히 하고 창조경제 실현과 사회 문제 해결에 선도적 역할을 수행하는 것을 목표로 2014 년부터 연간 45억 원, 5년간 225억 원 규모의 교비를 투자하여 신촌, 원주, 의료원 전 캠퍼스가 참여하는 교내 연구 사업인 '연세 미래선도연구사업'을 시작하였다. 이 중 연 15억 원 규모의 글로벌 특성화 사업은 대학원이 주관하여 추진하고 있으며 이를 제외한 연 30억 원 규모의 6개 세부 사업은 연구처가 주관하여 제안서 평가를 통해 지원 사업을 선정·지원하고 있다.

　　미래선도연구사업에서는 그 규모와 중요성을 감안하여 계획 단계에서부터 공 정성을 확보함은 물론 선정 평가에서도 효율적이고 객관적인 평가를 위해 각별한 주 의를 기울였다. 이를 위해 1차 서면 평가는 '암맹평가'로 하고 발표 평가의 평가 위원 전원을 외부 연구자로 위촉하여 평가의 공정성을 유지하였다. 동시에 원활한 평가 진행을 위해 평가에 참여하지 않는 교내 위원을 분과별 위원장으로 선임하여 효율 적이면서도 객관적인 평가가 이루어질 수 있도록 하였다. 당시 직접 심사에 참여한 평가 위원들은 아래와 같은 심사평을 남겼다.

- "우리나라 대학의 학문 선도성을 위해 필요한 사업이라고 생각됨. 연세대 연구의 경쟁력을 크게 강화하는 사업으로 판단 됨"
- "발표 평가 시 분야별로 외부 심사위원들을 다수 위촉하여 객관성을 높였다고 봄. 아울러 외부 소속의 동문 연구자들에게 모교 학문 발전에 대한 관심을 높여주는 계기를 제공한다는 긍정적 평가 가능"

- "학교 전체가 창의적 연구를 독려하고 학문적 분위기를 조장할 뿐 아니라 사회에 공헌하려는 의지가 엿보임", "교내 연구를 이와 같이 투명한 과정을 통해 선정한다는 점이 높이 평가할 만함"
- "대학에서 해야 하는 사업이라고 생각되며 취지에 공감함"
- "대형 과제 수주를 위한 대학 내의 투자가 매우 좋아 보임"

미래선도연구사업 지원 현황

년도	구분	리더연구자	Challenge	융합연구	국제협력	산업체	자유과제	계
2015	지원	55	72	7	36	10	21	201
	선정	12	24	0	9	4	3	52
	선정률	22%	33%	0%	25%	40%	14%	26%
2014	지원	107	92	21	46	9	56	331
	선정	9	27	9	7	4	9	65
	선정률	8%	29%	43%	15%	44%	16%	20%

　　교학부총장을 위원장으로 하는 총괄평가위원회에서는 신규 과제를 최종 선정하였다. 신규 과제 선정에는 과제 제안서의 정량적 평가와 더불어 세부 사업별 취지와의 부합성도 주요 평가 항목으로 고려되었다. 예를 들어 자유 과제의 경우 연구 수월성 제고와 사회적 파급 효과가 큰 대형 연구 사업 기획과 연구소 단위 연구 사업을 자율적으로 제안하는 취지에 맞는 과제 선정을 위해 노력하였다. 문제 해결형 융합연구 지원 사업의 경우 사회 문제 해결에 기여할 학문 간의 창조적이고 도전적인 융합연구를 목표로 선정하고자 하였다. 2014년과 2015년의 미래선도연구사업에는 리더연구자 지원 사업, Challenge 지원 사업, 국제협력연구 지원 사업, 문제 해결형 융합연구 지원 사업 등 총 117개 과제에 42억 원의 지원이 결정되었다.

　　본 사업을 통해 연세대학교가 세계 사립대학 20위의 명문 대학으로서 사회적 난제를 해결하고 정부와 민간 연구를 이끌어가야 하는 사회적 책무에 부응할 것이며 정부와 민간 연구 수주를 통해 해결하지 못하는 대학 연구 사업의 새 모델이 제시된 만큼 이 사업은 '연세만의 연구진흥 사업'으로 정착될 것이라 기대한다.

연구 진흥을 위한 Positive Incentive 시스템 구축

정교수 인센티브 프로그램 신설 세계적 연구 중심 대학이 되기 위해서는 우수 연구 인력 확보가 핵심이다. 따라서 국내는 물론 전 세계 대학에서 우수 연구자의 양성을 위해 주요 정책이 조용하지만 차근차근 시행되고 있다. 서울캠퍼스 정년트랙 전임 교원_{의료원 제외} 중 약 70%를 차지하는 정년 보장된 정교수 및 부교수들의 연구를 장려하고 연구 성과를 높여 대학교의 전반적 연구력 향상을 도모하기 위하여 다양한 정교수 인센티브 제도를 신설하였다. 정교수 인센티브 제도는 정교수의 업적 시기를 3시기로 나누어 평가하도록 되어 있어서 정교수 승진 이후에도 퇴임 시까지 지속적으로 높은 수준의 연구 성과를 내도록 장려할 수 있는 여건을 조성하게 되었다.

2013년 1학기에 명예특임교수 제도를 신설하였다. 만 64세에 도달한 정교수를 대상으로 과거 5년간의 연구, 교육, 봉사 업적을 종합적으로 평가하여 해당 연령 정교수의 20% 범위 이내에서 선발하고 정년 퇴임 후 5년간 전임 교원과 거의 동일한 처우로 임용하여 사실상 정년 연장의 기회를 부여하고 있다. 2015년 현재 5명의 명예특임교수가 임명되어 국제캠퍼스에서 교양 과목을 지도하고 있다.

또한 2013년 2학기에는 연구·교육·봉사 업적이 탁월한 교원을 대상으로 한 공헌 교수상 시상 제도를 신설하였는데, 만 53세[1단계] 및 만59세[2단계]에 도달한 정교수를 대상으로 20%를 선발해 1호봉 특별 승봉 혜택을 부여하였다.

2015년 1학기에는 명예특임교수 제도에 연구 트랙과 외국인 석학 트랙을 신설하였다. 연구 트랙 명예특임교수 제도를 통해 교내 연구력 최상위 교원에 대하여 퇴임 후에도 전임 교원에 준하는 연구 여건 및 처우를 지원한다. 이 제도의 도입으로 연구 실적이 탁월한 교원은 65세 이후에도 지속적인 연구 활동을 할 수 있게 되었다. 또 외국인 석학 명예특임교수는 과거 탁월한 국제 학술지 게재 실적이나 두드러진 교육·연구 실적을 보인 65세를 초과한 외국인 연구자를 전임 교원으로 임용하며 전임 교원에 준하는 교육 및 연구 여건을 지원한다.

우수 연구 저역서 지원 사업 신설 및 우수 연구 논문 지원 사업 강화   2015년에는 우수 연구 저·역서 지원 사업을 신설하여 기존 논문 평가에 치우친 인센티브 제도를 보완하여 논문과 저서를 아우르는 종합적인 인센티브 체계를 구축하였다. 신촌 및 국제캠퍼스 전임 교원과 명예특임교수를 대상으로 우수 연구 저·역서에 대하여 저서별로 최대 500만원까지 금전적 인센티브 지원한다. 기존의 우수 연구 논문 지원 사업도 대폭 강화하였다. A&HCI, SSCI, SCI 논문 인센티브 IF 구간을 세분화하여 금액을 상향 조정하였고, 인센티브 지급 시기를 연 1회에서 연 2회로 확대하였다. 특히 NCS 저널 인센티브를 기존 1000만 원에서 3000만 원으로 대폭 증액하였다. 또 이공계 학진등재지 게재 인센티브 제도도 신설하여 해당 업적을 주요하게 반영하는 중앙일보 평가 등에 대응할 수 있도록 하였다.

우수 업적 교수상(연구부문)   연구 부문의 과거 1년간의 업적을 평가하여 연 100명 내외^{최우수 10명, 우수 90명 내외}의 교원에게 시상한다. 통합 업적, 논문, 연구비, 저·역서, 산학협동, Hi-Ci 분야로 구분 300만 원^{단, 논문 분야 최우수는 400만원}의 상금을 수여하고 교직원 수양회에서 시상식을 개최한다. 2015년의 경우 11명의 교수가 최우수 업적 교수상을, 89명의 교수가 우수 업적상을 수상하였다.

Hi-Ci Award^{Highly Cited Researcher Award} 2015 신설   연구력의 평가는 그동안 논문의 수에 의존하다가 질적 평가를 위해 논문이 발표된 저널의 Impact Factor를 평가 요소로 추가하였다. 연구의 질을 심도 있게 평가하기 위해서 연구자가 발표한 논문이 다른 논문에 인용^{citation}되는지를 나타내는 인용 지수가 최근 평가에 주요 지표로 사용되고 있다. 연구의 질적 기준을 강화하고 자주 인용되는 논문 발표자에게 명예를 주기 위해 명예 중심 포상제도 도입하였다. 본교 재직 교원의 논문 가운데 직전 3년 간 분야 상위 1% 논문^{원저, 종설에 한함} 중 인용 수 합산 점수 상위 10명을 선정하여 Hi-Ci Award를 시상하고 있다.

One-stop 연구 행정 지원

연구자가 신명나게 창의적 연구를 수행하기 위해서는 연구비 지원이나 연구 정보 제공 외에도 연구 공간은 물론 연구 사업 수주를 위한 행정 지원, 산학협력단의 연구 과제 및 정산 지원, 기술지주회사의 특허 업무 및 기술 지원 등 연구자의 입장에서 연구 행정을 지원하는 제도가 필요하다. 이 중에서도 연구 행정 지원은 연구자가 연구의 창의성과 핵심 아이디어 및 전략 도출에 몰두할 수 있도록 도움으로써 사업 수주 선정 확률을 높이는 데 크게 기여한다.

특히 사업계획서 작성 시 연구 행정 지원이 큰 역할을 하게 되는데 주요 연구 사업계획서 작성 시 학교의 지원 의지 부분을 연구자에게 알려 계획서에 포함토록 하는 것이 매우 중요하며 과제 선정에도 큰 영향을 미치게 된다. 학교의 지원은 주로 연구 공간과 사업단장의 책임 강의시 수 감면, 연구소 설립 지원, 운영 자금 및 행정 인력 지원 등을 아우르며 이는 교무처, 기획실 등 여러 관계 부서의 긴밀한 협조를 필요로 한다. 제3 창학의 과업을 달성하고 연구 수주의 확대 및 행정 선진화를 위해 연구처를 중심으로 해당 부서가 모여 연구 계획서 제출 전에 연구 계획서 학교 지원 부분이나 기초 자료를 작성하여 연구 책임자에게 제공하였다. 이로써 연구 책임자가 각 부서를 돌아다니며 지원 확약을 받아야 하는 시간 낭비와 불편을 해소하고 연구 사업계획서의 창의성과 추진 전략 등 핵심 부분 작성에 더 집중하여 사업 수주 경쟁력을 높일 수 있었다. 이는 IBS를 비롯하여 우수 연구센터나 인력양성사업^{ERC.}

SRC, SSK, 리더 연구자 사업, 해외 신진 연구자 유치 사업 등 유치에 큰 성과를 내었고, one-stop 연구 행정 지원 제도를 확립하는 기반이 되었다.

　　이를 계기로 연구처 중심 사업뿐만 아니라 타부서 중심의 사업에도 관련 부서들이 능동적으로 지원하는 시스템으로 발전하였다. 일례로 대학원 중심의 BK 사업, 기획실 중심의 대학 평가 준비, 교무처 중심의 우수 연구자 발굴, 국제처 주관의 국제 공동 연구 및 해외 네트워크 확대, 시설처 중심의 연구 공간 시스템, 대외협력처의 연세 연구력 및 우수 연구자 홍보 등 일일이 열거하기 어려운 다양한 교내 업무에서 연구 관련 업무를 함께 고민하고 정보를 분석하며 대학의 선진화를 위해 협력하는 체계가 구축되었다. 이 과정에서 일상의 과중한 업무에 추가로 주어진 관련 업무를 야근과 주말도 마다하지 않고 학교를 위해 온 정성을 다해 애써 준 관련 부서 직원들의 노력과 열정이 큰 역할을 하였다. 이러한 One-stop 연구 행정 지원은 향후 연구 사업계획서 작성 지원과 성과 확산까지 확대되고 무엇보다 연구자가 창의적 연구에 집중할 수 있도록 보다 전문적인 지원 체계를 확립하는 데 중요한 자산이 될 것으로 기대된다.

연구 인프라 개선: 공동기기원과 공동연구 시설 확대

공동기기원　연구의 3대 요소는 연구원, 연구 환경, 연구비라고 할 수 있다. 연구 환경으로는 연구를 할 수 있는 공간과 실험 결과를 분석하고 지원하는 연구 장비를 들 수 있다. 2008년 연구처 산하로 공동기기원을 설립하면서 제3 창학에 맞춰 고가의 첨단 연구 기기를 확보하여 연구 인프라를 구축하고 연구 기기들을 효율적으로 공동 활용하는 제도를 도입하였다. 공동기기원은 최고 수준의 NMR, TEM, X-Ray Diffraction Analyzer 등 약 100억 상당의 연구 장비를 보유하고 유기 분석, 무기 분석, 바이오 분석, 그리고 표면 분석 등의 분야에서 전문화된 서비스를 제공하며 정기적인 기기 교육의 기회를 제공하고 있다. 분석 지원 업무로 자립 운영 체제를 갖추었을 뿐만 아니라 KOLAS 국제 인증 획득 준비 등 세계적인 수준의 분석 기관으로서의 위상을 확보해 나가고 있다. 이와 더불어 멀티 캠퍼스 공동 장비 활용 거버넌스를 구축하여 신촌 및 국제캠퍼스 소속 기관들이 보유한 장비들에 대해 공동기기원 운영예약 시스템에 등록하여 누구나 사용이 가능하도록 할 계획이다.

공동기기원 고가 장비 보유 건수 및 향후 확장 계획

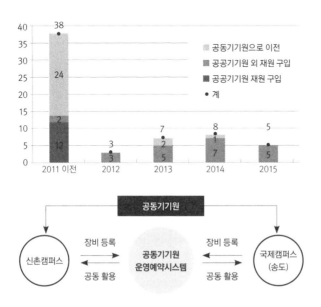

공동연구 공간　연구 공간은 주요 연구 사업계획서상 학교 지원 내역에 포함되는 연구 수행에서 매우 중요한 요소이다. 우리 대학은 첨단과학관, 공학원, 과학원 등 전문적인 연구 시설을 갖춘 공간이 마련되어 있고 대형 이공계 사업단에 연구 공간을 제공하고 있다. 그럼에도 불구하고 이공계 교수 1인당 실험 공간은 주요 대학에 비해 적은 편이며 연구에 필요한 장비 구축이나 실험 시설 구축에 어려움이 많았다.

다행히 백양로 재창조 사업, 공과대학의 남북윙 증축 이과대 증축 등에 따라 연구 공간이 증가하여 어느 정도 해소되는 효과를 가져왔다. 연구 공간이 연구 수월성 확보에 주요소이므로 정부의 주요 사업에서도 학교의 공간 지원 여부는 중요 평가 지표가 되고 있다. 이에 연구처에서는 학교의 공간 지원에 대한 가이드라인을 정하여 연구 공간을 지원하게 함으로써 매년 정부 사업에 대해 미리 대응하였다. 이를 통해 연구자들도 주요 연구 사업을 통해 아이디어를 실험하고 완성시킬 수 있는 platform을 미리 계획하게 된다. 사업단 연구 공간은 공용 공간이므로 사업단이 종료되면 1년 후에 반납하여 다른 연구단이 활용하도록 공간위원회가 관리하고 있다.

융합지식의 새로운 지평을 열기 위한 미래융합연구원 미래융합연구원은 인문, 사회, 자연을 망라하고 기초와 응용을 아우르는 다양한 학문의 융합을 이루고자 2013년 설립되었다. 미래융합연구원은 Bottom-up 방식의 자율적 연구 공동체로 대학 내 융합연구를 활성화하는 연구 인프라로 자리매김하게 되었다. 2015년 47개 연구센터, 510명의 교수가 참여하였으며 신촌캠퍼스, 의료원, 원주캠퍼스, 국제캠퍼스를 망라하는 연구자들 간의 자유로운 소통과 창의적인 아이디어 교류를 통해 고령화, 에너지, 기후, 식량 등 전 지구적 문제에 대응하기 위한 다양한 연구들이 전개되고 있다.

특성화 인재·융합연구 활성화 세계 명문대학과 어깨 나란히(동아일보, 2015. 3. 31)

특성화 인재·융합연구 활성화 세계 명문대학과 어깨 나란히

기초과학연구원^{IBS} 설립 및 해외 연구 기관 유치

IBS^{기초과학연구원} 유치 IBS는 세계 최고 수준의 기초과학 연구를 수행하고 이를 통해 대한민국에 창조적 지식 확보와 우수 연구 인력 양성에 기여하기 위하여 2011년 설립된 우리 나라의 최고의 기초과학 연구 기관이다.

연세과학원(Y-IBS)의 비전

Y-IBS: Beyond 1st class pride

• 100년을 바라보는 세계 최고의 연구소
• 세계 10위권 기초과학연구소로 도약

나노의학연구단

나노과학   바이오

미래과학의
INNOVATION

New Science 창출

Y-과학원은 나노과학과 바이오의 융합 연구를 통해 학문간 시너지를 극대화하여 현대 의학의 난제를 해결하는 New Science를 창출, 세계적 수준의 기초과학연구소로의 도약을 목표로 하고 있다.

21세기 지식기반 사회에서 창조적 지식이 일으키는 파급 효과는 무궁무진하고 글로벌 경쟁력도 새로운 개념의 지식을 창출하는 데서 나온다. IBS는 융합화라는 21세기 추세에 맞춰 세계적 수준의 우수한 과학자들이 한 곳에 모여 장기·집단 연구를 수행할 수 있도록 설계되었다. 특히 IBS는 과제 수주의 개념이 아닌 '국가연구소'의 개념으로 별도의 연구 종료 시한이 없다는 '지속성'을 특징으로 하고 있다. 따라서 100년을 바라보는 기초과학 연구소의 설립이 가능하며 세계적 연구 결과의 창출이라는 비전을 현실화하는 기반을 제공한다. 이를 통해 대한민국이 극복해야 할 과제로 대두되고 있는 '빠른 추격자^{fast follower}에서 창조자^{creator}로의 전환'을 선도할 수 있을 것으로 기대된다.

연구 역량 강화를 위해 노력해 온 연세대학교는 제3 창학을 맞아 2014년부터 본격적으로 연구단 유치 TFT를 가동하였고 마침내 2015년 3월 나노의학연구단Center for Nanomedicine을 유치하였으며, 화학과 천진우 교수언더우드특훈교수가 나노의학 연구단의 단장으로 선임됨으로써 세계적 수준의 기초과학 연구의 교두보를 확보하게 되었다. 이로써 2015년부터 연세대학교는 매년 약 100억 원의 연구비를 지원받게 되었고, IBS의 '지속성' 원칙에 따라 동일한 지원이 향후 계속 유지될 전망이며, 연구단장의 연속적 승계 또한 가능하기 때문에 100년을 바라보는 연세-IBS의 기반이 조성된 것이다.

연세대학교는 IBS의 비전을 달성하고자 '세계적 융합연구 및 교육 지원 모태 기관'인 Yonsei^Y-과학원 조직을 신설하였다. Y-과학원은 행정적 독립성을 보장받는 총장 직속 기관으로 나노의학 연구단의 운영, 교육, 연구단 추가 유치 등을 지원한다. Y-과학원의 장기적 발전을 위해 1,300평 규모의 최첨단 landmark 전용 연구 공간인 Y-IBS신축, 연구단 운영을 위한 행정 인력 및 비용 지원, Y-과학원 소속 교수 및 대학원 학사 단위나노물질의생명협동과정 등을 지원하고 있다. 이로써 연세가 창조형 과학의 선진화를 선도하며 연구의 질적인 수준에서 선진국과 어깨를 겨룰 수 있는 기반을 구축하였다.

Y-과학원의 궁극적인 목표는 '연세대학교에 세계 Top 10 수준의 융합 기초과학 연구소'를 창출하는 것이다. 구체적으로 미래지향적 융합과학의 기반을 확립하며 '혁신적 나노물질의 설계·합성 및 생명에 적용을 통한 새로운 과학 창출'을 추구하고 있다. 나노는 생명 현상의 신호처리, 조절, 접근에 있어 근본적인 이해를 가능케 하는 유용한 개념이기 때문에 생명 현상을 관찰할 나노 물질 및 장비 설계를 통해 과학계와 의학계에 새로운 혁신을 제시하고자 한다.

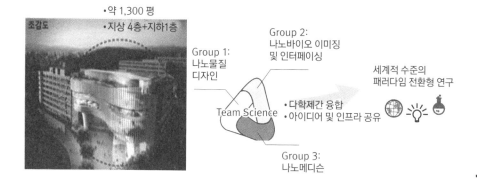

'Open Space, No Barriers' 개념의 Y-IBS관 조감도 및 융합연구 개요

Y-과학원은 학제 간 Team Science를 위해 'open space' 개념의 첨단 연구 건물을 구축하고 연구 idea, 시설, 장비 등을 공유하여 기초과학에서 선진국을 뛰어넘을 패러다임 전환형 연구를 수행한다. 'Open Space'와 'Science without Barriers' 개념을 실현하기 위한 첨단 연구 건물의 건축과 연구 장비 등 융합연구의 터전을 구축하여 학문 간 시너지를 극대화하고 'New Science'를 창출하는 세계적 수준의 기초과학 연구를 수행할 계획이다.

우리 대학교는 IBS 유치로 한국 최고의 국립연구소를 본교에 설립하여 국가의 전폭적이며 장기적인 재원과 연구 시스템을 확보하였다. 이는 앞으로 기초과학에서 연세가 한국 최고를 뛰어넘어 선진국 수준의 패러다임 전환형 연구를 할 수 있는 기반을 연세대학교에 조성했다는 의의를 지니고 있다.

GBRL^{Global Basic Research Lab} **유치** US AFOSR^{Air Force Office of Scientific Research}의 연구소 설립 유치를 위해 협력 관계를 구축하고 국내에서는 처음으로 GBRL^{Global Basic Research Lab}을 유치하였다. GBRL은 전 세계 우수 연구자의 국제 협력연구를 지원하기 위해 AFOSR이 각 국에 설치·운영하는 연구소로 연구원 파견 및 연구 과제 지원 등을 포함한 3단계, 총 10년 이상의 연구 지원 프로그램으로 구성되어 있다. 현재까지 연세대 교원 3인기계공학, 신소재공학, 화학이 연구 지원을 받고 있다. 2016년 미국 측 공동연구자가 연세대를 방문하여 연구를 수행할 예정이며 향후 US AFOSR 산하 우수 연구 센터로 확대 가능성을 논의 중에 있다.

국내외 협력 공동연구 활성화

연세대-서울대 협력연구　우리나라의 교육과 연구를 선도하고 있는 우리 대학과 서울대학교가 협력하여 미래 사회 난제 해결을 위한 도전적 협력연구 사업을 추진하기로 양교 총장단이 합의함으로써 연세대-서울대 협력연구 프로그램을 추진하게 되었다. 총 사업비 50억 원5년간, 연 10억 원을 투자하여 약 50여 개의 공동연구 과제 제안 중 다음과 같이 사회적 문제를 과학 기술적 방법으로 해결할 수 있는 과제들을 선정하여 지원하였다.

연세대-서울대 협력연구 프로그램

구분	연세대학교		서울대학교	
	연구책임자	과제명	연구책임자	과제명
인문 사회	진영재	통일대비 한반도 지정학(地政學)과 국가전략	신범식	통일시대를 향한 한반도 해륙복합국가 건설의 네트워크 전략
	김성호	지속가능한 행복사회를 위한 대한민국의 미래 국가개조	전상인	지속가능한 행복사회를 위한 대한민국의 미래 국가개조
과학 기술	최헌진	미래 사회의 신경 및 뇌질환 치료를 위한 신경 인터페이스 나노 소자 개발	이규철	나노-바이오 시스템 인터페이스 소자 개발을 위한 나노구조 제조 및 특성
	이한웅	노령화 사회 – 젊게 사는 프로젝트; 불멸화 유전자 연구	공영윤	노화 및 퇴행성질환 통합연구
	안순일	지구는 기후변화에 대하여 지속가능한가?	김광열	기후변화에 대한 분석과 대응전략

스위스 제네바대학 및 호주 시드니대학과의 국제협력연구　스위스 제네바대학 2013년 7월, 호주 시드니대학2015년 4월과 전략적 파트너십을 체결하고 상호 해외사무소

설치 및 공동기금을 통한 국제 협력연구를 실시하고 있다. 국제 협력연구 사업을 통해 해외 연구자들과 공동연구와 네트워크를 확대하는 것이 이 사업의 주요한 목적이며, 협력 대학에서 각각 연구비의 반을 지원하며 다음과 같은 연구 사업에 약 10만 달러를 지원하고 있다.

전략적 파트너 대학과의 국제협력연구 사업

공동연구대학	연구책임자	선정과제명
스위스 제네바대학	허경진	Global Korean Studies Research Lab
	원영신	Health Culture Promotion and Globalization Initiative
	서길수	Think Design
호주 시드니대학	이태윤	Implantable artificial electronic skin for an ubiquitous healthcare system
	손 알로 이시우스	Materials at the nanoscale for optics and quantum science
	이상국	Resettlement of Burmese Refugees in South Korea and Australia: A Comparative Study

연세대-코펜하겐대 공동연구 사업 해외 우수 연구 기관인 코펜하겐대학과의 공동연구를 통해 연세의 연구 역량을 강화하고 우수한 연구 성과를 창출하기 위하여 연구 교류 및 워크숍 참여를 통해 새로운 연구 분야를 개척하고 있다. 이외에도 교육 국제화에 발맞추어 연구 분야에서의 국제 협력을 활성화하기 위하여 국제 공동연구 발전 계획을 수립하여 향후 우수 공동연구가 도출되는 토대를 마련하였다.

연세-코펜하겐대 협력연구 사업 추진

분야	세부 연구분야	참여 연구자	
		연세대	코펜하겐대
The Arctic	거버넌스, 자원개발, 환경, 정치경제적 변화 등	5명	8명
Social Welfare	아동복지, 연금정책, 빈곤해결정책, 성평등, 복지수단 등	5명	10명
Food	식품안전, 영양, 첨가제 등	2명	미정
Plants	식물학, 생물학 등	5명	8명
총계		17명	26명

원주캠퍼스 연구 역량 강화

연세 제3 창학이 목표로 하는 선도적 연구 역량 및 융복합 연구와 산학협력의 강화를 추진하기 위하여 원주캠퍼스도 연구의 산업화와 융합화, 중점 연구 분야의 육성을 연구 부문의 최우선적 사업 목표로 삼고 추진하였다. 원주캠퍼스의 한정된 연구 인력과 시설을 보다 효율적으로 활용할 수 있도록 융복합 연구를 위한 학문 클러스터를 구축하고 대외적으로 경쟁력을 갖춘 특성화된 중점 연구 분야를 육성하며 이를 위하여 관련 제도와 기구를 정비하고 연구 진흥을 위한 정책을 개발해 나가는 데에 역점을 두었다.

융복합 연구를 위한 학문 클러스터로서 이공계의 과학기술대학과 보건 과학대학 및 원주의과대학의 여러 전공과 연구소들이 유기적으로 연합하여 Bio-Health Science Park를 형성하고, 인문사회계의 인문예술대학과 정경대학 및 동아시아국제학부EIC가 연구력을 모아 Development and Mission Park를 형성해 나가는 장기 플랜을 수립하였다. 그리고 양대 학문 클러스터를 실질적으로 추진해 나갈 엔진으로써 분야별 융합연구원을 발족시켰는데, 이공계 3개 대학 산하 5개 연구소가 통합하여 2013년에 바이오메디칼웰니스 융합연구원IBMW, Institute of Bio-Medical Wellness을 개원하였고, 인문사회계의 학문 클러스터를 위해서는 이미 활동 중인 대학교 부설 빈곤문제국제개발연구원IPAID, Institute for Poverty Alleviation and International Development이 그 역할을 담당할 것으로 기대를 받고 있다. 특히 빈곤문제국제개발연구원은 제3 창학 기간에 2단계 대학중점연구소사업2013. 9. 1~2016. 8. 31에 선정되어 7.9억 원의 사업비를 지원받는 중견 연구원으로 자리 잡게 되었다.

2012년 연세대학교 원주산학협력단이 하나의 법인으로 독립되면서 원주캠퍼스 교원들의 연구 진흥과 산학협력을 위한 각종 지원 체제와 조직 개편이 빠르게 진행되었다.

원주산학협력단 조직 확대 및 지원 체계 개편

구분	일반 사항	특허/기술이전
2012년	연세대학교 원주산학협력단 법인 독립 산학협력단 조직개편 및 인력확충	특허·기술이전 업무 이관 무형자산 권리변경 진행 특허활성화 정책 시행
2013년	연구정보시스템(RMS2)개발 및 오픈 장비도입 심의위원회 구성 원주인문학센터 및 기후금융연구원 설립	지재권심의위원회구성 기술이전 확대를 위한 외부기관 활용

이어서 교원의 연구 진흥을 지원하기 위한 여러 프로그램이 마련되었는데 교외 연구 과제 지원 사업, 외국어 논문 교정 지원 사업, 논문 게재료 지원 사업, 국제 학술 회의 참가 경비 지원 사업, 외국 석학 초청 경비 지원 사업, 전문 학술 저서 출판 지원 사업, 정책 연구 지원 사업, 학술행사 개최 지원 사업, 신임 교원 연구 정착금 지원 사업, 박사후 연구원 지원 사업 등이 그 예라 할 수 있다. 이 같은 노력에 힘입어 2012~13년 BK21 플러스 사업 유치 경쟁에서 원주캠퍼스 교원이 사업단장으로 있는 7개 사업단이 선정되는 좋은 결과를 낳았다.

원주캠퍼스 BK21플러스 사업 선정 결과

사업기간: 2013. 9. 1 ~ 2020. 8. 31(약 7년간, 3+2+2)

유형	대학	학부(과)	사업단(팀)				연간 사업비(억원)
			분야	구분	단(팀)장	참여교원수	
미래기반 창의인재 양성형	인문예술	역사문화학	인문사회	사업팀	왕현종	4	13.9
	정경	글로벌행정학	인문사회	사업팀	한상일	5	
	과학기술	컴퓨터정보 통신공학	과학기술	사업팀	박영철	4	
	보건과학	환경공학	기타중점	사업단	서용칠	11	
		방사선학	과학기술	사업팀	정용현	3	
		임상병리학	과학기술	사업팀	이혜영	7	
특화전문 인재양성형	보건과학	의공학	과학기술	사업단	정병조	16	5
계		7사업단(팀) 선정: 사업단 2, 사업팀 5					18.9

2. 연구 성과의 산업화와 산학협력 교육 강화

기술지주회사 활성화 및 대학 기술지주회사 리더로 성장

국내 최초 기술 사업화 전담 회사 설립 연세대학교는 대학이 보유한 우수한 기술을 실용화하고 산학협력 활성화를 통해 국가 산업 발전에 기여하고자 제3 창학과 함께 산학협력단의 기술이전조직 ^{TLO} 을 기술지주회사로 이전·통합하여 2013년 3월 국내 대학 최초로 산학협력단과 분리된 기술 사업화 전담 회사를 설립하였다. 기술지주회사는 대학이 보유하고 있는 창의적 자산에 대한 전문화된 특허 관리와 창업, 자회사 경영 및 기술 이전을 통해 적극적으로 사업화하여 수익을 창출하고 이 수익을 연구 개발 및 연구 역량 제고를 위해 재투자하였다. 지주회사 설립 4년 만에 흑자 구조로 전환할 수 있었을 뿐만 아니라 창업지원단과 협력하여 연세대학교 재학생 및 졸업 생의 창업을 지원함은 물론 양질의 취업 기회를 제공하게 되었다. 특히 연구중심 대학으로 자부하는 우수한 연세대 교원이 보유하고 있는 첨단 기술을 기반으로 한 자회사가 설립되면서 연구 성과의 사업화 및 기술 이전에서 탁월한 성과를 거둘 수 있었다. 또한 사업화 유망 기술 발굴 프로그램과 국내외 투자 자본과 결합을 통해 건전한 수익 모델을 창출함으로써 대학의 재정 안정과 연구 역량 강화에 기여할 뿐만 아니라 우수 기술을 실용화함으로써 사회에도 공헌하는 두 가지 비전을 동시에 성취할 수 있는 토대가 마련되었다.

교원의 우수 기술을 기반으로 설립된 자회사는 지속적으로 기술 및 경영, 법률, 투자 등의 지원 프로그램을 개발하였다. 투자, 연구 기술, 경영 등의 다양한 분야의 교내외 전문가들로 구성된 산학협력자문위원회를 발족하여 기술 사업화와 산학협력의 자문을 구하였다. 또한 정부 및 우수 관련 단체와의 네트워크를 활성화하고 교육 기회를 확대하여 기술 사업화 protocol과 자회사 성장 프로그램을 확립하였다. 이로써 성장 지원이 필요한 회사와 투자 회수가 필요한 회사를 구분하고 각 수준에 맞추어 자회사 지원 또는 자회사 청산 프로그램을 가동함으로써 지주회사의 자체 경쟁력을 높이도록 하였다. 그뿐만 아니라 창조경제 시대에 요구되는 대학 기술지주회사의 역할을 정립하고 대학의 창의적 자산을 실용화하기 위한 기술 upgrade 및 교원 창업, 자회사 성장 지원 모델을 구축하였다.

특히 기술이전 전담 조직의 역량 강화를 지원하는 미래창조과학부의 '대학 TLO 역량 강화 지원 사업'2012.04, 자회사 설립과 활성화를 지원하는 산업통상자원부의 '기술지주회사 기반 구축 지원 사업'2015.07, 대학 창의적 자산의 실용화를 지원하는 교육부의 '창의적 자산 실용화 지원 사업'BRIDGE사업, 2015.05, 대학 연구 성과물의 시작품 제작을 지원하는 서울특별시의 '대학-지역사회 간 협력 지원 사업'2014.10, 문정지구 입주 기업을 대상으로 기술 사업화를 지원하는 서울특별시의 '특허 상용화 플랫폼 사업'2014.11 등 주요 정부 및 서울시의 사업을 수주하여 안정적인 연구 사업 수행과 기술 실용화 기반을 다져왔다. 특히 2015년 처음 발족된 창의적 자산 실용화 지원 사업BRIDGE사업에서는 전국 대학을 대표하여 회장교로서 관련 사업을 리드하였다. 이러한 일련의 노력의 결과로 2015년 8월 매경닷컴에서 산업 및 기업 경쟁력 강화를 위한 네트워크 강화와 Win-Win정책으로 상호 성장에 기여한 기관에게 수여하는 '2015 대한민국 최고의 경영대상'을 수상하며 명실공히 대학 기술지주회사 리더로 성장하였다.

자회사 성장과 투자 회수 자회사 성장 지원 프로그램을 통해 성장한 자회사의 경우 매출이 성장함에 따라 국내뿐 아니라 해외로의 시장 확대가 필요하다. 이를 위해서는 투자 확대가 절대적이며 투자자에게 투자 안정성에 대해 신뢰를 줄 수 있는 지표의 강화가 필요하다. 이러한 지표 가운데 기술 및 연구력과 시장성도 중요하지만 자회사 대표의 지분 확보 비율도 매우 중요한 지표가 된다. 대표이사는 지주회사의 보유 지분을 이전받아 지분을 확대할 수 있는데 반해 지주회사는 성장성이 높을 것으로 예측되는 자회사의 지분을 보유하여 이익을 극대화하고자 하기 때문에 기술지주회사와 자회사 간에 마찰이 발생할 수 있다. 이 같은 상황에서 지주회사와 자회사가 함께 win-win 하기 위해서는 기술지주회사가 지분의 일부를 대표이사에게 매각함으로써 자회사의 성장을 돕는 동시에 투자 수익을 확보하여 발명자 보상과 연구 재투자 기회를 가질 수 있도록 하는 전략이 필요하다.

연세 기술지주회사는 본교 교원의 기술로 창업된 자회사의 성장과 지주회사의 이익 창출이라는 두 마리의 토끼를 모두 잡기 위해 자회사의 회계, 기술 개발 능력, 시장 동향, 투자 등 다방면에서 철저한 분석을 시행하였다. 특히 급성장형 자회사의 경우 대표이사의 지분 확보가 투자에 결정적인 지표가 되므로 보유 지분 중 일부를 최적 시기에 매각하기 위해서는 촌각을 다투는 시장 및 투자 변화에 대한 전문적이고 철저한 분석이 필요하다. 2015년 1월, 연세대 기술지주회사는 최근 급격히 성장한 자회사에 대한 총 30억 원 이상의 규모로 진행된 지분 매각을 통해 투자금의 7배에 달하는 수익을 실현했다. 이는 국내 대학 기술지주회사에서는 실질적으로 최초의 투자 회수 사례로 볼 수 있다고 전문가들이 평가하였고 일반적인 벤처캐피탈업계의 잣대로 판단하더라도 쉽게 찾아보기 힘들 정도로 뛰어난 성과라는 평을 받았다.

기술지주회사의 자회사 창업 지원 모델

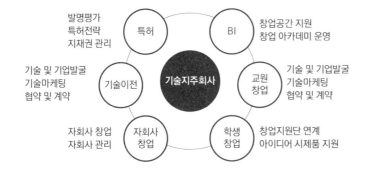

이로써 연세 기술지주회사는 대학의 우수한 기술을 바탕으로 자회사를 설립한 이후 꾸준한 기술 개발과 관리, 적절한 투자 유치, 그리고 자회사 지분 매각을 통해 대규모의 이익을 달성함으로써 대학 기술지주회사 역사에 큰 이정표를 세우게 되었다. 해당 자회사 역시 대표이사의 지분 확대로 대형 투자를 유치하여 2015년에는 스팩SPAC, Special Purpose Acquisition Company에 상장하는 쾌거를 올렸고 현재도 꾸준히 성장하고 있다. 연세 기술지주회사는 해당 기업의 주식 일부를 보유하고 있으므로 향후 해당 회사의 성장에 따른 더 큰 수익 실현도 기대할 수 있다. 이 사례를 통해 우리나라에서도 대학이 보유하고 있는 창의적 자산을 활용하여 자회사를 설립하고 성장 기반을 다질 수 있도록 지원함으로써 기술을 사업화함과 동시에 기술지주회사의 내실을 다질 수 있음을 실증하였고, 대학의 창의적 자산 실용화의 중요한 참고 사례가 되고 있다.

연세대학교 기술지주회사 자회사 현황

년도	회사명	설립일(편입일)	주요사업
2012	(주)이노가드	2012. 03. 08	전자입찰/SW대여, 구매대행
	(주)후헬스케어	2012. 06. 15	병원정보시스템 및 SW
	(주)넥스파인더	2012. 09. 04	비지니스 전략 컨설팅
	(주)아이씨엠	2012. 09. 26	퇴행성관절염 치료제 개발
2013	(주)이케이엘아이	2013. 09. 04	한국어 e-러닝 콘텐츠 개발 및 보급
2014	(주)비다온헬스푸드	2014. 02.12	건강기능식품 제조 판매
2015	(주)뉴트리사이언스	2015. 03. 30	건강기능식품/화장품 소재 개발
	(주)테크앤커뮤니케이션	2015. 07. 10	기술홍보/마케팅
	(주)웨어룸	2015. 08. 19	Wearable Device 제조

2015년 12월 현재, 스템모어 및 ITechU 등 2개 자회사 설립 진행 중

연세 최초 Tech Fair 개최 실용화 연구 진흥 및 산학협력 활성화를 위해 연세대학교는 2015년 11월에 백양누리에서 제1회 Tech Fair를 개최하였다. Tech Fair는 우수 R&D

성과 전시를 통해 산·학·연 기술 교류 및 기술 사업화를 활성화하기 위한 행사로 우수 기술 사례 발표, 기업의 성공 사례 및 투자유치 전략 발표, 우수 연구 성과 포스터 및 원천 기술의 시작품 전시 등이 있었다. 우수 기초기술에서 응용기술 개발로의 발전 방안을 모색하기 위하여 노벨상 수상자와 함께하는 노벨 포럼도 동시에 진행되었다. 또한 연세대학교 R&D 성과를 확산시키고, 산·학·연 기술 교류 및 기업의 비즈니스 정보 공유를 위한 우수 기업과 경영 컨설팅, 우수 기술 사례 발표 시간도 있었다.

빅터 암브로스 교수와 2008년도 노벨 화학상 수상자 마틴 챌피 교수 강연

Yonsei Tech Fair 전시 및 수상식

교원 창업 활성화를 위한 제도 개선 특허 및 노하우 등의 창의적 자산을 활용하여 창업 활성화를 통해 국가 경제에 기여하고자 2015년 4월에는 교원 창업에 관한 규정을 전면적으로 개정하였다. 3년 이상 근속한 교원은 창업 교원으로 승인을 받아 3년간

창업 회사에서 겸직 근무할 수 있고 재승인을 얻어 최대 5년까지 창업 회사의 기반을 확고히 할 수 있도록 겸직을 허용하였다. 특히 연세 기술지주회사의 자회사로 창업하는 경우에는 창업 아이디어 초기부터 설립까지 일련의 과정을 지원하여 교원의 업무 부담을 대폭 줄였다. 이러한 지원 덕분에 바이오 기술 관련 자회사들이 창업하는 성과를 이루었고 현재 연구 장비나 소재 및 소자 관련 회사들의 창업이 준비되고 있다.

창업 관련 규정 개정 주요 내용(2015. 4.)

구분	개정 전	개정 후
신청자격 /신분	• 본교 교원/3년 이상 근속 • 비 정년계약 교원은 휴직 조건 • 겸직 인정	• 본교 '전임'교원/3년 이상 근속 • 창업교원으로 승인 후 교무처에 겸직 승인 요청 필요 • 휴직이 필요한 경우 위원회 검토 대상
창업기간 /재창업 제한	• 3년 이내 원칙/ 1년씩 2회 연장 가능 • 실험실 공장 운영 기간 별도 • 3년 중 1년은 연구년 or 연구년 선활용 • 복귀 후 5년 이내 재창업 불가	• 3년 이내 원칙/ 2년 이내 연장 가능 • 창업기간(최대 5년) 종료 시 재승인 가능 (최초 신청과 동일 절차) • 복귀 후 3년 이내 재창업 불가
신청 절차	• 기관장 추천으로 '산학연협동위원회'에 신청 • 창업심의위원회(산학연협동위원회 산하) 에서 타당성 심의 • 산학연협동위원회 통과 후 총장 재가를 통해 창업교원 지위 인정	• 소속 기관장 추천으로 '교원창업심의위원회 (신설)'에 신청 • 위원회의 타당성 심의 후 총장 재가 거쳐 소속 기관에 결과 통보 • 결과 통보 바탕으로 겸직/휴직 신청
협약사항 /기타	• 대학지원분 및 이에 대한 보상 계획(주식배당, 주식매수선택권, 로열티 지급 등)을 주요사항으로 하여 협약 • '벤처기업' 대상 • '보고서'(연 1회) 제출의무	• 대학지원사항(있는 경우), 지분 기여계획(창업사 초기 지분의 10%이상 원칙)을 주요사항으로 하여 협약 • '벤처기업' 및 '중소기업' 대상 • '법인 결산보고서'(연 1회) 제출의무

원주캠퍼스의 산학협력 성과 연구 성과의 산업화와 산학협력의 증진을 위하여 원주 산학협력단도 내부 조직을 개편하고 인력을 보강하는 데 주력하였다. 특히 사무국 내에 특허와 기술 이전의 활성화를 촉진하기 위한 변리사, 기술거래사, 창업전문가, 기업가치평가사 등 전문 인력을 대폭 새로 영입하였다.

이후 원주캠퍼스 차원에서 특허 및 기술 이전의 활성화 정책이 적극적으로 추진되면서 원주산학협력단 출범 이후 짧은 기간임에도 불구하고 그 성과가 나타나기 시작하였다. 2012년에는 9건의 해외 특허를 포함하여 국내외 130건의 특허를 출원 또는 등록하였고, 15건의 기술 이전으로 6,500여만 원의 수입을 달성하였다. 2013년에는 196건의 특허 출원·등록과 7건의 기술 이전으로 7,700여만 원의 기술 이전 수입을 올렸다.

이 외에도 원주캠퍼스는 산학협력선도대학[LINC] 육성사업에 선정되어 지역 거점 산학협력 대학으로서의 면모를 충분히 입증하였다. 본 사업단은 2013년도 연차 평가에서 '매우 우수' 등급을 받아 추가 6.4억 원을 포함하여 총 52억 원을 수주하였고, 2014년도 2단계 평가도 '우수' 등급으로 통과하여 연 41.5억 원씩 향후 3년간 사업을 지속하는 것으로 확정되었다.

제3 창학이 목표로 삼은 선도적 연구 역량과 산학협력의 강화에 노력을 기울인 결과 원주산학협력단은 2년 연속 연구비 500억 원을 상회하는 연구 과제 수주를 달성하였는데, 이는 교원 대비 도내 1위의 연구 역량을 보여주는 증거라 할 수 있다.

원주캠퍼스 연구비 수주 실적

지원기관	2012년		2013년	
	과제수	연구비(억원)	과제수	연구비(억원)
교육부(구, 교육과학기술부)	118	114.6	132	138.3
보건복지부	42	56.7	33	58.8
환경부	19	116.2	19	118.4
산업통상자원부(구,지식경제부)	51	59.7	47	46.5
기타 정부기관	35	71.5	27	91.6
지방자치단체	60	27.7	55	30.9
민간기관	82	54.1	64	30.2
합 계	407	500.5	377	514.7

연구 관리 시스템 개편과 통합

연구 과제 및 연구비 관리·정산은 산학협력단의 핵심 업무 가운데 하나이면서 많은 연구자들이 연구 수행 외에 가장 많은 시간을 투자하는 업무이다. 그러나 실험실 현장에서는 대부분 노하우와 전문성이 부족한 학생이나 한시적인 담당자가 연구비 업무를 담당하고 있는 반면 정부나 연구 지원 기관들의 감사는 날로 구체화, 정밀화되어 연구 책임자인 교원은 연구비 관리에 불안을 느낄 때가 많은 것이 현실이다.

대학의 연구 증진을 돕기 위한 연구 관리 개선 방안들이 연구처 차원에서 다각도로 강구되었다. 연구비의 관리와 정산 시스템에 대한 직원 및 담당자 교육, 전 주기 지원 시스템 개선 등을 통해 연구 책임자의 연구비 관리 부담을 경감하기 위해 노력을 기울였다. 특히 연구비 감사와 연구비 우수 기관 인증제 심사에 대비하고 정부 각 부처 연구비 관리 시스템 신설·변경으로 인한 연계가 필요하게 됨에 따라 연구 인력 관리, 연구 행정 업무 개선을 포함하는 연구 정보시스템으로 업그레이드하였다. 연구자별 과제 공모 및 연구과제 수행 등의 연구 이력과 전자 증빙을 포함한 연구 과제의 모든 정보를 시스템에서 관리하고 연세대학교 학사 및 인사 DB를 연동하여 과제 참여 및 연구비 수혜 내역과 같은 연구자별 연구 이력을 제공하며 과제 관리 및 정산에서 사업 단위의 기본 관리 기능을 설정함으로써 관리의 정확성 높였다.

또한 연구 관련 시스템을 통합하여 하나의 시스템에서 관리함으로써 연구 관련 정보의 다양한 검색을 통한 연구 정보의 업그레이드와 연구자 간 용이한 네트워킹, 연구 재단의 신(新) 연구비 관리 시스템^{이지바로}에 대한 신속한 대응이 가능하게 하였으며, 특허 관리 시스템^{지식재산권 관리시스템-YSIS2}을 통한 대리인-산학협력단-

발명자 3자 간의 신속한 인터페이스와 프로세스를 구축하여 업무 절차의 표준화를 이루었다. 특히 연구 관리 시스템이 신촌뿐만 아니라 의료원 및 원주캠퍼스와도 통합되어 연구 관리가 더욱 용이해졌다.

연세 통합연구정보시스템

연구 성과 홍보 및 연구 사업 소개

우수한 연구 성과를 홍보하고 잠재력 있는 연구 사업을 더욱 진흥하기 위해 연구 관련 정보의 홍보를 체계화하였다. 우수한 연구 성과를 대내외에 널리 홍보하고, 많은 연구자들에게 필요한 연구지원 사업 정보를 신속하고 정확하게 제공함으로써 연구자들의 연구 사업 지원이 활성화될 수 있는 생태계를 만들기 위해 노력하였다. 또한 연구 결과 분석시스템을 개발하여 교원별, 학과별, 대학별 연구역량을 분석·진단하고 연세 연구 현황을 알리는 Yonsei Research Magazine을 발간하였다.

2015년에는 정부와 민간 연구지원 기관의 사업 정보를 신속하게 수집하여 알림으로써 교내 구성원들의 활발한 참여를 유도하였다. 또한 정부의 연구비 예산에 대한 이해를 증진하고, 부처별 연구지원 프로그램 및 삼성미래재단, 연구재단 등 주요 기관의 연구지원 사업을 상세히 소개하였다. 특히 관련 담당관을 학교로 초청하여 사업의 취지를 심도 있게 이해할 수 있도록 함과 동시에 우리 대학에서 진행하고 있는 다양한 연구 과제와 우리 대학이 경쟁력을 가지고 있는 분야를 적극적으로 알렸다. 또한 바이오, 줄기세포 및 소재 연구 등 우리 대학의 중점 분야에 대한 실무협의체working group를 구성하여 관련 연구자 간의 교류와 연구 집중도를 높여 연구 준비를 활성화하도록 지원하였다.

또한 연구자 개인별 연구 업적은 물론 경쟁 대학과의 학과별 연구 성과 비교를 통해 연구자 개인 및 분야별 연구 경쟁력을 정확히 파악하고 연구 정책의 수립과 교원의 채용 및 평가 제도의 개선 등에 적극적으로 활용될 수 있도록 하였다. 2010~2012년과 2011~2013년의 연구 성과에 대한 학과별, 계열별, 교원별 연구 역량 분석을 실시하여 연구 정책 수립에 도움을 주었으며 2016년부터는 연구 분석 시스템 SciVal의 도입으로 학과 및 교원별로 피인용 지표 분석도 제공할 수 있게 되었다.

연구 역량 분석 솔루션인 SciVal을 도입 단과대학별, 학과별, 연구자별 실시간 연구 성과 분석 자료의 추출 및 경쟁 연구 단위와 실시간 연구 성과 비교 분석을 통해 세계 대학 평가에 사전적으로 대응하고 적절한 과제 수주 전략을 수립할 수 있게 되었다. 특히 Scopus DB를 통해 개별 연구자가 자신의 연구 성과의 상대적 위치를 정확히 파악할 수 있도록 함은 물론 해외 공동연구 연구자를 검색할 수 있도록 자료를 제공하여 연구자/연구실별 찾아가는 SciVal 활용 교육을 통해 연구자 차원의 연구 성과 분석을 활성화함으로써 연구 기회를 확장하는 데 크게 기여하고 있다.

Yonsei Research Magazine 연세대학교를 대표하는 우수 연구 성과에 대한 영문 홍보 책자로 세계 유수 대학교와 학계 관계자에게 연세인들의 연구 성과와 연세대학교의 주요 연구 정책을 알림으로써 연세의 연구력에 대한 국제적 인지도를 높이고 있다. 이를 통해 세계 대학 평가에서 우리 대학교의 해외 평판도 향상에 이바지하였고 우수 연구자들의 연구 성과를 취합하고 게재하는 과정에서 교내 연구자들의 학문적 자부심을 고취하였다. 2013년 첫 호를 발간한 이래 논문, 연구비, 기술이전 실적 등 연세대학교 연구 성과 통계는 물론 우수 연구자들의 연구 성과와 함께 우수 연구소 및 연구 진흥 프로그램을 소개해 왔다.

Yonsei Research 제호별 표지

issue 1 (2013)   issue 2 (2014)   issue 3 (2015)

Yonsei Research Magazine은 해외 연구 기관 및 연구자에게 전자 파일로 송부함은 물론 국제처, 대외협력처, 기획실 등 해외 홍보 관련 부서에서도 우리 대학교 주요 홍보 자료로 해외 기관과의 교류 시 활용하고 있으며, 향후 e-book으로 제작하여 국내외에 손쉽게 배부할 수 있게 준비하였다.

Ⅳ. 행·재정 시스템 혁신

대학 경쟁력을 높이기 위한 또 다른 중요한 축으로 행정과 재정 시스템의 체계화 및 선진화를 통한 효율성 진작을 꼽을 수 있다. 거대한 지성인 집단이 운영하는 대학의 행정은 그 어떤 조직보다 효율적이어야 하며 일의 성과와 보상이 직결되어야 조직이 활성화될 수 있다. 또한 최첨단의 연구 활동과 교육을 효과적으로 지원할 수 있도록 경상수지의 건전성을 지속적으로 높여나가야 한다. 이러한 관점에서 행정 업무의 효율성을 높일 수 있는 제도를 적극 도입하였고, 재정 분야에서는 경상수지의 핵심인 교비 등록금과 외부 기부금의 건전화를 위해 지속적인 노력을 기울였다. 특히 수십 년 동안 유지되어 온 호봉제를 근간으로 하는 연공서열제의 폐해를 근절시킬 수 있는 방안을 도입하였고, 교육과 연구, 행정, 의료 등 각 분야의 업무 성과를 최우선적으로 고려하는 인사 보상제도를 새롭게 확립하였다. 의료원장 등 교무위원 선임 시 일부 기관에서 관행으로 유지되어 온 직접 투표에 의한 부작용을 최소화하고 선진화된 인선 과정을 정립하였다.

제3 창학기의 출범은 '반값등록금'이라는 정치적 압력과 세계적 경제 불황에 따른 국내 경기 침체라는 이중고 속에서 이루어졌다. 정갑영 총장은 재정 건전성을 높이고자 임기 초반부터 핵심 공약사업은 과감히 추진하되 각종 모금 활성화와 수익 사업 증대를 통하여 수입은 늘리고 지출에 있어서는 긴축 기조를 유지하는 세 마리 토끼를 잡고자 분투하였다. 동문 네트워크 강화와 백양로 재창조, 경영관 신축 등 대규모 건축 사업을 통하여 모금을 적극적으로 활성화하는 한편 행정 시스템 개혁과 '일하는 직원이 우대받는' 조직 문화 만들기, 그리고 책임운영기관 제도 도입, 계약학과 활성화, 비학위 프로그램의 확충 등을 추진하였다. 그 결과 백양로 재창조, 경영관 신축, 우정원 신축, 과학관 및 공학관 증축, 스마트캠퍼스S-Campus

구축 등 수많은 인프라 혁신이 이루어졌음에도 현금 흐름이 나빠지지 않는 결과를 가져왔다.

경상수지 건전성을 높이기 위하여 먼저 대학 운영의 근간인 행정 시스템의 혁신과 선진화를 위해 직원의 인사 관련 제도를 혁신하였다. 호봉제를 근간으로 한 직원의 급여 체계를 성과 연동 급여 체계로 개편하였으며 그에 따른 인사 평가 제도도 좀 더 공정성과 객관성을 보장할 수 있도록 보완 및 개선하였다. 직원들의 업무 부담의 불균형 해소와 적정 인력 배치를 위해 직원 직군 체계도 다양화하였다. 또한 교직원들의 업무 역량 제고를 위해 연세행정아카데미를 개설하여 운영하였다. 그밖에 매년 반복되는 미화·경비용역 문제를 해결하고자 용역 구조 개선을 시도하였으며 구매 업무에서 경쟁입찰 제도를 공고히 함으로써 예산 절감과 업무 처리 절차를 정착시켰고, 교직원의 복리 증진을 위한 제도를 마련하는 등 다양한 분야에서 행정 시스템을 혁신하고 선진화하였다.

다른 한편으로 제3 창학기의 연세는 대학의 글로벌화와 프리미엄 교육의 확산이라는 두 마리 토끼를 잡기 위해 언더우드국제대학을 확대하는 한편 글로벌 인재학부를 신설하였다. 외국인을 포함한 정원 외 학생의 대폭적 증가는 '반값등록금' 기조하에서 어려움을 겪고 있던 대학 재정의 안정화에 기여하는 효과를 낳았다. 또한 교육의 글로벌 경쟁력 제고를 위하여 언더우드국제대학과 글로벌인재학부를 통한 프리미엄 교육 과정을 적극 확대하여 재정의 안정성과 교육의 질적 수준 제고를 동시에 달성하는 성과도 거두었다.

1. 행정 시스템 혁신과 선진화

제3 창학의 기반을 다지기 위해서는 대학 운영의 근간인 행정 시스템의 혁신과 선진화가 필수적으로 요구되었다. 이를 위해 대학 행정의 근간을 이루는 직원의 인사 관련 제도를 혁신하였다. 이를 위해 40여 년간 경직적으로 유지해온 직원의 급여체계를 성과연동급여 체계로 개편하였으며 그에 따른 인사 평가 제도도 공정성과 객관성을 가질 수 있도록 보완 및 개편하였다. 직원들의 업무 부담의 불균형 해소와 적정 인력 배치를 위해 직원 직군 체계도 개편하였다. 또한 교직원들의 업무역량 제고를 위해 연세행정아카데미를 개설하여 운영하였다. 그 밖에 매년 반복되는 미화·경비 용역 문제를 해결하고자 용역 구조 개선을 시도하였으며 구매 분야에서 경쟁입찰 제도를 공고히 함으로써 예산 절감과 업무처리 절차를 정착시키고 교직원의 복리 증진을 위한 제도를 마련하는 등 다양한 분야에서 행정 시스템을 혁신하고 선진화시키고자 노력하였다.

대학 내·외부 경영 환경 악화가 예상됨에 따라 재정건전성을 유지할 수 있는 지속가능한 급여 체계를 구축하고 성과에 따른 합리적인 보상으로 조직에 역동성을 부여하기 위해 2014년 8월 4일에 직원 노동조합과의 상생 합의를 통하여 평화적으로 성과 연동 급여 체계를 마련하여 2014년 9월 1일부로 이를 시행하였다. 특히 최근 한국 사회에서 찾아보기 힘든 노사 간의 평화적 합의를 통해 40여 년간 지속된 임금 체계를 획기적으로 개편하여 연세대학교에 적합한 성과 연동 급여 체계를 도입하게 되었다. 이와 같은 성과는 학교 본부와 직원노동조합 간의 깊은 신뢰 문화를 바탕으로 이루어진 것으로서, 사학 명문 연세의 사회적 리더십을 보여준 모범적 사례로 평가된다.

열심히 일하는 사람이 보상받게 하다: 성과 연동 급여 체계

성과 연동 급여제 도입 상생협약 서명

정갑영 총장과 양병택 노조위원장(2014. 8. 4.)

직원 급여 체계를 호봉제의 근간을 유지하되 직급별로 호봉 상한을 설정한 성과 연동 급여 체계로 개편하였으며 고성과자에 대한 보상 및 저성과자 인사 관리를 강화하고 성과에 따른 직원 포상제도를 보완하여 시행하는 방안을 마련하였다. 즉, 고성과자에게는 합당한 보상과 승봉을 제공하는 대신, 저성과자에 대해서는 승봉 제한 등의 제재를 부과하도록 하였다. 신규 직원에 대해서는 임용 요건을 기존 직원 초임 대비 80%로 조정하였으며 1년 간의 수습 기간을 두어 정년 고용 여부를 심사하게 하였다. 또한 기존의 단일 직군의 행정직을 관리직과 운영직으로 구별하여 업무의 전문성에 따라 행정의 효율성이 높게 유지될 수 있도록 하였다.

급여 체계 변화에 따른 신입 직원 채용 조건 강화로 생애소득[33년 근무 가정]은 기존 대비 89%에 해당되며 재직 기간 동안 직급이나 저성과로 인한 승봉 제한을 받게 될 경우 80% 이하로 떨어질 가능성도 있다. 저성과자에 대한 승봉 제한이 강화될 경우 대상 인원이 기존 전체 직원의 2.5%에서 10%로 대폭 늘어나게 되어 가시적인 인건비 절감 효과가 나타날 것으로 예상된다. 또한 성과 중심의 조직 문화로 변화되어 조직 내 역동성이 부여될 것으로 기대된다.

성과연동급여체계는 기본적으로 호봉체계의 근간을 유지하여 조직의 안전성을 높이되, 행정직원을 관리직과 운영직으로 구분하여 업무의 전문성과 효율성을 향상시키도록 설계되었다. 운영직을 신설하여 초임은 현행 관리직의 약 80% 수준으로 하되, 일정기간 경과 후 정년고용심사를 통해 업무성과와 능력에 따라 행정 관리직으로 전환할 수 있는 기회를 부여한다. 행정 관리직에 대해서도 직급별 호봉상한을 두는 임금 피크제를 도입하였고, 평가제도를 강화하여 성과에 따른 보상체계를 확립하였다. 다만, 기존의 직원들에게는 새로운 제도에 대한 적응기간을 고려하여 다음 직급으로 승진한 이후부터 적용하도록 제도 적용을 유예하였다.

새로운 성과연동제도는 직원의 근무태도와 조직문화의 변화를 통해 수준 높은 행정 서비스를 제공할 수 있는 장점을 가지고 있으나, 운용 과정에서 기존 직원과 신규 직원의 갈등, 직군 차이에 따른 위화감 등의 부작용을 유발할 수도 있다. 따라서 새로운 제도의 안정적인 정착을 위해서는 학교를 위하는 열정과 기본적인 신뢰가 있어야 하며, 이를 바탕으로 새로운 제도의 안정적인 정착을 위한 상호협력이 절대적으로 필요하다. 직원 사회의 적극적인 이해와 협력 없이는 이 제도의 도입과 실행이 원천적으로 불가능함에도 불구하고 상생협력의 차원에서 성과연동제가 평화적으로 도입될 수 있었던 것은 연세대학교의 잠재력과 직원 사회의 높은 역량을 실증적으로 보여준 것이다.

성과연동제는 시간이 경과함에 따라 그 효과가 더 커지므로 학교본부는 집행부의 변화와 관계없이 이 제도를 지속적으로 일관되게 유지하여야 할 것이며, 관리직과 운영직의 신규채용에서부터 관리에 이르기까지 모든 과정에서 성과연동제의 정착을 위해 정책을 펴나가야 할 것이다.

연공 중심 문화를 성과 중심으로 바꾸다: 직원 인사 평가 제도 개편

성과 연동 급여 체계 도입에 따라 공정하고 객관적인 인사 평가의 필요성이 더욱 높아져 평가의 합리성을 높이고 연공 중심에서 성과 중심으로의 인사 평가 패러다임 변화를 반영하기 위하여 직원 인사평가 제도를 보완, 개편하여 2014학년도 2학기부터 적용하였다.

개편된 주요 내용으로는 부기관장과 동료, 일부 내부 고객으로 평가자를 확대하여 객관성과 행정 서비스를 제고하였으며 피평가자에 부기관장과 동료를 추가하여 수용성을 제고하였다. 또한 절대평가에서 공통 역량을 상대평가함으로써 객관성을 강화하였으며 기존 평가자 평균을 이용한 보정에서 전체 및 평가자 평균과 표준 편차를 활용한 보정으로 관대화 및 가혹화에 대한 평가자 편향성 조정을 강화하였다. 인사 평가 공정위원회 설치 운영, 기관별 직무 특성 반영 및 평가 결과 피드백을 통해 공정성도 강화하였다.

개편된 직원 인사 평가 제도가 제대로 정착되기 위해서는 인사평가 과정의 합리적 공정성과 객관성이 담보되어야 하므로 외부 기관에 의뢰하여 기존의 인사 평가 시스템을 전문적 시스템으로 새롭게 구축하여 2015학년도부터 적용하였다. 이 시스템은 평가 내용의 암호화로 보안을 강화하였고 인사 평가 과정의 객관성과 신뢰성을 확보하였으며 정규직과 계약직 인사 평가 시기도 일원화하였다.

단편적이던 수습 직원의 근무 평가 제도도 개선하였다. 행정 업무의 다변화 및 고도화에 따른 업무량 증대와 질적 변화를 반영한 적정한 평가의 필요성과 운영 직종 신설 등 직원 직군 체계 개편을 고려한 평가 체계가 필요함에 따라 개편된 직원 인사평가 체계를 원용한 수습직원 평가 방식을 도입하여 2015학년도부터 시행하였으며 행정관리직과 운영직의 일부 평가 방식을 구분하였다. 주요 내용으로는 업적 평가 2회, 역량 평가Ⅰ 2회, 역량 평가Ⅱ 1회 등 총 5회에 걸쳐 실시하여 총점 80점 이상일 경우 재계약하고 80점 미만일 경우 근로 관계을 종료하는 것으로 하였다.

신뢰는 '제3의 자본'(문화일보, 2011. 12. 16.)

인사평가제도는 평가 결과의 피드백을 통해 평가의 객관성과 정확성을 담보할 수 있는 평가자의 인식 전환이 필수적이며 이는 지속적이고 다양한 방법으로 성과 평가에 대한 조직 문화를 만들어가야 함을 의미한다.

하는 일에 따라 직군을 달리하다: 직원 직군 체계 개편

정규 직원의 직군을 행정관리직과 운영직으로 구분하고 상응하는 직무를 부여하여 합리적인 인력 운용이 가능하도록 개편하여 2015학년도부터 시행하였다. 기존 행정 직원은 4년간 근무 후 순환 근무를 위해 인사 이동하는 것을 원칙으로 하였다. 그러나 현실적으로 직원 수 부족과 업무 역량, 전문성, 적정성 등의 차이나 여타의 이유로 이 원칙이 잘 지켜지지 못하였으며 이로 인해 업무 불균형이 심화되어 불만만 가중되고 있었다. 대학의 대·내외 경영 환경의 압박은 가중되어 가고 업무량 증가에 따른 인력 수요를 충족하기 어려운 상황을 타개하고자 다음과 같이 행정관리직과 운영직으로 직원 직군 체계를 개편하였다.

정규직 인력 운영 체계도

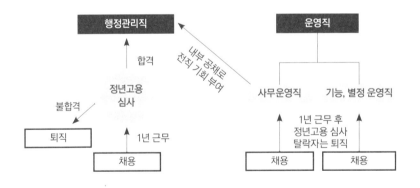

행정관리직은 현 정규직으로 기존의 행정, 전문, 기술, 별정 직군으로 향후 5년

간 현재 인력 규모의 80% 수준으로 축소[270명 내외]하고 시설기술직/시설방호직은 자연소멸을 원칙으로 하되 시설운영직으로 대체하기로 하였다. 운영직은 사무운영직 및 시설운영직으로 구분하여 직무급 체계를 도입하고자 하였다. 사무운영직은 3년 근무 후 내부 공채를 통해 행정관리직으로 전직이 허용된다.

직원 직군 체계 개편 주요 내용

구분	행정관리직	운영직
직무구분	·일반적, 포괄적인 기획, 관리 업무	·상시·반복적 업무 ·특정 분야나 특화된 업무
경력개발	·팀장 이상의 관리자로 육성	·가능한 범위 내 순환 보직 ·행정관리직으로 내부채용 (사무운영)
직급(직위)	·필요시 파트장 발령 ·운영직에 대한 지휘·결재 권한	·운영7급(운영과장) ·운영8급(운영대리) ·운영9급(운영직원)

2015년 직원 직군 체계 개편 시행 시 직무 분석을 통해 직군별 적정 인원 파악과 그에 따른 행정관리직, 운영직 및 계약직 인력을 재배치해야 했으나 인사 제도 및 노무 문제 등 업무 과중으로 지연되었다. 계속 지연될 경우 차별 금지 등의 노무 문제 발생이 예상되므로 2016년 1학기 중에 완료하여 시행해야 할 것이다.

직원과 보직 교원의 행정 역량을 높여라: 연세행정아카데미 운영

교내 모든 행정 인력에 대한 역량 강화 및 행정에 대한 이해 증진을 위하여 2013학년도부터 전임 교직원과 계약 직원은 물론 행정 조교와 사무 조교, 보직을 맡은 교원을 대상으로 행정 직무 교육을 시행하였다. 이를 위해 행정·대외 부총장을 위원장으로 한 연세행정아카데미 운영위원회에서 정책과 예산을 심의

하고 총무처장을 위원장으로 하는 실행위원회에서 실무 지침을 마련하여 실행하였다. 직원에 대해서는 총무처 인사팀에서 교육 정책 및 운영을 총괄하고 미래교육원에서 교육, 운영을 담당하였으며 교원 보직자에 대해서는 교무처 교무팀에서 담당하였다.

연세행정아카데미 운영 체계도

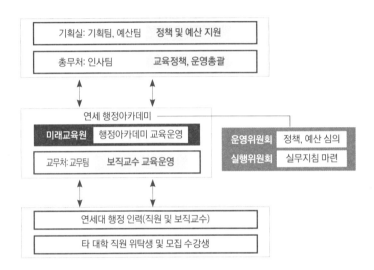

연세행정아카데미 운영은 2013학년도부터 역량 교육 위주인 봄과 가을의 정규학기와 직무 교육 위주인 여름과 겨울방학 기간의 계절학기를 시행하였으며 2015학년도에 주제 토론과 1박 2일 몰입식 교육을 도입하여 성과를 보이고 있다. 또한 의무교육 시수도 2013학년도에 21시간, 2014학년도에 24시간, 2015학년도에 34시간으로 확대하였다. 향후에는 1단계 운영 결과를 검토하여 직원 인사 운영 및 역량 계발과 연계한 직무/직급별 교육을 조정하여 시행하고 직무 교육을 위한 내부 강사의 역량 강화와 국장급 직원에 대한 전략적 프리미엄 교육도 시행할 계획이다.

행정의 효율과 효과를 동시에 잡다: 서비스 업무 선진화

　　우리 대학은 기존 행정 서비스 관련 업무 시스템을 보완하여 선진 행정 환경을 조성하였다. 교직원의 근로소득 연말정산 체계를 개편하여 사용자 편의와 행정 효율을 높였고 공무상 국외 출장 시 유의사항을 마련, 시행함으로써 예기치 않은 상황에 미리 대처할 수 있도록 안정적 행정 문화를 구축하였으며 항공료 할인 관련 제도 도입 및 교직원 건강검진 제도를 보완하여 예산 절감과 교직원의 편의를 증대할 수 있도록 행정 시스템을 선진화하였다.

교직원 근로소득 연말정산 체계 개선　기존 방식인 국세청 제공 자료의 개인별 수동 입력에 따른 오류 위험, 다량의 제출 자료로 인한 보관상의 불편과 점검 등을 위한 인력 운영 및 비용 증가, 그리고 매년 개정 세법에 따른 행정정보시스템의 관리 어려움에 따라 종이 없는 연말정산 시스템을 도입하여 비용은 절감하면서도 업무의 효율을 높이고 사용자 편의성을 증대시켰다. 이에 따라 연말정산 업무의 효율성, 정확성 제고, 연말정산 업무 담당자의 연말정산 점검 용이, 연말정산 자료의 보관 용이^{출력물 80% 감소}, 연말정산 지원 인력 운영을 효율화^{아르바이트생 50% 감소}하였으며 국세청 자료 출력 제출 불필요^{종이 없는 연말정산}, 연말정산 입력 시간 감소^{기존 대비 70% 감소} 등 사용자의 편의를 대폭 증진시켰으며 세법 개정에 따른 관련 시스템 유지 보수 및 관리도 용이하게 되었다.

국외 출장 매뉴얼 마련　공무상 국외 출장 시 발생할 수 있는 상해 등 사고를 대비한 대응 매뉴얼을 제작 배포하고 사고 시 필요한 적시적 대응 및 후속 조치를 위하여 여행자보험 최소 요건을 제시하여 의무 가입하도록 하여 적절한 보상과 배상 대책을 마련하였다. 또한 국외 출장비용 절감과 교직원 복리후생 확대를 위해 신촌캠퍼스를 비롯하여 산학협력단 및 원주캠퍼스 재직 교직원과 그 직계 가족을 대상으로 대한항공 및 아시아나항공과 기업우대제도^{IVR} 협약을 체결하여 5%~25%의 항공권 할인 및 관련 서비스 제도를 도입하여 2014학년도부터 시행하였다. 이 밖에 직장인 대상 정기 건강검진 외 학교가 지원하는 격년제 추가 건강검진인 특정암 검사의 남녀공통 선택 검진 항목에 '뇌'와 '심장' 관련 항목을 2015학년도부터 추가하여 시행함으로써 건강검진의 실효성을 높이고 교직원의 복리후생을 증대시켰다.

미화·경비 용역구조 개선

우리 대학교는 약 480명의 미화·경비 인원을 간접 고용 형태로 고용하여 운영하고 있으며 계약 인원을 미리 정해 인건비 시급을 기준으로 용역 단가를 정하는 임률 도급 방식으로 운영하고 있다. 이 인원 중 약 70%의 인원이 민주노총 공공운수노조 서경지부 조합원으로 노동조합에서 이를 매년 정치적 이슈화에 활용함으로써 대학이 이에 대응하는 데 반복적인 어려움을 겪고 있다. 신촌캠퍼스 미화·경비 용역비는 2012년 이후 매년 10억 원이 넘게 증가하여 2014년에는 123.7억 원에 달하였으며 그 이후에도 최저시급 인상에 따라 증가폭이 지속적으로 확대되므로 재정 부담이 더욱 가중될 것으로 예상된다.

이에 따라 현재 내·외부 환경 변화를 정확하게 인식하고 적법하고 합리적인 대응방안을 모색하여 대학으로서 지속가능한 제도를 정착시키기 위해 2014년 10월에 교내 간접 고용 미화·경비인력에 대한 운영 및 조직 개선에 관한 노무컨설팅을 받았다. 컨설팅 결과에 따르면 도급사업자^{수급업체 관리를 통한 방식 또는 근로자협동조합을 통한 방식 포함}가 도급 인력에 대한 합리적인 채용/평가/보상 가이드라인 수립 및 적용을 통해 자발적인 성과 향상과 자체 역량을 강화하도록 동기부여할 것을 권고받았다. 또한 관리 주체를 세분화하거나 평가 시스템을 도입함으로써 합리적인 인력 운영의 자구 노력을 유도하고 외부 세력 개입을 최소화해야 하는 것으로 나타났다.

이를 반영하여 도급 형태를 법 취지에 맞게 임률 도급에서 총액 도급 형태로 변경하고 미화·경비뿐만 아니라 시설관리도 추가하여 통합 시설관리로 국제캠퍼스 기숙사, 공학원, 생활관 용역 계약을 체결하였다. 이 과정에서 국제캠퍼스 기숙사 도급 업체인 세안텍스에서 과도하게 인력 감축과 전환 배치를 한 데 대해 불만을 가진 기숙사 미화원들이 가입한 여성노조 주도로 신촌캠퍼스 본관 앞에서 약 100여 일간 텐트를 치고 농성을 하였다. 또한 법인 산하 세브란스빌딩은 기존 근로자들이 근로자 협동조합을 결성하여 용역 도급을 받았으나 그 과정에서 민주노총 공공운수노조 서경지부 소속의 일부 인원[7명]을 제외함으로써 협동조합에서 제외된 노동자들과 민주노총 서경지부 노동자들이 법인과 학교본부를 점거하고 각종 행사를 방해하는 등 원직 복직을 요구하며 과격한 농성을 감행했다. 이 소요는 2015년 10월 7일 백양로 재창조사업 그랜드 오픈을 기해 법인에서 일부 요구 조건을 수용함으로써 타결되었다.

이러한 과정을 통해 우리 대학은 기존의 미화·경비 용역 구조로는 매년 재정 부담이 가중될 수밖에 없다는 인식하에 비상주 방식인 출동 경비와 방문 청소 형태로 전환하는 것을 검토하여 우선 신축된 경영대학과 백양누리에서 시범 운영을 시작하였다. 상주 형태의 용역은 현행 법규를 준수하며 점진적으로 무인 경비 및 방문 청소 용역으로 조정하는 방안을 지속적으로 검토하기로 하였다. 또한 필수적인 부분에 한해서 용역회사 소속 근로 인원이 아닌 새로운 인력으로 최소한의 인원을 직접 고용하는 방안도 배제하지 않았다. 미래 학령 인구 감소로 등록금 재원의 급격한 고갈이 예상되는 상황에서 용역 구조 개선은 대학의 재정 구조 개선의 필수적인 요인이 될 것이다.

비용은 낮추되 구매는 공정하고 투명하게

　　우리 대학은 2012학년도부터 시설 공사에 일반 경쟁입찰 제도를 전면적으로 도입하였으며 2014학년도부터는 200만 원 이상의 기관장 전결금액 내 구매에도 견적입찰 제도를 도입하였다. 또한 입찰에 의해 예산을 집행한 후에는 잔여 예산을 회수하는 사업별 배정 예산 회수 제도도 도입하였다. 이러한 제도개편으로 총 59건의 계약에서 약 50억 원을 절감하였고, 2015년에는 47건에서 134억 원을 절약하는 성과를 거두었다. 또한 전자입찰시스템을 활용하여 공정한 구매 절차를 시행함으로써 공정성과 투명성을 확보하였고 구매 업무도 효율화되었다. 이로 인해 추정 가격 대비 낙찰 가격이 크게 낮아짐에 따라 예산 절감에 획기적으로 기여하게 되었다. 2014년 한 해에도 전자입찰시스템의 도입으로 약 1,067억 원^{추정가격 기준}에서 6.8%인 약 72억 원을 절감하였다.

교무위원 선임 등 인사 행정의 선진화

　　부총장과 대학원장, 학장 등 교무위원은 학교 정관 제43조 제4항에 의거 총장이 이사회의 동의를 얻어 임명하도록 규정하고 있으나 일부 캠퍼스 및 단과대학에서는 구성원이 직접 선거를 실시하고 그 결과에 따라 단위 기관장의 임명을 요청하는 관행이 남아 있었다. 그러나 투표에 의한 단위 기관장의 임명은 조직의 분열과 파벌 조장, 포퓰리즘 확산 등 부작용이 많아 대학 거버넌스의 선진화를 저해하는 관행으로 여러 차례 문제 제기가 되어 왔다. 이러한 폐해를 근절하기 위하여 재단 이사회는 제17대 총장 임명 시에도 간선제를 바탕으로 선임하였으며, 이어 신임 총장 취임 직후인 2012년 2월 7일에는 "총장은 교무위원급 단위 기관에서 구성원들이 그의 장(長)을 직접선거에 의해 선출한 결과에 기속되어 이사회에 교무위원 보직 임명 동의를 요청해서는 아니 된다."고 결의한 바 있다.

그럼에도 불구하고 의료원을 포함한 일부 단과대학에서 여전히 선거를 통해 교무위원을 선출하려는 움직임이 지속되었고, 그로 인한 조직 내부의 분열과 갈등이 지속됨에 따라 2014년 4월 29일 재단이사회에서는 다시 "교무위원 임명 과정에서 구성원에 의한 직접·간접선거, 투표, 또는 이와 유사한 행위 등은 일체 실시하지 않으며, 이에 반하는 경우에는 이사회는 해당 보직 임명 동의에 대해 승인하지 않는다."고 결의하였다.

학교본부는 이사회의 결의를 존중하고 선진화된 거버넌스의 실현을 위해 모든 단과대학에서 선거를 통하지 않고 합리적인 교무위원 선임이 이루어지도록 적극적으로 노력하였다. 투표에 의한 교무위원 선출의 폐해는 이미 교내외에서 널리 지적되고 있었으며, 특히 의료원장의 선임을 둘러싼 투표는 중지되어야 한다는 여론이 지배적이었다.

그러나 당시 의료원 교수평의회^{의장 김원옥}는 이사장과 총장께 드리는 공개 질의 ^{2014.5.15.} 등을 통해 투표에 의한 교무위원 선출을 금지한 재단이사회의 결의를 비난하고 의료원의 전통과 자율성을 주장하면서, 세브란스 자율권 수호를 위한 비상대책위원회^{이하 '비대위'}를 발족하였다. 또한 여러 차례의 교내 궐기대회와 시위를 통해 재단이사회가 선거에 의해 교무위원을 임명하지 못하도록 한 것이 세브란스와 연희의 합동정신에 위배되며 의료원의 자율성을 말살함은 물론 세브란스의 미래를 빼앗으려 한다고 주장하였다. 이와 더불어 의료원 노동조합^{위원장 이수진}도 의료원장 선출 시 의료원 노동조합원들이 투표에 참여할 수 있는 기회를 요청하였다.

이러한 현안을 해결하기 위하여 학교본부는 적극적인 설득과 소통을 통해 단위 기관장 선거 과정에서 유발될 수 있는 폐해를 설명하고, 글로벌 명문으로 도약하기 위해서는 공동체의 단합과 연구와 교육, 임상에의 집중, 그리고 거버넌스의 선진화가 필요함을 강조하였다. 정 총장은 의대, 치대, 간호대 전체 교수를 대상으로 의료원 현안에 대한 간담회를 개최하여 사실과 다른 내용으로 의료원 교수들에게 오해와 갈등을 유발한 일부 주장들에 대해 깊은 유감을 표명하고 의료원장의 선출은 학교본부와 비대위측이 논의하여 만든 개선안에 따라 진행될 것임을 밝혔다.

학교본부는 교학부총장교원인사위원회 위원장을 중심으로 의료원 비대위측 대표와 여러 차례의 모임을 갖고 절충안을 모색하였다. 학교본부는 정관 규정과 이사회 결의 내용을 근거로 선거에 의한 의무부총장 선출의 불가함을 피력하고 후보추천위원회 구성 안을 제시하였다. 이 구성안은 학교본부가 비대위측의 입장을 대부분 수용함으로써 거의 합의에 이르렀으나, 교수평의회 의장을 비롯한 강경파 비대위원들의 반대로 좌 절되었다. 비대위측은 후보추천위원회의 구성과 의무부총장 후보자 추천 방식을 둘 러싸고, 새로운 주장과 학교 전체 거버넌스 구성 원리에 반하는 입장을 되풀이함으 로써 합의안 도출은 무산되었다.

결국 학교본부는 학교법인 정관의 존엄과 합법성에 기초하고 이사회 의결을 존중하며, 그동안 여러 차례 협의 과정에서 요구된 의료원의 특수성을 합리적으로 반영하여 절충한 의료원장 선임 방안을 마련하여 대학 전체 학장협의회의 자문을 거친 후 2014년 6월 19일 교원인사위원회의 결의를 통해 확정하였다. 의료원장 선임을 위해 18인으로 이루어진 후보추천위원회를 구성하여 후보자들이 제출한 발전계획서와 발표 내용을 검토한 후 3인을 무순으로 의료원장 임명 대상자로 총장에게 추천하도록 하였다. 후보추천위원회는 전임 의료원장 가운데 1인이 위원장을 담당하고 의과대학/ 보건대학원 전임교수 10인, 치과대학 전임교수 2인, 간호대학 전임교수 1인, 총 13

인을 추첨에 의해 선임·위촉하며, 의과대학2인, 치과대학1인, 간호대학1인 동문회에서 추천한 동문 총 5인으로 구성하였다. 총장은 후보추천위원회에서 무순위로 추천한 3인의 후보 중 1인을 선정하여 교원인사위원회와 이사회에 임명 동의를 요청하도록 하였다.

이에 따라 2014년 6월 25일 교원인사위원회 위원장인 교학부총장은 의료원 교수들에게 의료원장 후보 등록을 요청하고 후보추천위원회의 구성과 후보 평가 및 추천, 그리고 임명 절차를 안내하였다. 의료원장 후보로 5인이 등록하였고, 교학부총장이 각 단과대학 동문회에 후보추천위원의 추천을 의뢰하고 전임교원 추천위원들은 추첨으로 선임하였다.

추천위원장은 김일순 전 의료원장이 맡았으며, 전체 18인의 위원 중 1인을 제외한 전원이 참석하여 회의가 진행되었다. 후보자들의 정견 발표 후 후보추천위원회는 5인 중 3인을 순위를 밝히지 않고 총장에게 추천하였고, 총장은 3명의 추천 후보에 대한 평가를 전직 병원장, 의과대학장, 의료원장 등에게 암맹blind 방식으로 의뢰하여 여론을 수렴하고 후보자의 과거 경력과 성과 등을 종합적으로 판단하여 최종 대상자를 선정하고, 교원인사위원회와 이사회의 동의를 거쳐 의무 부총장 겸 의료원장에 정남식 교수, 의과대학장 겸 의학전문대학원장에 이병석 교수를 임명하였다. 이는 종전의 투표나 일방적인 임명보다 진일보한 방안으로 향후 많은 대학에 벤치마크가 될 수 있을 것이다.

향후 과제: 어렵게 정착시킨 인사·행정 시스템이 퇴보하지 않아야

2012년부터 4년간 연세대학교는 비용은 낮추되 효율을 높이는 행정시스템을 갖추기 위하여 많은 혁신을 추구하였고, 이 과정에서 구성원들이 용역 노조의 부당 노동행위 등 많은 어려움을 감내해야 했다. 특히 행정 직군 다양화와 성과 연동 급여 체계를 도입하는데 있어서 교직원 노조가 대학의 운영비 부담 경감을 위해 고통을 나누는 큰 결의를 해 준 것은 타 조직에서 찾아보기 어려운 역사라 할 수 있다. 그러나 최근들어 이렇게 어렵게 쌓아놓은 인사 제도의 근본이 대량 승진과 성과 반영이 미흡한 인사 조치로 인하여 크게 흔들리고 있어서 우려를 자아내고 있다. 개인의 능력이나 성과보다는 연공서열 위주의 승진의 구습으로 다시 돌아가는 모습을 보여줌으로써 교직원들이 열심히 일하고자 하는 의욕을 잃어가고 있다. 인사 제도의 변화는 구매 등 다른 분야에 이르기까지 이전 시스템으로 복귀할 수 있다는 우려를 자아내게 한다. 어렵게 이룬 1보 전진이 2보 후퇴가 되지 않도록 행정부가 바뀌어도 제도의 일관성 유지를 위한 관심과 의지가 필요하다.

2. 재정 역량 강화

대규모 인프라 투자 불구, 재정 건전성 유지

연세가 세계적 명문으로 도약하기 위해서는 글로벌 경쟁력을 갖춘 명문 교육 프로그램과 연구의 수월성을 확보해야 하고 이를 뒷받침하기 위한 재정 역량을 강화해야 한다. 제3 창학을 주창하면서 정갑영 총장은 이 문제를 해결하기 위해 다각적인 혁신과 체계적인 재정 확보 방안을 추진하였다. 우선 명문 교육프로그램으로서 RC 프로그램을 원주에서 송도 국제캠퍼스까지 신입생 전체를 대상으로 확대했을 뿐만 아니라 언더우드국제대학^{UIC}을 대폭 확대하고, 글로벌인재학부를 신설하였으며, 대학원 프로그램으로 글로벌신학원^{GIT}을 개설하였다. 이와 함께 명문 교육을 지속적으로 뒷받침할 수 있는 재정 기반을 마련하기 위해 UIC와 글로벌인재학부 등은 프로그램의 수준에 맞는 등록금을 책정하여 재정적으로 지속가능한 구조를 확립하였다.

장기적으로 지속가능한 재정 건전성을 유지하기 위해 본부는 경상수입을 증대시키기 위해 노력하는 한편 불요불급한 경비의 절감을 적극적으로 유도하는 정책을 지속적으로 추진한 것이다. 이와 함께 교육 프로그램의 질적 수준 향상을 동시에 추진하고, 미래교육원^{종전 평생교육원}을 전면 개편하여 비학위 과정을 활성화하고 성인 교육을 대폭 확대하여 대학의 사회적 기여를 확대하였으며, 산업계와의 협력 강화를 위한 계약학과 제도도 활성화하였다. 또한 인프라 확충 사업의 재원 조달을 위해 대대적인 모금 캠페인을 전개하여 사상 최대 인원의 최대 규모 모금을 달성하였고, 재원조달도 BTL^{Build-Transfer-Lease}은 물론 현물과 서비스 기부 등 다양한 형태의 조달 방식을 활용하였다.

이러한 노력의 결과 2012~15년 기간에 제3 창학의 핵심 사업으로 전 캠퍼스에 걸쳐 많은 인프라의 확충 사업이 진행되었음에도 불구하고 학교의 재정은 건전하게 유지되었을 뿐만 아니라 오히려 장기적으로 지속적인 재정 건전성이 유지될 수 있도록 행정과 인사 등 시스템의 혁신이 이루어졌다. 특히 제3 창학 기간 중에는 등록금 반값 정책으로 인해 등록금이 동결되거나 인하되었음에도 백양로 재창조와 경영관과 우정원 신축, 과학관과 공학관의 증축은 물론 S-캠퍼스의 구축 등 수많은 인프라 혁신 투자가 성공적으로 이루어졌다.

본교의 재정 역량의 강화를 구체적으로 2011학년도와 2015학년도를 비교하여 살펴보면 먼저 2015학년도의 등록금 및 수강료 수입이 2011학년도 보다 85억 원이 증가하였다. 또한 전입 및 기부 수입이 대폭 증대하였을 뿐만 아니라 교육 부대 수입도 126억 원에서 428억 원으로 크게 증가하였다. 이에 따라 학교 운영의 기본이 되는 운영 수입은 등록금 동결 등 여러 제약에도 불구하고 2015학년도 4,944억 원으로 2011학년도의 4,407억 원보다 537억 원이나 증가하였다. 한편 운영 지출에서는 용역비, 전기 수도료, 교원 인건비 등이 증가했으며 각종 건축 공사에 따른 공사비인 고정자산 매입지출은 2011년에 554억 원에서 많은 인프라 혁신 사업이 완료된 시점인 2015년에는 1,342억 원으로 크게 증가하였다. 그러나 건축 공사에 따른 일시적인 지출 증가에도 불구하고 경상수입의 기본이 되는 등록금과 기부금 등이 크게 증가하여 재정 건전성이 유지되었음을 알 수 있다. 향후에도 등록금 등의 경상수입이 지속적으로 유지될 것이므로 관리운영비 등의 과다한 지출을 억제하고 신규 건축 공사비 등을 기부금과 연계하여 추진한다면 학교의 운영수지는 지속적인 건전성을 유지할 수 있을 것이다.

재정상황의 비교 (단위: 억원)

운영수입	2011학년도	2015학년도
등록금 및 수강료 수입	2,994	3,079
전입 및 기부수입	828	1,226
교육 부대수입	126	428
교육외 수입	459	211
합계	4,407	4,944

운영지출	2011학년도	2015학년도
보수	1,884	2,087
관리운영비	630	861
연구학생경비	1,267	1,374
교육외비용	44	4
전출금	17	66
합계	3,842	4,392

한편 본교의 자금 흐름을 보면 2011학년도 평균 보유 자금이 약 5,690억 원이었으나 2012학년도에는 약 5,860억 원, 2013학년도에는 약 5,950억 원, 2014학년도에는 약 6,130억 원으로 지속적인 증가를 보였다. 그리고 백양로 재창조 사업을 비롯한 대부분 시설 공사비가 완불된 2015학년도2016.1.31.까지에도 약 5,620억 원을 나타내 2011학년도에 비교해 평균 잔고에서 큰 차이를 나타내지 않았다. 다시 말하면 2012년 이후 지속된 대대적인 인프라 확충 투자에도 불구하고 기부금 등 재원 조달이 순조롭게 진행되어 본교의 재정 상황은 건전하게 유지되고 있음을 보여주고 있다.

백양로 재창조 사업의 재원 조달

백양로 재창조 사업의 재원 조달 현황을 보면, 다양한 모금방식과 2만 2천여 명의 참여 등 연세 역사상 가장 큰 규모의 공사에 걸맞게 가장 모범적인 자금 확보가 이루어졌음을 알 수 있다. 백양로 재창조 사업에는 공사비 1,035억 원과 감리, 설계 용역비를 포함하여 총 1,076억 원이 소요되었고, 백양로 사업과 함께 노후시설 개선 사업의 일환으로 시행된 운동장 후편의 남문 신설 공사에는 약 90억 원이 투입되었다. 노후시설 개선 사업은 매년 배정된 예산을 기반으로 연차적으로 이루어지는 것으로 소요 예산은 백양로 재창조 사업비와는 별개로 분류할 수 있다.

재원 조달은 일반 모금액 504억 원과 각 시설 사용 기관 등의 기부금 576억 원, 기금 이자 15억 원으로 총 1,085억 원에 달하였다. 또한 편의 시설 등의 운영을 통해 매년 최소 13억 원 이상의 순수익이 발생하는 구조로 기획되었다. 모금액 중 59%^{298}억 원는 1억 원 이상 기부한 백양클럽에서 조달되었고, 이미 2016년 1월말 현재 전체 모금액의 약 91%가 납입되었으며, 잔여 금액도 매월 또는 매년 납입되고 있으므로 순조롭게 납입될 수 있도록 본부의 관심이 필요하다. 사용자 기부금은 의료원의 300억 원을 비롯하여 생활협동조합, 어학원 등이 참여하였다. 모금 규모는 물론 2만 2천여 명에 달하는 기부자, 향후 수익 창출의 규모 등을 감안할 때 백양로 재창조 사업은 재원 조달면에서도 한국 대학의 역사에 큰 기록을 남기게 되었다. 향후 약정된 기부금이 완납될 수 있도록 관리한다면 교비 투입 없이 기부금으로 백양로 재창조 사업을 완수하는 역사를 이룰 수 있을 것이다.

교육의 질 향상과 재정 확충을 함께 이루다

제3 창학기에 연세는 우리 대학의 글로벌화와 프리미엄 교육의 확대라는 두 마리 토끼를 잡기 위해 언더우드국제대학을 확충하는 한편 글로벌인재학부를 신설하였다. 그런데 외국인을 포함한 정원 외 학생들이 대폭 증가함으로써 '반값등록금' 추세로 어려움을 겪고 있던 대학 재정에도 도움이 되는 부수적 효과도 얻었다.

언더우드국제대학^{UIC}의 입학 정원은 2013학년도까지 222명이었으나 2014년 313

명, 2015년 383명으로 확대되었고, 2017년 이후 422명을 유지할 계획이다. UIC의 학생 수외국인과 재외국민 등 정원 외 학생 포함는 2012년 1,482명에서 2015년 2,772명으로 늘었고 같은 기간 등록금 수입입학금 포함도 102.6억 원에서 192.5억 원으로 대폭 증가하여 글로벌 경쟁력을 가진 명품 프로그램으로 발전하기 위한 투자가 가능하게 되었다.

글로벌인재학부GLD: Global Leadership Division는 2015학년도 신설된 이후 매 학기 110명 내외의 신입생들이 입학하여 수학하고 있다. 이는 GLD의 국내 입학 정원이 10명연단위이고 대다수의 신입생들이 정원 외 외국인임을 고려할 때 경이로운 성과라 할 수 있다. 2015년 말 현재 334명이 재학등록금 수입 22.4억원하고 있는데 2018년 편제가 완성되면 거의 1천 명이 재학하는 초대형 학부로 성장하리라 기대된다.

계약학과 신설 및 확대

계약학과는 '산업체의 다양한 인력 수요에 탄력적으로 대응하여 산업체 맞춤형 인력 양성, 소속 직원의 재교육 및 직무 능력 향상을 위한 교육을 국가, 지자체, 사업체 등이 대학과 계약으로 설치, 운영하는 제도'로 정의된다.「산업교육진흥 및 산학연협력촉진에 관한 법률」제8조 및 같은 법 시행령 제8조~제9조 계약학과에는 채용조건형과 재교육형의 두 유형이 있다. 채용조건형이란 산업체 등이 채용을 조건으로 학자금 지원 계약을 체결하고 특별한 교육 과정의 운영을 요구하는 형태로써 학생 정원은 '전체 입학생 수 또는 입학 정원의 10/100'으로 제한된다. 반면 재교육형이란 산업체 등이 소속 직원의 재교육, 직무능력 향상, 전직 교육을 위하여 경비의 전부 또는 일부를 부담하면서 교육을 의뢰하는 형태로서 학생 정원에 대한 제한이 없다.

계약학과에 대한 이러한 사회적 요구와 교육적 목적, 그리고 정부 시책에 적극 발맞추어 우리 대학도 정갑영 총장 취임 직후부터 계약학과의 설립과 확충에 박차를 가하였다. 우리 대학 내의 계약학과는 2012년 2개에서 출발하여 2016년에는 16개로 대폭 늘었으며 이에 따라 등록금 규모는 동 기간에서 7.8억 원에서 64.9억 원으로 증가하였다.

계약학과 현황

구분	대학원	과정명	신설학기
일반대학원	물리학과	광과학·공학협동과정	2015-1
	화공생명공학과	엔지니어링융합협동과정	2015-1
	정보산업공학과	융합기술경영공학협동과정	2015-2
	전기전자공학과	첨단방위산업학협동과정	2015-1
전문대학원	경영전문대학원	해외사업특화MBA	2014-1
	정보대학원	금융정보보호과정	2013-2
		디지털포렌식과정	2015-2
		빅데이터과정	2014-1
		정보미디어전략과정	2005-1
		지식서비스보안과정	2011-1
특수대학원	공학대학원	신발전공학과	2013-2
		융합기술경영학과	2013-1
	경제대학원	국제자산운용전문가과정	2014-2
		빅데이터분석전문가좌정	2015-1

책임운영기관 제도의 정비와 내실화

자율운영기관 제도란 교비 특별회계 기관은 물론 교비 일반회계 기관이 특별한 사업이나 자금 운용을 통해 효율성을 높이고 설립 목적을 더욱 충실히 달성하는 한편 수익을 창출하게 하는 제도로써 2004년 도입되었다. 2004년부터 2007년까지 3차례에 걸쳐 대학원, 대학·대학원 부속 기관, 부속 교육기관, 연구소 등

성격이 상이한 45개가 자율운영기관으로 지정되어 있었다.

　　즉 경영전문대학원과 공과대학 등 4개 학위 수여 대학(원)과 상남경영원 등 4개의 부속기관, 미래교육원, 어린이생활연구원, 국가관리연구원 등 총 45개의 부속기관, 연구 기관 및 기타 기관들이 모두 자율운영기관으로 지정되어 있었다. 그러나 대부분 효율성 제고나 수익 창출과는 거리가 먼 기관들이었고, 정규 학위 수여 기관들의 경우 학생·원생들의 지원이 쇄도하다 보니 기관에 유인을 제공할 필요가 적었다. 또한 '자율'만을 강조하다 보니 예산이 방만·위법하게 집행되고 과도한 수당이 지급되는 등 부작용이 적지 않아서 학교법인 감사의 개선 권고사항으로 지적되기도 하였다. 이에 2012년 자율운영기관 제도개선위원회를 구성하여 제도 개선의 원칙과 기준을 만들고 자율운영기관 제도를 대폭 보완하여 '책임운영기관'제도를 도입하였다. 책임운영기관의 선정 기준은 ①매출액 20억 원 이상인 기관 가운데 ②학교 재정에 기여할 수 있는 수익 기관으로 하며 ③정규 학위 기관, 연구 기관, 필수 학생지원 기관은 제외하는 것으로 정립하였다. 그 결과 4개 교육기관_{한국어학당, 외국어학당, 미래교육원, 상남경영원}과 2개 교육외 기관_{공학원, 대학출판문화원}만을 책임운영기관으로 선정하였다.

　　책임운영기관에는 ①구매, 예산집행 등에 자율권을 더 부여하되 ②수익자 비용 부담을 원칙으로 하는 성과 관리와 책임 경영을 강화하고, ③간접 비율도 사업 특성에 따라 차등 적용한다는 규정을 정비하였다. 책임운영기관 관리위원회를 만들어 책임운영 기관의 설치, 운영, 해제 그리고 사업 목표 및 운영 계획 심의 등을 다룰 뿐 아니라 평가를 통하여 최우수 기관, 우수 기관을 선정하여 기관 및 기관 구성원에게 포상함으로써 실질 인센티브가 돌아가도록 하였다.

　　뚜렷한 원칙이나 기준 없이 정해졌던 기관 간접 비율도 책임운영기관 제도 정비와 함께 심도 깊은 분석을 통하여 기관별 사업 전망과 수지를 감안하여 책정하였다.

Ⅴ. 캠퍼스 인프라 혁신

대학의 인프라infrastructure는 교육과 연구, 임상, 행정 등 핵심 서비스를 제공하는 데 필요한 중요한 시설과 제도를 말한다. 인프라가 사회간접자본으로 널리 인용되는 이유도 생산이나 생활에 필요한 기반 시설을 말하기 때문이다. 연세대학교는 130여 년의 오랜 전통을 갖고 있지만 학교 규모의 팽창과 더불어 새로운 시설의 수요가 급격히 팽창하고 있었고, 기존 시설의 현대화도 시급한 실정이었다. 특히 신촌의 본교 캠퍼스는 지난 10여 년 이상 시설 확충이 이루어지지 않아 교육과 연구, 주차 공간의 공급이 절대적으로 부족한 상태였다. 공과대학과 경영대학 등의 신증축 사업도 이사회의 승인 이후 10여 년 이상 표류하고 있었다. 최근에 신설된 송도의 국제캠퍼스에서는 신규 시설의 확충이 지속적으로 이루어지고 있지만 의료원과 원주 캠퍼스의 시설 부족은 본교와 유사한 실정이었다.

제3 창학의 일환으로 연세 모든 캠퍼스에서는 2012년~2016년 사이에 대대적인 인프라 혁신이 전개되었다. 캠퍼스 인프라의 혁신은 크게 교육과 연구 시설을 확충하는 하드웨어 인프라와 교육, 행정, 문화 활동을 지원하는 소프트 인프라의 혁신으로 구별할 수 있다. 소프트 인프라의 혁신은 대학 교육 방식의 변화에 선제적으로 대응하고 연세 제3 창학의 기치를 높이기 위하여 스마트 캠퍼스 프로젝트를 중심으로 이루어졌다. 우리은행으로부터 100억 원 상당의 시스템을 기부받아 스마트 캠퍼스 프로젝트를 성공적으로 구축함으로써 우리 대학은 세계에서 가장 앞서가는 IT 인프라 교육 환경을 갖추게 되었다. 이를 통해 시간이나 장소에 구애받지 않는 교육 환경 구축, 스마트폰을 통한 정보 서비스 제공, 사물인터넷을 통한 맞춤형 서비스 제공, 캠퍼스 내 학사 행정 등 각종 통합형 정보시스템이 가능해졌다. 동시에 캠퍼스 내에서 학생들이 안전하게 생활할 수 있는 Y-Safe 시스템을 도입하여 야간 보행은 물론 캠퍼스 전역에서 모든 분야의 안전을 보장하게 되었다.

제17대 총장 임기 중 진행된 주요 인프라 혁신 사업

사업명	층수		연면적(㎡)	사업기간
	지하	지상		
백양로 재창조 프로젝트	3	1	58,742	2013.8-2015.9
경영대학	3	6	20,135	2014.1-2015.9
제1공학관증축(남북윙증축및입면개선)	0	6	4,802	2014.6-2015.6
제1공학관증축(타워동증축)	1	10	16,070	2015.8-2017.4
과학관 증축 및 외벽환경 개선	0	6	4,154	2014.10-2015.8
우정원 학생기숙사	2	5	6,612	2014.1-2014.10
신촌캠퍼스 소계			110,515	
연세암병원	6	15	105,800	2010.7-2014.2
제중·법현학사 재건축	3	7	41,404	2015.2-2016.11
에비슨의 생명연구센터	5	6	40,229	2010.8-2013.2
의료원 소계			187,433	
원주세브란스기독병원 권역외상센터	1	4	4,617	2013.11-2014.10
원주세브란스기독병원 외래센터	1	6	14,541	2013.11-2015.12
원주세브란스 기독병원 소계			19,158	
국제캠퍼스1-2B(송도2학사)	1	13	63,742	
국제캠퍼스1-2B(지혜관C)	0	1	336	2012.7-2014.1
국제캠퍼스1-2B(주차장)	1	1	34,311	
국제캠퍼스 포스코그린빌딩	1	5	5,571	2012.9-2013.9
국제캠퍼스 크리스틴채플 인테리어	0	1	719	2013.9-2013.10
국제캠퍼스1-2A(언더우드기념도서관)	1	7	13,095	
국제캠퍼스1-2A(진리관A)	1	5	9,653	
국제캠퍼스1-2A(진리관B)	1	4	9,574	
국제캠퍼스1-2A(진리관C)	1	4	10,951	2011.9-2013.2
국제캠퍼스1-2A(진리관D)	1	5	9,240	
국제캠퍼스1-2A(지혜관B)	0	1	250	
국제캠퍼스1-2A(크리스틴채플골조)	0	1	719	
국제캠퍼스 소계			158,161	

V. 캠퍼스 인프라 혁신

교육과 연구 및 의료 서비스의 효율적인 제공과 쾌적한 연구 공간의 확충을 위한 캠퍼스 하드웨어 인프라 혁신은 지난 4년간 괄목할만한 성과를 거두어 연세 역사상 총장의 4년 단임 기간으로는 최대의 업적을 거두었다. 2012년~2016년 사이에 진행된 주요 캠퍼스 인프라 확충은 백양로 재창조 사업과 연세암병원, 원주 세브란스의 외래센터, 송도 국제캠퍼스의 언더우드기념도서관 등 총 연면적이 475,267㎡에 이른다.

일부 사업은 2012년 취임 이전부터 시작되었거나 2016년 이후에 완공될 부분이 포함되어 있지만 대부분의 사업이 제3 창학기에 마무리되었다. 실제로 정갑영 총장이 제3 창학의 일환으로 공약한 인프라 혁신이 모두 이루어진 셈이다. 특히 학교 역사상 가장 큰 규모의 백양로 재창조 프로젝트와 국제 캠퍼스의 완공, 경영관과 공과대학, 이과대학의 신증축 등 오랜 숙원 사업이 모두 완료되었다. 또한 학생 복지를 위해 송도 제2학사와 우정원, 제중-법현 학사의 신증축 등으로 RC 프로그램의 운영을 위한 기반 시설을 완료하였고, 이로써 연세대학교는 국내 최대의 기숙사 수용 능력을 갖추게 되었다.

신촌캠퍼스의 중추이며 요람이라 할 수 있는 백양로는 캠퍼스를 동서로 양분하면서 수많은 차량들과 교내 구성원들이 뒤섞여 면학 분위기를 저해하고 대기 오염, 소음, 안전 문제를 야기하고 있었다. 과거 오랫동안 백양로 환경 개선을 위한 방안을 검토하고 시행 직전까지 이른 적도 있었으나 재원 마련에 어려움을 겪으면서 계획은 번번이 좌절되었다. 정갑영 총장은 제3 창학의 일환으로 백양로 환경 개선을 위한 '백양로 재창조 프로젝트'를 공약으로 걸고 취임 직후부터 과감한 추진력과 성공적인 모금 활동을 통해 캠퍼스를 완전히 탈바꿈시켰다. 그 결과 학생들을 위한 후생복지 시설과 교육·학술·연구 공간이 대폭 확충되었고 의료원의 만성적인 주차 문제도 크게 해결되었으며 본교와 의료원 간의 캠퍼스 융합에도 크게 기여하는 결과를 가져왔다.

1. 백양로 재창조[2]

백양로 재창조 프로젝트: 역사적 의의와 배경

백양로는 1917년 연희전문에서 화학을 가르치던 캐나다인 밀러 교수가 설계하고 1921년 농과 학생들이 실습용으로 백양나무를 심으면서 처음 조성되었다. 1920년대에 오솔길과 같던 백양로는 1958년 차량이 다닐 수 있도록 확장되었다. 1968년에는 굽었던 길을 정문부터 본관에 이르기까지 직선이 되도록 바로 잡고 왕복 차선으로 확장했다. 이 즈음 백양목은 수명을 다하기도 했고 병해충에 약하고 꽃가루 문제도 제기되어 은행나무로 교체되었다.

이처럼 작은 오솔길이던 백양로가 폭 22미터의 차도로 확장되고 교통량이 늘어나면서 보행자 안전이 새로운 문제로 부상하였다. 또한 백양로 중앙의 차량통행으로 백양로를 가운데 두고 캠퍼스가 동과 서로 단절되는 형상을 보이게 되었다. 2012년 11월 평일을 기준으로 조사한 자료에 따르면 백양로를 중심으로 교내 진출입 교통량은 하루 평균 17,700대였다. 특히 성산대로 정체 발생 시에는 캠퍼스 밖 차량들이 정체 구간을 피해 정문, 동문, 북문 및 세브란스병원을 거쳐 교내를 통과하게 된다. 조사일 기준 정문 게이트 입출차 차량 조사 결과 교내 등록 차량 비율은 40%이고, 방문객 및 영업용 차량 비율이 60%로 교내 구성원 교통량의 2배에 가까운 많은 외부 차량이 교내를 통행하고 있음을 알 수 있다.

캠퍼스의 특성상 대부분의 교통량이 등하교와 출퇴근 시간에 집중되고 입학식, 졸업식 등 각종 행사가 있을 경우에는 차량이 백양로에 집중되어 과다한 교통 부하를 유발하였다. 차량 진출입이 백양로를 통한 정문에 집중되어 성산대

---

2) 백양로 재창조 사업에 대한 상세한 내용은 별도로 발간된 「백양로 건설지」(백양로 건설사업본부, 2016)와 자료집 「백양로 재창조 프로젝트 홈페이지 모음집」(백양로건설사업본부, 2016)에 수록 되어 있음.

로 교통량과 맞물리는 시간에는 백양로 550미터 구간이 모두 정체 구간이 되어 면학 분위기를 저해하는 실정이었다.

혼잡시간대의 백양로 진출차량 대기행렬 및 보행자와 차 혼재

제17대 총장 선거 공약

연세대학교 17대 총장으로 입후보한 정갑영 교수는 차량과 보행인으로 뒤섞인 캠퍼스 내의 번잡함을 해소하고 백양로를 녹지화하는 '백양로 재창조 프로젝트'를 공약으로 제시하였다.

백양로 재창조 프로젝트 공약 내용

백양로 재창조 프로젝트

- 백양로 전면 개선, 통합과 소통의 공간 창출
- 지하 주차장, 지상 녹지, 기존 건물에 연계한 문화공간 신설
- 세 축을 중심으로 공간 배치, 효율적으로 기본 축 연결
    - 교육과 연구 공간의 연결(기존 건물의 축)
    - 문화, 복지, 후생 지원을 위한 공간 신설(문화의 축)
    - Entry & Central Plaza 등 교류와 만남의 공간(소통의 축)
- 건물, 도로, 공간의 연계 및 캠퍼스 교통 흐름 획기적 개선
- 학교 위상 및 이미지 홍보와 연계된 캠퍼스의 상징적 사업

Y-Avenue, 지하 주차장 등 단계적 추진

- 1단계: Y-Avenue(가칭), Central Plaza 등 지상 환경 조성
    - 백양로 지하 주차장(약 1,000대 규모)
- 2단계: 주변 시설 및 교육, 연구, 문화 공간의 단계적 추진
    - 교통 흐름 체계의 개선, 캠퍼스 안전 확보
    - 연세 상징 조형물 설치

사업 타당성 검토와 의견 수렴

백양로를 보행자 중심의 만남과 소통의 공간으로 변화시키기 위한 '백양로 재창조 프로젝트' 사업의 첫 단계로 프로젝트의 세부 실행계획을 수립하고 예비 타당성을 검토하기 위하여 Task Force Team[TFT]이 2012년 3월 8일 구성되었다. 행정대외

부총장을 위원장으로 하고 기획실, 관재처, 의료원 사무처와 건축, 토목, 도시공학과 교수 등을 위원으로 하였다.

TFT는 교통, 주차, 조경, 연구 및 문화 시설, 편의 공간 등 다각도에서 검토를 진행하였고, 그 진행 과정을 실처장 워크숍, 학장-대학원장 협의회, 교수평의회, 의료원 등에서 보고하였다. 또한 교직원, 학생, 동문을 대상으로 설문조사를 실시하고 백양로 아이디어 공모전도 개최하였다. 2012년 7월 10일, TFT가 제시한 '백양로 재창조 프로젝트' 계획안이 법인 이사회의 승인을 거쳐 2012년 8월 30일 연세 비전 교직원 컨퍼런스에서 백양로 진행 계획이 발표되었다. 이사회 상정 전 대학본부는 백양로 재창조 프로젝트에 대한 구성원 의견을 수렴하기 위해 2012년 6월 4일부터 15일까지 2주에 걸쳐 이메일 설문조사를 실시하였다. 총 1,770명이 응답하였고 응답자의 구성은 재학생 80%, 교수 10%, 직원 8%, 동문 2%였다.

조사 결과 백양로의 개선 필요성에 대해서는 전체 응답자의 78%가 백양로의 개선이 필요하다고 응답하였으며 그 이유로는 차량과 보행자 완전 분리를 통한 보행자 안전 도모[29%], 지하 공간 개발을 통한 공간 이용의 효율성 증대[26%], 그리고 캠퍼스 미관 개선[20%] 등을 꼽았다.

백양로 개선 필요성 및 백양로 개선 필요 이유에 대한 응답

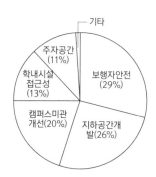

또한 공사 기간 중 교내 혼잡과 지하 시설의 통풍·채광 등 공사 중 환경 문제에 대해 우려의 의견을 나타냈으며 외부인 유입 증가로 캠퍼스 혼잡을 걱정하는 목소리도 들을 수 있었다. 백양로를 원형대로 보존해야 한다는 의견도 소수 있었다.

건설사업본부 발족

법인 이사회가 백양로 재창조 프로젝트를 승인함으로써 2012년 9월 1일 백양로 건설사업본부가 구성되어 백양로 프로젝트를 주관하게 되었다. 초기에는 김영세 기획실장이 건설사업본부장을 겸직하였으나 사업의 중요성에 따라 2014년 3월부터는 박진배 행정대외부총장이 겸직하게 되었다. 실무를 총괄하는 건설사업단장은 공과대학 건축공학과 임홍철 교수지하공간연구센터장가 임명되어 2015년 10월 완공까지 그 책임을 맡았다.

건설사업본부는 건설사업단을 중심으로 교통, 건축, 공간 인테리어, 조경 등 17개 분과위원회를 구성하여 각 분야별로 아이디어 개발과 전문가 검토 의견을 수렴하였다. 또한 학교 건축물 공사 중 처음으로 CM Construction Management을 시행하여 발주처에 유리한 판단을 설계와 시공 단계에서 반영할 수 있도록 함으로써 성과를 거두었다. 백양로 프로젝트는 특정 단과대학이나 기관에 소속된 건축물이 아니어서 대학본부의 여러 기관이 그 계획과 실행을 함께 논의하였다. 건축기획위원회를 통해 기획실, 시설처, 총무처에서 계획과 시행, 관리 측면을 검토하였고, 학생복지처의 학생과 신촌 상인 의견수렴, 대외협력처의 모금, 의료원 사무처, 생활협동조합, 언어연구교육원 등과의 업무 협조가 이루어졌다. 백양로 프로젝트의 설계는 2012년 8월 17일 선정된 간삼건축이 맡기로 하였다.

건설사업본부 조직도

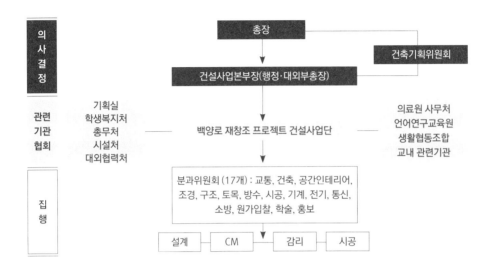

신촌 상인의 반대와 상생협약

신촌상가번영회는 백양로 재창조 프로젝트로 인해 학내에 대규모 상업시설이 들어서 신촌 상권을 위축시킬 것을 우려하여 2012년 12월 4일 연세로에 현수막을 걸고 반대 행동을 펼쳤다. 이러한 움직임은 언론에도 보도되어 백양로 프로젝트가 사회적 관심을 받게 되었다. 신촌상가번영회는 학교가 신촌 상인들과 소통을 활성화하고 서로 상생할 수 있는 방법을 찾아 줄 것을 요구하였다.

대학본부는 신촌번영회를 대상으로 '백양로 재창조 프로젝트 주민설명회'를 개최하고 서대문구청-신촌번영회-연세대학교의 협의체를 통해 수차례 회의를 하는 등 신촌상인들과의 소통을 위해 많은 노력을 기울였다. 우선 백양로 지하에는 학교시설규모에 걸맞은 최소한의 편의시설이 입주할 것이라는 설명과 백양로 완공 후에 신촌상가에 도움이 될 수 있는 상생의 논의를 지속하기로 하였다. 그 결과 서대문구청-신촌번영회-연세대학교는 2012년 12월 21일 상생협약을 체결하고 프로젝트 진행에 문제가 없음을 상호 확인하였다.

기공식과 착공

백양로 재창조 사업을 위해 설계사의 기본 설계와 인허가 과정을 모두 마치고 2013년 5월 11일 연세대학교 창립 128주년을 맞아 기공식을 백양로에서 가졌다. 이로써 26개월에 걸친, 총 550m의 백양로에 1만 8천 평 규모의 지하 공사와 지상 2만 평 규모의 조경 사업이 본격적으로 추진되었다.

백양로 공사는 크게 3단계로 진행되었다. 1단계로 지상의 수목 이식 및 기존 시설물 철거를 진행하고 2단계는 지하 구조물 구축, 그리고 3단계로 지하 인테리어 및 바닥 포장공사, 진출입로 공사 순으로 시행되었다. 백양로 프로젝트의 가장 중요한 고려 사항은 공사 현장이 학교 중앙 통행로에 있어서 공사 중에도 정문에서부터 본관까지의 안전한 통행로를 확보함은 물론 면학 분위기를 해치지 않기 위해서 학기 중 소음을 최소화해야 한다는 것이다. 2013년 8월 8일 백양로 공사 시행 업체로 한화건설이 결정되었고 8월 21일 착공하였다.

2013년 5월 11일 창립 128주년 행사 중 기공식 모습

일부 교수의 반대와 공사 방해

공사 시작 후 뒤늦은 반대운동 백양로 재창조 사업은 오랫동안 지체된 연세의 숙원 사업이고, 제17대 정갑영 총장의 핵심적인 공약으로서 총장 인준에서 86.6%의 전폭적인 지지를 받았다. 이 사업은 총장 취임 후인 2012년 6월에 교내 구성원을 대상으로 실시한 설문조사에서도 78%에 달하는 높은 지지를 받아 설계자 선정, 다양한 여론 수렴, 서울시 및 자치구 인허가 등을 거쳐서 2013년 5월 기공식을 갖고 2013년 8월 21일 착공하게 되었다. 그러나 백양로 재창조 사업은 착공하자마자 일부 교수를 중심으로 사업 자체에 대한 극렬한 반대와 공사 방해로 인하여 상당 기간 공사가 지연되는 안타까운 일이 발생하였다.

2013년 9월 5일 반대시위를 하는 연사모

정 총장은 취임 후 첫 번째 전체 교직원 모임인 2012년 2월 29일 연세비전

컨퍼런스에서 백양로 재창조 사업의 의의와 비전에 대하여 상세히 설명하였다. 이후 학장·대학원장 협의회, 학장협의회, 부학장·학부장·학과장회의 등을 통해 이 사업의 취지와 진행 과정을 전체 교수들에게 전달하는 데 최선의 노력을 하였다. 그럼에도 불구하고 이 사업을 추진한 지 거의 1년여의 시간이 지난 2013년 2월 13일 제16대 교수평의회^{의장 양혁승}는 백양로 재창조 사업의 중단을 요구하며 본부에 공청회 참여를 요청하였다. 이에 본부는 4월 8일 공청회에 참석하여 진지한 토론에 적극 임하였다.

천막농성 본부는 일부 교수들의 때늦은 반대를 경청하며 합리적인 근거를 제시할 경우 언제든지 공사를 중단할 용의가 있다는 입장을 견지한 후 다각적인 소통과 대화를 시도하였다. 이 과정에서 제16대 교수평의회^{이하 교평}는 "사업의 준공 시점을 2015년 5월로 임의적 시한을 정했다", "지하 공간은 한 번 개발하면 다시 손을 대기 어렵다", "지하 주차장의 비중이 너무 높다" 등을 반대 사유로 주장하였다. 또한 '연세캠퍼스를 사랑하는 교수모임'^{이하 연사모}의 발기인^{서길수, 조한혜정, 김원옥, 양현석 등}과 참여 교수^{이경원, 김용민, 김진영, 윤태진 등} 11명이 성명서와 릴레이 기고문을 발표하며, 중앙도서관 앞에서 천막을 치고, 몇몇 교수들^{조한혜정, 김진영, 서홍원 등}은 학부, 대학원 수업을 현장에서 진행하고, 백양다방을 운영하는 등 69일 동안 백양로 재창조 사업의 전면 중단을 요구하며 공사 진행을 방해하였다. 연사모는 "백양로 재창조 사업은 주차장 사업이다", "제1 공학관이 무너질 수 있다", "백양로의 유서 깊은 나무들이 모두 뽑혀서 죽는다", "경전철 서부선의 시행 계획이 반영되지 않았다", "900억에 달하는 공사비를 학생 등록금으로 충당한다", "백양로 재창조 사업 때문에 연구비 기부가 줄어든다"는 등 합리적인 수준에서 납득하기 어려운 주장을 되풀이하였다.

이러한 교평과 연사모의 반대 주장에 대해서 제51대 총학생회 회장 후보로 출마한 '역지사지'[학생자치단체]의 학생 대표가 '백양로의 진실을 찾아서!'란 슬로건을 내걸고 반박의 목소리를 냈다. 그뿐만 아니라 당시 제50대 총학생회[회장 고은천]는 학생을 위한 공간 확보와 공사 기간 중의 소음 및 안전 대책이 마련된다면 지지한다는 입장을 취하였다. 연세대학교 총동문회도 2013년 8월에 전폭적인 지지를 결의하고 박삼구 동문회장을 비롯한 각 단과대학 및 지역지회에서 잇단 후원과 참여를 결의하였다. 그 결과 2013년 8월까지 교직원, 동문, 학부모 등 7,600여 명이 기부 약정을 하였고, 1억 원이 넘는 고액 기부자도 50여 명에 이르렀다.

백양로에 '동문광장' 만든다(동문회보 7월호)

백양로에 '동문광장' 만든다

총동문회, 동문광장 공사비 30억 원 지원

백양로에 '동문광장(Alumni Plaza)'이 조성된다. 백양로 지하 주출입구와 썬큰(Sunken) 가든으로 3백 60여 평에 조성되는 '동문광장'은 총동문회의 요청을 학교가 수용함으로써 만들어지게 되었다.

총동문회는 지난 6월 11일 동문회관 2층에서 열린 6월 상임위원회에서 이같은 내용의 백양로 재창조사업 지원 방안을 논의하고, 이에 필요한 총동문회 차원의 자금 지원을 의결했다.

박삼구 총동문회장은 그동안 총동문회에서 펼친 모교 후원 사업들을 설명하고, "백양로 재창조 사업에도 총

동문회가 나섰으면 좋겠다"며 안건을 상정했다. 건설자금은 총동문회 유동성 자금과 동문회관 수익금 중 재단의 의결을 거쳐 지원된다. 소요자금은 총 30억 원 규모이다. 동문광장은 1백18명 규모의 스탠드와 45명 규모의 잔디밭으로 구성되며, 약 8백 명을 수용할 수 있다.

백양로 재창조사업 본부장을 맡고 있는 박진배 행정대외부총장은 총동문회 지원에 감사의 뜻을 전하고, 10월 7일 그랜드 오픈을 목표로 착실히 진행되고 있는 백양로 사업 현황과 동문광장에 대해 설명했다. YS

(출처: 동문회보 7월호)

백양로 소통전략그룹과 협의체를 통한 소통 본부는 백양로 재창조 사업에 대한 정확한 정보를 적시에 제공하고 연세 구성원들의 요구를 적극적으로 반영하기 위하여 '백양로 소통전략그룹'을 운영하였다. 백양로 소통전략그룹은 백양로 재창조 사업에 대한 올바른 정보를 제공하기 위하여 '백양로 소식지'를 정기적으로 발간하고, 백양로 브로슈어를 제작하였으며, 백양로 재창조 사업 홈페이지를 지속적으로 보완 업데이트하는 활동을 수행하였다. 이러한 본부의 소통 노력에도 불구하고 제17대 교수평의회^{당시 의장 김원옥}와 연사모는 지속적으로 의혹을 제기하고 본부가 그에 대한 합리적 상유를 제시하면 또 다른 이유를 대며 합리적인 근거도 없이 백양로 재창조 사업의 중단 및 전면 재검토만을 집요하게 요구하였다. 이에 본부는 교수, 학생, 동문회, 직원 그리고 본부 대표가 참여하는 협의체를 구성하여 이 협의체에서 최종적인 결론을 도출하고, 이를 모두가 수용할 것을 제안하고, 교수평의회, 연사모, 총학생회, 동문회, 그리고 직원노조가 모두 동의하였다. 협의체는 동문, 교수, 학생, 직원, 그리고 본부 대표 각 2명씩 참여하고 협의체 의장은 당시 제17대 교수평의회 의장^{김원옥 교수}이 맡기로 하여 총 11명으로 구성하였다.

협의체는 4차례의 정기회의와 기술 분야 전문가회의 등 총 5차례의 회의를 진행하였으며 연사모를 중심으로 구성된 교수 대표는 제1차 회의에 불참하였으나 나머지 회의에는 모두 참석하였고, 다른 대표들은 모든 회의에 전원 참석하여 의견을 개진하였다. 총 5차례의 회의를 진행하는 과정에서 연사모에서 자체적으로 마련한 대안도 논의되었으나 현실성과 효율성이 결여된 것으로 평가되었다. 협의체는 최종적으로 전체 11명 중 교수대표 2명만 제외한 9명_{의장 포함}이 본부가 제시한 설계안이 타당하므로 이를 존중하기로 동의하고 성명서를 발표하였다. 그러나 교수 대표로 참석한 연사모는 이에 불복하여 독자적인 공청회를 통해 자체적으로 준비한 대안을 계속 주장하였다.

연사모가 준비한 대안은 백양로 지하 대신에 야구장과 축구장, 그리고 백주년기념관 앞 지하에 주차장을 건설하는 것이었다. 연사모의 대안은 제4차 협의체 회의에서 이미 현실성과 효율성이 결여된 것으로 평가되었음에도 불구하고 연사모는 신촌캠퍼스 교수들만을 대상으로 본부 대안과 연사모 대안에 대해서 인터넷 임의 전자투표를 실시하였다. 연사모가 실시한 투표는 참여율이 50%에 미치지 못하였지만 연사모는 "연사모 대안에 대한 지지가 월등하다."고 일방적으로 발표한 후 백양로 재창조 사업의 진행을 지속적으로 방해하였다.

특히 2013년 9월부터 중앙도서관 앞 공사장에 농성천막을 설치하여 일부 교수들은 현장에서 강의를 진행하거나 파티, 다방, 바자회 등을 개최하였고, 야간에는 노숙자가 기거하도록 방치하여 공사 지연뿐만 아니라 학생들의 안전까지 위협하게 되었다. 천막의 자진 철거를 수차례 요청했음에도 불구하고 불응하여, 본부는 11월 13일에 천막을 모두 정리하였으며, 당시에도 농성천막에는 노숙자 1명만 숙침하고 있었다. 이와 같은 공사 방해로 인하여 백양로 재창조 사업은 상당기간 지연되었으며 이에 따른 추가 비용부담도 감수해야 했다. 사업이 모두 완료된 현 시점에서 돌아보면 당시의 반대 주장들이 합리적 근거가 없는 명백한 오류였음을 쉽게 알 수 있다.

본부는 다양한 의견을 수렴하기 위한 대승적 차원에서 합리적 타당성이 있는 일부 내용을 수용하여 공학원 지하주차장을 통해 백양로 지하주차장으로 연결되는 지하통로 건설을 설계에 반영하였다. 또한 총학생회에서 요구한 셔틀버스 통행을 위한 정문 진입 및 진출램프 개설을 수용하였다. 이러한 의견 반영을 위해서 본부는 기존의 계획을 과감히 변경하였으며, 이에 따른 서울시와 자치구의 변경 인허가를 다시 득하고, 정문 진출입 램프 개설을 위해 정문 앞 국유지와 시유지를 매입해야 하는 예상치 못한 큰 어려움을 감수하였다. 마지막으로 백양로 재창조 사업의 건설 공사를 시행하는 과정에서 옛 연희궁터인 연세대학교는 유물이 발굴될 수도 있다는 교내 전문가의 의견을 존중하여 본부는 문화재청의 지침에 따라 공사 구역 전역에 대하여 상당한 시일에 걸쳐 '문화재 지표조사'를 받았다. 백양로 재창조 사업은 이상과 같은 난관을 극복하고 2013년 11월에 이르러서야 마침내 정상적으로 공사가 진행될 수 있었다.

'드디어 은행나무 돌아오다' 백양로 재창조 사업 지상 조경 시작(연세소식, 2015.4.8.)

백양로 재창조 공사로 잠시 백양로를 떠났던 은행나무가 다시 백양로로 돌아왔다. 지난 4월 7일부터 대강당앞 백양로에서는 은행나무 심기가 시작됐다. 식목일의 단비를 맞은 은행나무 28 그루는 대강당과 학생회관 사이, 그리고 백양관 앞에 심어졌다. 이전 백양로에 있던 은행나무와 비슷하거나 더 키가 큰 높이 10여 미터의 은행나무들이다. 4월 8일에는 정갑영 총장을 비롯한 교무위원들이 참석한 가운데 백양로 재창조 사업 조경 식수 기념행사를 가졌다.

역사적인 봉헌식^{2015년 10월 7일}

2013년 11월 13일 농성 중인 천막에서 노숙자가 무단 취침하는 등 안전상의 문제가 발생하자 이를 철거하고 동시에 공사가 재개되었다. 이후 공사는 순조롭게 진행되어 26개월간의 공정을 무사히 마치고 2015년 9월 서대문구청으로부터 준공계를 받았다. 2013년 8월 17일 착공한 백양로 재창조 프로젝트는 759일 만에 성공적으로 완공되어 2015년 10월 7일 새롭게 탄생한 동문광장에서 봉헌식을 가졌다. 재창조된 백양로는 지상 2만평, 지하 1만 8천 평에 이르며 지상은 네 구역으로 나뉘어져 있고, 지하에는 금호아트홀 등 교육, 문화 시설과 주차장이 포함되어 있다.

동문광장에서 열린 백양로 재창조 봉헌식

새롭게 단장된 친환경 녹색 캠퍼스 백양로

백양로의 지상은 2만 평, 그리고 지하는 1만 8천 평으로 구성되어 있다. 지상 구간은 아래와 같이 A, B, C, D 네 구역으로 나뉘어져 있다. A, B 구역은 백양로에 접근하기 위한 보조 동선으로 이 두 구역을 합치면 3천 평이 된다.

백양로 지상 공간의 기본 구조

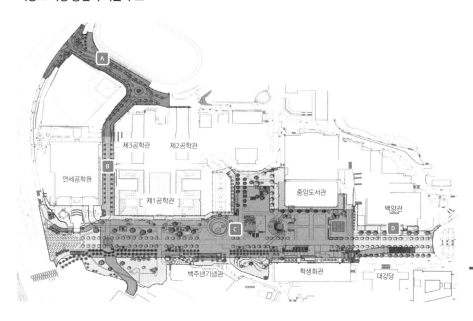

구분	위 치	부지면적		비 율
A	남문·로터리	7,616㎡	2,304평	15%
B	공학원·공학관	2,367㎡	716평	
C	백양로(인공지반)	31,938㎡	9,661평	85%
D	백양로(자연지반)	22,700㎡	6,867평	
전체 사업부지		64,621㎡	19,548평	

구 분		백양로	금호아트홀
지하	전체 연면적	58,741.98㎡(17,769.37평)	
	연면적	53,545.49㎡(16,197.51평)	5,196.49㎡(1,571.94평)
	전체 주차대수	917대(지하 1층: 164대, 지하 2층: 753대)	
	주차대수	849대	68대

모든 백양로의 지하 구조는 총 두 개 층으로 통일되어 있으나 금호아트홀의 경우, 층이 높아서 중간층을 설치하여 예외적으로 3개 층으로 건축되었다. 지하 층을 두 개 층으로 제한함으로써 피해 상황 및 응급 상황 시 더욱 효율적이고 신속하게 대응할 수 있도록 하였다. 지하 1층 교통광장의 북쪽은 Occupied Space, 즉 사람들이 직접 이용하는 편의 시설이 4,000여 평이며 그 나머지는 교통광장^{백양스퀘어}을 포함한 주차장으로 이용된다. 이 주차장 공간은 향후 필요한 경우 편의 시설과 학생들이 이용할 수 있는 시설로 바꿀 수 있도록 설계하여 미래의 공간 수요에 대비하였다.

백양로 지하는 '백양누리'로 명명하였으며 국제수준의 콘서트 홀과 국제회의가 가능한 그랜드 볼룸, 동문광장, 전시실, 페컬티 라운지^{Faculty Lounge} 등 교육, 문화, 편의시설이 갖추어져 있다. 특히 금호아트홀은 우리 대학교 총동문회장인 박삼구 금호아시아나그룹 회장의 기부로 지어졌으며 390석 규모의 연주홀과 개인 분장실 3실, 단체 분장실 2실, 리허설 룸 3실을 갖추고 있다. 최고의 연주를 감상하며 관객과 연주자가 긴밀하게 교감할 수 있도록 무대 높이는 0.7m로 낮추고 무대와 객석 간의 거리는 2m로 좁혔으며 음향설계 업체와 우리 대학교 음악대학 교수들이 함께 참여하여 실내악 공연을 위한 최적의 설비를 갖추었다. 또한 편리한 동선 계획, 지하 편의 시설과의 연계, 안내 서비스 공간 등을 충분히 갖춰 관객의 편의를 도모하였다.

금호아트홀

백양로 재창조 사업의 자랑거리

친환경 Green Campus 조성 백양로 프로젝트 후 이용 가능한 녹지 공간은 6배, 쉼터와 행사 등 커뮤니티 공간은 4배로 늘어났으며, 백양로의 반 이상을 차지하던 아스팔트 포장은 1/6로 축소되었다.

푸른 잔디 구간 7,850평 새로 도입 백양로 프로젝트의 조경 개념은 넓은 개방감을 갖도록 하는 것이다. 시야를 가리는 눈높이 관목을 대폭 줄이고 교목과 8천 평에 이르는 잔디밭을 조성하였다.

대형 수목용 토심 반영 백양로에는 거목들이 잘 자랄 수 있도록 자연 지반 못지 않게 충분한 토심을 확보하였다. 백양로의 상징인 은행나무도 예전에는 다소 불규칙한 생장 여건이었으나 이제는 은행나무 한 그루 당 2미터의 깊은 토심과 배수 및 보수 시설을 설치하여 훨씬 개선된 생장 조건을 갖추게 되었다.

야간 경관조명 도입 전에는 없던 새로운 야간 경관조명을 백양로와 그 주변에 설치하였다. 일몰 후부터 밤 11시까지 은행나무에 개별 조명등이 점등되어 아름다운 야간 산책로를 연출하고 있다.

Top Down 공법으로 소음 감소와 공기 단축 효과 백양로 공사의 가장 큰 특징은 공사 현장의 상부를 개방하는 오픈컷open-cut 방식 대신 공사 중 소음과 분진의 피해를 줄이고 보행자의 통행이 가능하도록 탑다운top-down 방식으로 진행했다는 점이다. 이를 통해 공사 기간의 불편함을 줄이고 대규모 공사를 무리 없이 진행할 수 있었다.

지열을 포함한 친환경 1등급 건물 백양로에는 깊이 530m의 지열 파이프를 15공 설치하여 일년 내내 섭씨 17도의 지하수를 냉난방 및 급탕용 열원으로 이용한다. 신재생 에너지인 지열을 이용하는 백양로 지하 구조물은 온실가스의 직접 배출이 전혀 발생되지 않는 연세대학교 최초의 건물이다.

5개 건물 지하 주차장3,800 주차면 **연결** 백양로 지하는 정문에서 백양삼거리 까지의 통과 도로의 기능 뿐만 아니라 주변의 공학원, 암병원, 세브란스 본관, 그리고 의료원 종합관의 기존 주차장과 연결하여 3,800면의 주차장을 요일과 시간의 수요 변동에 따라 유동적으로 사용할 수 있게 하였다.

백양로 재창조 사업 후원자   재정 역량의 강화 부문pp.197~198에서도 언급한 것처럼 백양로 재창조 사업에는 동문, 교직원, 학부모, 단체 등 2만 2천여 명이 500억여 원을 기부하였고 사용자 기여금 등을 포함 총 1,085억 원의 기부가 이루어져 한국 대학의 기부 역사에 새로운 장을 열었다. 모든 기부자의 이름은 백양누리 명예의 전당에 기록되어 백양로 재창조를 향한 많은 이들의 기대를 증명하고 있다.

차 없는 연세로와 연계한 신촌 문화 부흥   백양로 재창조 프로젝트와 함께 서대문 구청은 대학교 정문에서부터 신촌지하철역에 이르는 연세로의 보도를 확장하고, 주중에는 버스만 운행하는 대중교통전용지구로, 주말에는 차량이 통행할 수 없는 보행자전용지구로 변경하였다. 이로써 자가용 차량이 넘쳐 혼잡하던 연세로를 보행인들이 편리하게 통행할 수 있게 하였으며, 주말이면 다양한 공연과 행사를 유치하여 여러 대학이 밀집한 신촌 지역을 대학문화의 중심지로 탈바꿈시키고 있다. 연세로와 백양로 재창조 공사 후 많은 이들이 신촌을 찾아와 신선한 대학문화를 즐기고 백양로의 경관을 감상하며 휴식하고 있다. 이로써, 신촌 지하철역에서 백양로에 이르는 전 구간이 보행자 중심의 걷기 좋은 거리로 탈바꿈하였을 뿐 아니라, 신촌은 대학 문화의 새로운 중심으로 부상하고 있다.

향후 과제

    백양로 봉헌 후 대표적인 SNS인 Instagram을 모니터링한 결과, '백양로, 연세대, 우리 학교, 너무 좋아지니 애교심 생김', '백양로가 탁트인 느낌, 더 넓어지고 이뻐졌네', '사진찍기 좋은 곳', '학교에 시냇물도 흐르고 되박이당', '큰 길 공사 한 2년 하더니 멋있어졌네, yonsei, 백양로' 등 수많은 구성원의 긍정적인 반응이 나타났다. 그 동안 공사 중 미루었던 전국 각지 고등학생의 학교 방문이 낮에는 줄을 이었고 일몰 후에는 새롭게 꾸며진 야간 경관조명이 캠퍼스를 아름답게 비추었다. 또한 주말에는 안개분수, 교통광장 분수, 독수리상과 공대 앞 계류 수공간에 많은 방문객이 가족 단위로 찾아와 몰라보게 달라진 백양로의 경관을 함께 즐기는 새로운 풍경이 등장하였다.

백양로 지하 공간은 접근성이 뛰어날 뿐만 아니라 넓은 주차장으로 편리하게 이용할 수 있게 되었다. 특히 높은 층고로 지하이지만 지하 같지 않고 햇빛이 그대로 지하에 유입되는 천창이 곳곳에 있어서 이용자들에게 안락함을 주고 있다. 기존의 백양로가 갖고 있는 통과 도로의 기능은 지하에 그대로 유지되어 교내 교통 흐름이 원활해졌고 각종 대규모 행사 때에도 차량과 인파가 뒤섞여 빚어지는 예전의 불편했던 교통 체증이 사라졌다. 공학원과 의료원 주차장까지 연결되어 주차 환경이 한결 쾌적해졌으며 입체적인 개발로 이전과 달리 다양하고 융통성 있는 공간 활용이 가능하게 되었다.

앞으로 백양로 지상과 지하 공간은 그 사용과 운영에 있어서 지속적인 관심과 투자가 필요하다. 백양로 재창조 프로젝트의 가장 큰 성과인 2만 평의 지상 조경은 교목 4백여 주, 관목 10만 1천여 주, 그리고 지피류 9만 7천여 주가 식재되었다. 나무를 새로 심거나 이식할 때는 원만한 생장을 위해 상당수의 가지를 잘라내기 때문에 통상 2~3년의 정착 기간이 지나야만 본래의 온전한 수형이 갖춰지게 된다. 물을 주는 관수와 병충해 예방, 그리고 부분적인 보수 관리가 이루어져야 한다. 다행히 2016년 4월 현재 첫 겨울을 지낸 백양로 수목의 하자 발생률은 일반적인 10~20%를 훨씬 밑도는 3% 내외로 백양로가 수목의 생장에 좋은 환경임을 보여주고 있다.

4천여 평의 지하 편의 공간이 더욱 활성화될 수 있도록 교수, 직원, 학생, 방문

객이 편하게 즐길 수 있는 콘텐츠를 지속적으로 개발하여 명실공히 연세대학교 융합 공간의 진면목을 보여줄 수 있도록 해야겠다. 금호아트홀 역시 연세 문화의 중심이 될 수 있도록 운영 프로그램을 구성하여 모두에게 사랑받는 공간으로 발전해 가기를 기대한다. 백양로를 방문한 수많은 국내외 관계자들은 백양로를 모델로 삼아 유사한 개발을 하려는 움직임을 보이고 있다. 백양로 재창조 프로젝트가 큰 성공이었음을 보여주는 증거라 하겠다. 새롭게 조성된 백양로가 모든 연세인들에게 사랑받고 연세인에게 자부심을 주는 물리적, 문화적, 심리적 공간이 될 수 있도록 지속적인 관심이 더해지기를 기대한다.

특히 백양로 재창조 사업의 완공에 따라 그동안 지상 주차장으로 이용되던 장소를 녹지 문화공간으로 전환하는 후속 사업이 지속적으로 시행되어야 한다. 예를 들어 루스채플과 백주년기념관 주변, 과학관과 광복관, 연합신학대학원을 잇는 도로 주차장 등을 보행자 중심의 친환경 공간으로 변경하면 캠퍼스 전체가 푸른 잔디 광장으로 재탄생하게 될 것이다.

2. IT 인프라 혁신: 스마트 캠퍼스 구축

스마트 캠퍼스 사업의 배경과 의의

최근의 스마트폰, 빅데이터, 사물인터넷 등 ICT 기술의 발달과 보급은 기업 전략의 재구성과 함께 금융, 언론, 의료 등 우리 사회의 근간을 이루고 있는 제도를 변화시켜 왔다. MOOC^Massive Open Online Courses로 시작된 온라인 강의 혁명은 지식을 온라인에서 무료로 제공함으로써 고등 지식을 독점적으로 전파했던 대학의 역할에 도전하고 있으며, 최근에는 온라인으로 과목 인증^certificate을 수여하고 기업에서 인정하는 시스템을 도입하고 있어 향후 대학의 미래에 심각한 고민을 안겨주고 있다. 또한 학생들은 대부분의 학사, 행정 서비스를 스마트폰을 통하여 제공받기를 원하고 있어서 사물인터넷, 빅데이터를 활용한 학생 서비스, 학사지도 모델 등이 대학의 교육 시스템의 중심으로 자리 잡을 것으로 전망된다.

이러한 대학 교육 방식의 변화에 선제적으로 대응하고 'YONSEI, where we make *history*!'라는 연세의 기치를 유지하기 위해 학술정보원을 중심으로 스마트 캠퍼스 프로젝트를 기획하여 실행하게 되었다. 스마트 캠퍼스 프로젝트를 통해 연세대학교는 세계에서 가장 앞서가는 IT 인프라 기반의 교육 환경을 제공할 수 있게 되었으며 공간과 장소에 구애되지 않은 교육 환경 구축, 스마트폰을 통한 정보 서비스 제공, 사물인터넷을 통한 맞춤형 서비스 제공, 캠퍼스 내 정보 통합을 이루게 되었다.

이 프로젝트를 완성함으로써 연세대학교는 제3 창학의 철학에 맞추어 백양로 사업, 경영대 및 공과대 등의 신규 건축사업과 같은 하드웨어 인프라 혁신과 더불어 글로벌 명문 교육을 이룰 수 있는 소프트웨어 인프라를 완성하게 되었다.

추진 과정

2013년 3월 연세대학교 S-campus 구축 전문위원회가 구성되어 사업의 범위가 논의된 이후 2013년 12월 사업 추진 품의가 이루어졌으며 2014년 1월 27일 연세대학교와 우리은행 사이의 IT 투자 협약서가 체결됨으로써 본격적인 사업이 시작되었다.

약 100억 원의 예산이 투입된 S-campus 프로젝트는 기본적으로 우리은행이 현물 출자 형식으로 지원하고 학교는 사업 추진 과정에 행정 지원을 제공하는, 새로운 형태의 외부 지원 모델을 만들어 냈다. 이처럼 새로운 형식의 스마트 캠퍼스 프로젝트를 추진하는 과정에서 이전에 경험하지 못했던 여러 현안들이 발생하였고 이를 조정하는 데도 많은 노력이 필요하였다.

예산 배분과 부서 간 이견 조율 스마트 캠퍼스 프로젝트에는 스마트 서비스 구축 이외에도 전자 교탁 교체, 서버 시스템 교체, 전자 학생증 발급, 생활협동조합 시스템 교체 등 여러 영역의 사업이 포함되어 있어 시설처, 생활협동조합, 서비스센터와의 예산 조율이 프로젝트 초기 가장 큰 문제로 떠올랐다. 각 부처에서는 당연히 더 많은 예산을 요구하였고, 학술정보원 내 정보통신처에는 각 부처의 요구를 조율할 권한이 주어져 있지 않아 초기 혼란이 있었다. 학술정보원은 2014년 2월 25일 정보화위원회를 개최하여 모든 결정 권한을 정보화위원회에 두고 예산 배정을 조절하였다. 모든 사항은 정보화위원회의 의결을 거치게 한 후 산하에 S-campus 구축 위원회가 실무를 담당하게 하여 초기의 혼란을 최소화하고 예산을 확정지을 수 있었다.

대규모 시스템 간 연계와 개발 스마트 캠퍼스 프로젝트는 14개의 단위 프로젝트로 이루어져 각 단위 프로젝트별로 각기 다른 업체가 개발을 담당하고 있었으나 동시에 각 프로젝트가 긴밀히 연계되어야만 하는 사업이어서 업체 상호 간의 조율과 상호 협력이 필수적이었다. 특히 S-Campus 프로젝트 팀은 프로젝트 전체를 총괄 관리하는 주체로서 각 업체 간 첨예하게 대립되는 이견과 알력을 조율해야 하는 책임을 져야 했다. 다행히 학술정보원의 정보통신팀은 u-project 등을 통해 범캠퍼스 프로젝트를 관리해 본 경험이 있었고 학술정보원장의 컨설턴트 경험이 같이 어우러져 큰 프로젝트를 무리 없이 진행할 수 있었다.

최첨단의 스마트 시스템smart system

약 1년에 걸쳐 진행된 스마트 캠퍼스 프로젝트는 세계에서 가장 앞선 시스템으로 타 대학의 벤치마킹 대상이 되고 있으며 현재는 외국인 학생들을 위한 외국어 버전이 개발되고 있다. 주요 시스템을 소개하면 다음과 같다.

스마트폰만 있으면 모든 정보가 내 손에 세계 최초로 모바일 학생증이 개발되어 학생들은 스마트폰을 켜지 않은 상태에서도 usim을 통해 스마트폰을 이용하여 도서관, 연구실 등을 출입할 수 있게 되었다. 또한 식당의 혼잡도, 식단 정보, 셔틀버스 현 위치 등의 서비스 정보와 함께 학사 시스템을 통해 교과, 수강, 성적, 장학, 졸업 등의 주요 학사 정보를 바로 조회할 수 있으며, 학사 캘린더와 시간표, 학교에서 전달하는 메시지도 실시간으로 확인할 수 있게 되었다.

스마트 캠퍼스 시스템의 각종 기능들

- 홈페이지   - 연세공감 OCX   - 캘린더 (일정관리)   - PUSH 알림   - 전자출석   - 모바일신분증   - 식단/혼잡도   - 셔틀버스조회

학내의 학술, 행사, 문화 정보를 한곳에서 본다. OCX^{Open Campus eXperience} 교내 구성원은 이 서비스를 통하여 모든 교내 학술 행사, 문화·예술 행사 정보를 자신의 캘린더에 받을 수 있게 되며 모든 정보를 홈페이지에서 확인할 수 있게 되었다. 주요 행사는 모바일로 동영상을 시청할 수도 있다. 이 서비스는 멀티 캠퍼스를 운영하고 있는 우리 학교의 특성상 유익한 교내 행사와 예술·문화 프로그램에 참여할 수 없는 연세인들에게 정보와 동영상 콘텐츠를 통합 제공하는 것으로 멀티 캠퍼스에서 이루어지는 창의적 경험을 시·공간을 초월하여 함께 공유함으로써 융합과 소통의 시너지 효과 창출은 물론이고 연세인의 문화 역량 강화에 도움을 줄 것으로 기대된다. 공개 허용 범위에 따라 일부 서비스는 동문, 학부모, 일반인에게까지 사용자 범위를 확대함으로써 연세대학교의 공동체 문화 확산에도 기여할 것으로 기대되고 있다.

연세공감 OCX

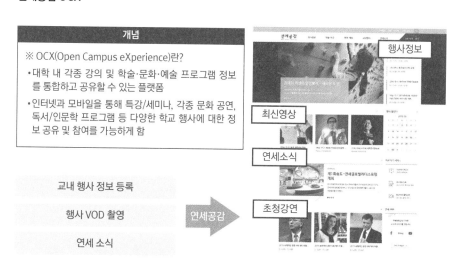

온 세상이 언제나 강의실, 최첨단의 교육 관리 시스템 'YSCEC2'로 명명된 이 새로운 교육 관리 시스템은 기존의 YSCEC의 기능에 덧붙여 새로운 기능들을

지원한다. 먼저 원격·온라인 강의를 지원하고 강의 자동 녹화 시스템과 함께 동영상 진도를 교수가 체크할 수 있게 된다. 또한 쌍방향 SNS, 일반 게시판, 팀 게시판 등 다양한 소통의 플랫폼이 제공된다. 원격 강의 지원 시스템과 함께 YSCEC2의 가장 차별화된 기능 중의 하나는 표절 검사이다. 국내 최초로 국문·영문 통합 표절 검색 시스템이 도입되어 학회 자료, 350억 건의 인터넷 자료, 3000만 건의 학술 자료, 3억 건의 학생 리포트의 실시간 비교 검사가 가능해 원천적으로 우리 학교는 '표절-Zero' 학교를 표방할 수 있게 되었다. YSCEC2는 위키피디아, 유튜브 등의 외부 콘텐츠와 연계를 용이하게 할 수 있으며 다양한 유형의 학습 통계를 제공하여 학습 분석을 가능하게 하고 학습 효과를 제고할 수 있다.

YSCEC에 내재된 기능

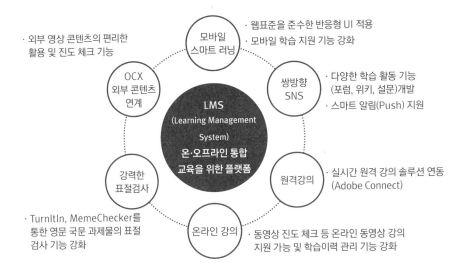

· 외부 영상 콘텐츠의 편리한 활용 및 진도 체크 기능

OCX 외부 콘텐츠 연계

모바일 스마트 러닝
· 웹표준을 준수한 반응형 UI 적용
· 모바일 학습 지원 기능 강화

쌍방향 SNS
· 다양한 학습 활동 기능 (포럼, 위키, 설문)개발
· 스마트 알림(Push) 지원

LMS (Learning Management System) 온·오프라인 통합 교육을 위한 플랫폼

강력한 표절검사
· TurnItIn, MemeChecker를 통한 영문 국문 과제물의 표절 검사 기능 강화

원격강의
· 실시간 원격 강의 솔루션 연동 (Adobe Connect)

온라인 강의
· 동영상 진도 체크 등 온라인 동영상 강의 지원 기능 및 학습이력 관리 기능 강화

IPAD(30대) 스위블(15대) 녹화시스템(3 SET)

연세를 지키는 똑똑한 방범시스템: Y-safe 캠퍼스 방범 및 안전 강화를 위해 스마트폰을 활용한 Y-safe 서비스도 도입되었다. 야간 시간대나 갑자기 넘어져 위급 상황이 발생할 때, 스마트폰 앱 비상 호출 버튼을 터치하거나 흔들면 통합방범 관제실에서 경비원이 긴급 출동하게 된다. 또한 늦은 밤 기숙사 귀가 시 스마트폰을 이용한 에스코트 서비스를 신청하면 도착 확인 시까지 통합관제센터에서 모니터링을 할 수 있는 기능이 제공되어 캠퍼스 내의 안전을 획기적으로 개선할 수 있게 되었다.

스마트 Safe

출석 부르다 수업 못한다? 전자출결시스템에 맡기고 토론하세요 비콘이 설치된 모든 대형 강의실에서 스마트폰 전자출결 시스템을 이용하여 출석 체크가 자동으로 이루어지게 되었다. 또한 일반 강의실에서는 교수가 전자출석부에서 발행한 출석 인증번호를 스마트폰에 입력하면 바로 출결 체크가 이루어지는 시스템이 병행되어 기존의 전자 출결을 개선하는 세계 최초의 비콘 기반 전자출결 시스템이 완성되었다.

전자출결시스템

원클릭 도서 검색 시스템: 원클릭에 모든 관련 정보 확인 도서관 홈페이지 도서 검색 시스템이 대폭 강화되었다. PROQUEST의 SUMMONS를 채용한 시스템은 한 번의 검색으로 학술 정보, 소장 정보, 구글 검색과 같은 외부 정보까지 동시 접근이 가능하게 되어 모든 정보를 한눈에 볼 수 있게 되었다. 또한 기존에는 학술 논문을 내려받기 위해서는 DB 접속까지 최대 5~6회의 클릭이 요구되었으나 새로운 시스템에서는 한 번의 클릭으로 다운로드가 가능하게 되었다.

한 번의 클릭으로 통합 정보를 찾아주고 다운로드 할 수 있는 도서 검색 시스템

추진 결과

규모나 서비스 측면에서 전 세계 어떤 대학과 견주어도 가장 앞선 시스템으로 개발된 스마트 캠퍼스 프로젝트의 많은 서비스들은 국내외 언론의 관심을 받아 주요 일간지 및 방송에 소개되었다.

스마트캠퍼스 관련 보도

2015. 10. 29, KBS 뉴스광장 보도

2015. 11. 6 중앙일보

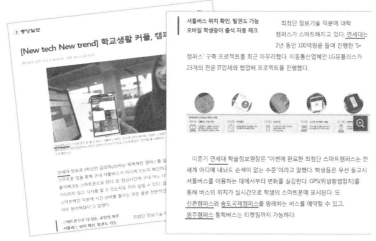

향후 과제: 지속적 관리와 업데이트 필요

독보적 아이디어와 기술로 구축된 연세 스마트 캠퍼스는 세계 어느 캠퍼스보다 앞선 모바일 서비스 기반을 제공하고 있다. 국내 다른 경쟁 대학들도 이 같은 시스템의 필요성을 인식하고 한걸음 늦게 유사한 사업에 착수, 앞다투어 우리 학교를 벤치마킹하고 있다.

그러나 2016년 2월 신임 집행부는 스마트 캠퍼스팀을 해체하고 업무를 다른 행정 조직으로 이관하였다. 업무를 이관 받은 팀에서는 정보시스템을 제대로 이해하지 못하여 학술정보원으로 도움을 요청하거나 인원 보강을 요구하는 일이 빈번이 발생하고 있다. 실제로 스마트 캠퍼스에는 수많은 시스템이 유기적으로 연관되어 있기 때문에 유지 보수를 위해서는 결국 여러 팀과의 긴밀한 협조가 요구되며 모바일 서비스에 대한 통합 유지보수와 운영을 담당할 수 있는 조직 또한 절실히 필요하다.

지금까지는 스마트 캠퍼스 시스템 구축 단계였다면 앞으로는 구축되어 있는 시스템에 대한 유지보수뿐만 아니라 지금까지 도입한 인프라를 바탕으로 많은 서비스를 새롭게 추가 개발하여 서비스 질을 높이는 고도화 단계에 접어들게 된다. 일례로 현재 학생들이 많이 사용할 수 있는 캠퍼스 정보를 한 곳에서 보여주는 시스템은 시스템의 틀은 완성되었지만 콘텐츠를 지속적으로 업데이트하고 관리할 주체가 필요하다. 또한 기반이 완성된 현 시스템을 바탕으로 빅데이터 분석·활용 등 앞으로 이용자들을 위한 서비스를 발전시킬 기회 또한 무궁무진하다. 수많은 인력과 자본, 시간을 투여해 구축한 스마트 캠퍼스 시스템이 제 가치를 다하기 위해서는 앞으로도 많은 관심과 노력이 필요하다.

3. 캠퍼스 환경의 혁신

　　캠퍼스의 교육 및 연구 환경을 쾌적하고 안전하게 조성하기 위한 캠퍼스의 하드웨어 인프라 구축을 취임 초 공약했던 거의 모든 사업이 마무리되었다. 특히 개교이래 가장 큰 사업이었던 백양로 재창조 프로젝트와 국제캠퍼스 조성 사업은 물론 경영대학, 이과대학, 공과대학 등 오랜 숙원이 모두 해결되었다. 또한 학생 복지를 위해 우정원, 송도 2학사, 제중-법현학사 등 기숙사를 대폭 확충하였고 백양 콘서트홀 리모델링, 음대 구관리모델링 등을 통해 문화 공간도 이용객의 편의를 증진하는 첨단 시설로 탈바꿈시켰다. 원주의료원도 개원 이래 가장 큰 규모로 외래센터를 신축하는 등 하드웨어의 대폭적인 확충이 이루어졌다.

국제캠퍼스 확충

　　국제캠퍼스 레지덴셜칼리지[RC]의 조속한 시행에 발맞추어 송도 2학사[D, E, F, G동]를 건립하였다. 총 사업비 930억 원 가운데 660억 원은 BTL 방식으로 조달하였다. 송도 2학사는 지하 1층/지상 13층, 연면적 19,282평의 초대형 기숙사 시설로 사생 2,923명을 수용할 수 있는 1,172실을 갖추고 있다. 1층에는 식당, 매점, 당구장, 탁구장, 예배실, 명상실 등 편의 시설이 구비되어 있고 3층에는 세미나실[33개], 멀티미디어실 등 학습과 커뮤니티 활동에 필요한 시설을 배치하였다. 더불어 각 층마다 커뮤니티룸과 스터디룸을 설치하였고 셀프키친, 셀프세탁실을 설치하여 학생들이 함께 어울려 생활하고 공부할 수 있는 공간을 제공한다.

송도2학사

우리 대학은 미션 스쿨임에도 불구하고 국제캠퍼스에는 교직원과 학생들이 예배를 드리고 크리스천 동아리 활동을 할 만한 장소가 없었다. 이에 뉴욕에 거주하는 강정숙 동문^{간호 '67 입학, Christine Kang}이 쾌척한 100만 달러^{한화 11억 2천만 원}의 기부금으로 크리스틴채플^{Christine Chapel}을 신축하였다. 최대 200명까지 수용가능한 대예배실과 40~50명 수용가능한 소예배실은 물론 기도실, 방송실, 교목 행정실을 갖추고 있어 국제캠퍼스는 물론 송도 지역 학원 선교의 중심으로 자리 잡고 있다.

경영관 신축

경영관 신축은 경영대학이 상경대학으로부터 분리·독립된 2003년부터 경영대학 구성원들의 염원이었다. 2005년 1월 이사회는 대창고 부지에 6,500평 규모의 경영관 신축을 승인하였고 각종 인허가를 득하였으나 재원 조달과 부지 변경 등의 논란으로 오랫동안 진척되지 않았다. 2010년 10월 이사회는 경영대학의 부지 변경 요청에 따라 종전 대창고 부지에서 용재관 부지에 23,965㎡ 규모의 신축을 변경 승인하였다. 부지변경 이후에도 용재관 철거를 반대하는 교내 구성원들과의 갈등으로 경영관 신축은 한동안 교착 상태에 있었다. 정 총장은 2011년 11월말 재단 이사회로부터 차기 총장으로 내정되자마자 이 문제를 해결하기 위해 교내의 다양한 목소리를 청취하고 전문가의 자문을 통하여 원점에서 재검토하였다.

그러나 경영대학과 '용재관 철거를 반대하는 교수 모임' 간의 갈등은 물론 경영대학 내부에서의 갈등까지 갈수록 심화되자 당시 행정대외부총장을 위원장으로 하고 경영대학, 용대위, 중립 성향의 교수들이 참여하는 경영대학 건축자문위원회를 구성하였고, 2012년 4월부터 7월까지 9차례에 걸친 난상 토론과 설득을 거쳐 수정안을 추진하기로 하였다.

수정안의 핵심은 신축 건물을 지상 6층으로 지어 용재관의 높이를 초과하지 않도록 하며 남북 경계선을 대강당과 나란히 맞춤으로써 캠퍼스 환경이 깨지지 않도록 하되 용재관 타워 부분을 복원하여 용재관의 정신을 기념하도록 한다는 것이었다. 또한 재단 이사회의 결의에 따라 전액 경영대학의 모금으로 짓기로 하였으나 모금액이 부족한 점을 감안하여 공사비 절감을 위해 주차장은 백양로 재창조 프로젝트와 연계하여 백양로 주차장을 활용하기로 결정하였다. 경영관은 10여 년 이상의 오랜 진통 끝에 드디어 2013년 11월 착공하여 2015년 8월에 완공하고 2015년 2학기에 입주 완료하였다.

새 경영관

지하3층, 지상6층: 건축면적 2,759㎡, 연면적 20,145㎡

V. 캠퍼스 인프라 혁신

공학관 증축

우리 대학의 이공계 교수들과 대학원생들은 열악한 환경 속에서도 탁월한 연구를 수행해 왔으나 만성적인 연구 공간의 부족은 세계 최고 수준의 연구 기관으로 발돋움하는 데 제약이 되어 왔다.

특히 공과대학의 경우 대규모 연구 프로젝트의 수주에도 불구하고 연구 공간이 절대 부족하여 오랫동안 신증축 염원해 왔으나 진전을 보지 못했다. 2004년 10월 이사회가 공학 강의동 증축을 승인하고 2005년 12월 기공식까지 개최하였으나 지지부진하다가 기간 경과로 건축 허가가 취소되고 민간 기업의 기부금을 반환하는 해프닝도 있었다. 이후 정갑영 총장이 공학관 증축을 공약으로 내세웠을 때만 해도 '예전처럼 헛공약일 뿐'이라는 냉소적인 분위기가 지배적이었다.

그러나 정총장은 제1 공학관의 남북 측 유휴 공간 934㎡ 부지에 기존 건물과 연결되는 윙wing을 증축하기로 결정하고 구체적으로 실행에 옮겼다. 남북측 윙 공사는 이사회에서 처음 의결된 이후 10년이 지난 2014년 6월 17일 착공하여 90억 원의 공사비를 들여 완공하였으며 2015년 6월부터 입주하여 공과대학 교수실, 실험실, 행정 사무실로 활용하고 있다. 특히 공학관 남북측 윙은 백양누리 및 백양로 주차장과 지하 통로를 통해 연결함으로써 교직원 및 학생들의 편의를 극대화하였다. 이공계 연구 및 교육 공간 확충은 곧이어 제1 공학관으로 둘러싸인 중앙 부지에 지하 1층/지상 10층 규모의 타워동을 증축하는 계획으로 이어졌다. 2015

공학관 남북윙 확장

남북측 윙: 지상 6층, 건축면적 934㎡, 연면적 4,801㎡

년 8월 10일 착공하여 225억 원의 공사비를 들여 2017년 4월 준공을 목표로 공사가 진행 중에 있다.

남북측 윙과 타워동의 증축은 공과대학의 연구공간 부족 해소는 물론 생명시스템대학의 교육공간 부족 해소에도 상당한 시너지 효과를 가져올 것으로 전망된다.

공학관 타워동 증축 조감도

타워동: 지상 10층, 건축면적 1,910㎡, 연면적 16,070㎡

과학관 증축 및 리모델링

이과대학과 생명시스템대학은 과학관 및 과학원의 비좁고 노후화된 두 건물 속에서 악전고투하며 국제적 수준의 연구 성과를 거두어 왔다. 특히 1984년에 건립된 과학관은 심하게 노후되어 외벽 타일이 떨어져 나가면서 보행자들의 안전마저 위협하고 있었고 낡은 창틀에 매달려 있는 냉난방 실외기는 건물 미관에 악영향을 미치는 것은 물론 에너지 손실도 적지 않은 상황이었다. 이과대학 증축 발의도 2003

년으로 거슬러 올라가는 오래된 숙제였으나 모금액 절대 부족 및 공간 배정과 관련된 이과대학 및 생명시스템대학 간의 오해와 갈등으로 무기한 연기되고 있었다.

정 총장은 2013년 신년사에서 과학관 증축을 발표하였으며 전액 교비를 들여 외벽 입면 공사도 함께 추진하기로 결정하였다. 삼성관에 면해 있는 과학관 후면에 지상 6층, 연면적 6,295㎡ 규모의 건물을 부채꼴로 증축하고 동시에 기존 과학관 외벽 및 창틀을 전면 리모델링하기로 결정하고 추진하였다. 증축 65억 원, 외벽 및 입면 개선 공사에 40억 원 등 총공사비 105억 원을 들여 2014년 10월 14일에 착공, 2015년 8월 25일 준공하여 2015년 2학기부터 연구 및 교육에 활용하고 있다. 과학관 증축과 함께 이과대학이 사용하고 있던 과학원의 일부 공간을 생명시스템대학으로 이전함으로써 양 대학 모두가 원-원win-win하는 결과를 가져왔다.

과학관 리모델링 후

우정원

우정원은 부영그룹의 이중근 회장이 100억 원을 기부하여 건립된 학생용 기숙사로 북문 부근의 운동선수 기숙사 옆 연세우유 맞은편 대창고 주변 부지를 정비하여 착공하게 되었다. 해당 공간은 그린벨트 지역인 비오톱biotop 1등급지로 원래 건축이 제한된 곳이었으나 서대문구청 및 서울시와 긴밀히 협의하여 기숙사 건립이 가능하도록 용도 변경을 인가받아 건축할 수 있었다. 때마침 대학생 주거비가 사회 문제로 떠오르고 당시 서울시가 기숙사 확충을 우선 공약사업으로 추진했던 시대적 상황과 맞물려 순조롭게 해결할 수 있었다.

중장기 계획은 해당 부지에 A, B, C, D 네 개 동의 기숙사를 짓는 것으로, 부영 그룹의 기부금으로 우선 B동을 건립키로 하였다. 2013년 11월에 착공하여 2014년 10월 말 임시 사용 승인을 얻었고 2015년 10월부터 정식 승인을 받아 380명의 학부생 및 대학원생이 거주하고 있다.

우정원 외부

우정원 숙소 내부

지하2층, 지상5층: 건축면적 1,108㎡, 연면적: 6,612㎡

제중–법현학사

제중학사와 법현학사는 1975년에 나란히 건립되어 의료원 및 법과대학 학생들의 보금자리로 기능하였으나 40년이 경과되면서 노후화되어 재건축이 불가피한 상황이었다. 특히 제중학사와 법현학사는 바로 옆에 나란히 위치하고 있음에도 불구하고 철조망이 가로막고 있어 연희와 세브란스가 1957년 합병되었음에도 불구하고 서로 장벽을 쌓아두고 교류가 원활하게 이루어지지 않았다.

연희와 세브란스의 장벽을 상징하는 마지막 철조망을 걷어내고 제중–법현학사를 통합하여 4천여 제곱미터 부지에 연면적 41,404㎡, 지하3층/지상7층으로 2015년 2월 16일 착공하였고 2016년 11월말 준공 예정이다. 제중학사 302실과 법현학사 189

실은 의료원 학생들과 법학전문대학원생들이 주로 사용하며 이와는 별도로 99개의 가족실, 부부실, 개인실을 제중학사 측에 조성하여 외국인 교원들이 캠퍼스 내에서 쾌적하게 거주하도록 배려하였다. 수익자부담 원칙을 적용하여 임대형민자사업^{BTL} 방식으로 추진하였다.

제중-법현학사 조감도

지하3층, 지상7층: 건축면적 4,040㎡, 연면적 41,404㎡

기타 신촌캠퍼스 교육 환경 개선 사업

백주년기념관 백양콘서트홀 리모델링　24년간 장기 사용으로 노후화되고 시설이 낙후한 백양콘서트홀을 리모델링하였다. 관람객들이 더욱 편안하게 이용할 수 있도록 객석을 904석에서 829석으로 축소하여 좌석 사이 공간을 확장하였으며 건축, 음향, 영상, 무대, 전기 등 전반적인 개선을 통해 공연장의 수준을 더욱 높였다. 지하 1층·지상 4층, 연면적 10,620.23㎡^{3,212.62평} 규모로 공사는 2012년 11월부터 2013년 3월까지 진행되었다.

음악대학 구관 리모델링 건물 외부 디자인을 개선하고 내부에 휴게 공간을 조성하였으며 레슨실 인테리어 및 방음시설 등 교육 환경을 획기적으로 개선하였다. 지하 1층과 지상 4층을 합하여 연면적 3,446.78m²(1,043평) 규모로 2013년 6월에서 9월까지 공사가 이루어졌다.

기타 환경 개선 공사 대강당의 노후화된 마이크 및 스피커 등 음향 시설을 추가·교체하여 음질을 향상시켰으며 강당 전면 무대 앞 좌석을 일부 철거하여 악단 등이 행사 지원을 하는데 필요한 공간을 확보하였다. 또한 무악1학사의 노후 시설을 개선하여 사생들에게 쾌적한 환경을 제공하기 위해 지하 1층과 지상 5층(6,937.50 m², 2,098평)의 246개실에 대한 공사가 2014년 12월에서 2015년 3월까지 진행되었다. 이 외에도 문과대학의 창립 100주년을 기념하고 교육 연구 환경을 개선하고자 국제 회의실과 라운지를 설치하였다. 2015년 3월에서 5월에 걸쳐 약 100평의 국제 회의실과 25평의 라운지 신설 공사가 이루어졌다. 백양로와 공학원 지하 주차장의 연계에 따라 노후된 공학원 주차장 시설을 개선하고 무악4학사 B동(외국인교원 숙소동) 내부 객실의 노후화에 따른 환경 개선 공사도 이루어졌다.

원주캠퍼스 인프라 개선

캠퍼스 인프라의 선진화를 추구하는 제3 창학의 발걸음을 따라 원주캠퍼스도 시설 인프라의 효율화와 최적 관리에 많은 노력을 기울였다. 학교 재정에서 등록금 비중이 상대적으로 큰 원주캠퍼스의 경우 수년에 걸친 등록금 인하와 동결로 재정적 압박이 가중되는 상황이었으나 재무 건전성을 최대한 확보하면서 캠퍼스 선진화를 위한 시설 인프라 투자도 과감하게 병행하였다. 특히 천혜의 자연환경과 대한민국 최초의 건강 도시 원주시에 소재한 대학답게 국내 최고 수준의 건강힐링 캠퍼스를 지향하여 그에 걸맞은 시설 인프라를 구축해 나가고자 하였다.

원주의료원 개원 후 최대 규모의 인프라 선진화　제3 창학을 맞이하여 원주세브란스 기독병원 내에 외래센터와 권역외상센터가 새롭게 증축되었고 응급센터가 리모델링되는 등 대규모의 시설 선진화 작업이 진행되었다. 2013~2015년의 공사 기간 중에 지하 1층과 지상 6층, 34,972㎡^{10,579평} 규모의 외래센터가 건축되었고 지하 1층 지상 4층, 1,403평 규모의 권역외상센터가 증축 되었으며 290평 규모의 응급센터가 새롭게 리모델링되었다. 여기에 4,563평 규모의 후생관과 주차장 건축까지 더하여 원주의료원 개원 이래 최대 규모의 인프라 개선 공사가 시행된 것이다. 이 같은 시설 투자와 혁신은 의료원 구성원뿐만 아니라 병원을 이용하는 원주 시민들의 자긍심을 높이는 계기가 되었다. 실제로 시설 혁신 이후 병원 운영과 재정 수지 상황이 더욱 호전된 것으로 나타나고 있다.

원주의료원 재창조 이후 모습

어귀마당, 대학본부 행안뜰, 라돈프리하우스 등 친환경 시설 확충 국내 최고 수준의 건강힐링 캠퍼스를 지향하는 대학답게 주요 공사 시점마다 친환경 시설과 공간이 원주캠퍼스 내에 확장되었다. 연세플라자 건물의 국제교육원 리모델링 작업과 더불어 건물 앞 어귀마당의 콘크리트 타일 광장이 잔디 녹지 광장으로 전환되었다. 대학본부와 대학교회 사이에 위치한 중정 광장도 부식이 쉬운 타일 소재에서 잔디 정원으로 전환하여 건물 사이에 친환경 녹지 공간^{행안뜰: 행정동 안쪽의 뜰}을 확장하였다. 이후 행안뜰은 동문 초청 야외행사, 우등생 상장 수여식, 학부모 초청 야외 행사 및 기타 각종 축하행사의 무대로 애용되고 있다.

라돈프리하우스

또한 교내 라돈^{Radon} 안전 인증센터와 협력하여 현운재 건물 뒤 잣나무 숲속에 지상 1층 34평 규모의 라돈프리하우스^{Radon-Free House}를 건축하였다. 이 건물은 라돈 저감 시설을 갖추고 있고 내부에 라돈 치료실과 회의실을 구비하여 힐링의 대표적 산실이 되고 있다. 잣나무 숲이 뿜어내는 숲속의 향기를 마시며 회의와 휴식을 겸할 수 있는 공간으로서 교내 구성원뿐만 아니라 외부 기관들도 즐겨 찾는 장소가 되었다.

V. 캠퍼스 인프라 혁신

학교 토지와 시설 부지 확대

전반적으로 학교의 재정 여건이 어려워지는 상황이었으나 향후 학교 발전에 주요 거점이 되는 교내 사유지 일부를 매입하고 경계 지역의 사유지를 기부받는 등 총 42,410㎡^{12,829평}의 교내 용지를 확충하였다.

그 외에도 교내에 세워진 첨단의료기기 테크노타워와 벤처센터 두 건물의 운영 재단인 (재)원주의료기기테크노밸리가 원주 기업도시로 이전하는 시점에 맞추어 학교가 운영 재단과 두 건물$^{총 4,131평 규모}$의 위탁관리 계약을 체결함으로써 교내 소재 건물의 관리권이 타인에게 양도됨을 방지하고 연구 및 사업장 공간 부족을 해소하여 보다 나은 연구 환경을 제공하는 계기를 마련하였다. 이후 본 건물은 산학관이라 개명되었고 원주캠퍼스 LINC 사업단의 입주와 더불어 교원들의 연구와 학생 교육에 적극 활용되고 있다.

그리고 교내 무궁화 공원의 관리 운영권 이관 협약을 원주시와 체결하여 학교가 총 4,700평에 달하는 해당 부지를 활용할 수 있게 하였다. 이에 따라 지난 10여 년간 원주시가 조성하여 관리하던 교내 정문 옆 무궁화 공원을 교내의 새로운 명소이자 친환경 체육 공간으로 활용하는 기회가 열리게 되었다. 향후 매지 호수 주변 환경 개선 작업과 함께 시설 보강을 통하여 카누와 윈드서핑 등 수상 스포츠 활동의 기지이자 전국 최고 수준의 수변 공원으로 조성될 것으로 기대된다.

Ⅵ. 열린 공동체 문화 조성

대학은 기능적이고 도구적인 조직이라기보다는 사회적 가치가 반영된 하나의 제도이다. 대학이 사회적 가치가 반영된 제도로서 역할을 다하기 위해서는 열린 공동체의 성격을 가져야 하며 대학을 구성하는 주체의 노력들이 충분히 발현될 수 있도록 환경을 조성하여야 한다. 제3 창학을 추진하면서 대학 공동체의 구성원인 학생, 교수, 직원, 동문, 학부모들의 유기적 협력과 대학의 발전을 위한 공동의 노력들이 돋보였다.

열린 공동체를 위한 학내의 노력은 다양하게 전개되었다. 송도캠퍼스의 RC 교육을 통해서 학생들의 생활 공간과 학습 공간이 통합되었다. 학생들은 이전에 볼 수 없었던 새로운 공동체 경험을 할 수 있게 되었다. 송도에서의 교육은 신촌캠퍼스로 이어져 교수와 학생 간의 소통을 증진시켰다. 교수는 학생의 문제를 보다 용이하게 파악하게 되었다. 한 예로 학교는 학생들의 오랜 숙원이었던 수강신청 문제를 Y-CES의 도입으로 성공적으로 해결하였다. 백양누리의 Faculty Lounge는 학교에서 처음 마련된 교수들의 교류의 장으로써 학과와 단과대학을 넘어서는 소통을 촉진하는 장이 되었다. 한편 미래융합연구원은 신촌, 의료원, 원주를 망라하는 다학제 간 융합 연구를 촉발하는 구심점이 되었다. 직원들을 위한 행정 아카데미는 학교의 행정에 대한 노하우를 직원과 교수들이 공유할 수 있는 계기가 되었다.

사립대학의 발전을 위해서는 동문과 학부모의 참여가 무엇보다 중요하다. 본부는 일찌감치 서구 선진 사립 대학의 발전 모델에서 동문과 학부모의 역할이 결정적이라는 것을 파악하고 학교 발전을 위한 동문의 적극적인 참여를 호소하였다. 전체 동문의 10%가 기부에 참여할 수 있도록 학교의 새로운 비전과 변화상을 모두 동문과 학부모들에게 적극적으로 전달하였다. 백양로 재창조 사업에서 당초 목표액인 500억을 초과 달성함으로써 우리 대학은 기부 문화의 새로운 장을 열었다. 우리 학교가 기부에 의해서 설립되었다는 역사적 배경, 헌신의 종교적 배경 등은 우리 동문과 학부모들이 학교 발전에 적극적으로 참여할 수 있게 하는 큰 밑거름이 되었다.

사회적 가치를 실현하는 대학이 열린 공동체를 지향하면서 중요하게 부각된 것은 학생들이 사회적 리더십을 함양하는 것이었다. 학생들의 봉사활동은 국내와 국외를 망라하고 다양하게 전개되었다. 장애우와 사회적 배려 대상에 대한 봉사에서 의료 봉사와 교육 봉사 등으로 이어졌다. 신촌캠퍼스, 의료원, 원주캠퍼스, 국제캠퍼스 등은 각기 캠퍼스마다 특색 있는 봉사 활동을 전개해 나갔다.

열린 공동체로서 대학은 대학의 새로운 모습이 부각됨을 의미한다. 지식의 전달과 학문의 증진을 보완하는 매우 중요한 대학의 모습이다. 이는 가치 중심의 인간 관계로 변화시키고 이성과 합리, 상식과 기본, 행동과 실천이 뿌리내리기 위한 개인의 노력들을 중시하는 문화를 정착시키기 위한 프로그램이었다.

1. 열린 연세 공동체 문화 정립

멀티캠퍼스의 자율과 융합을 통한 연세 정체성 확립

연세는 108만평 부지에 4개의 캠퍼스, 5만 3천 명의 교수, 학생, 직원이 함께 하는 거대한 사회이며 학문공동체이다. 이 거대한 조직에 하나의 연세라는 정체성을 확고히 하는 것은 제3 창학기의 연세의 지속적인 발전을 위해서 소홀히 할 수 없는 핵심 사업이다. 이 때문에 제17대 총장 임기 중에 4개의 캠퍼스가 특성과 경쟁력을 갖추는 동시에 캠퍼스의 구분이 없는 융합연구를 통해서 연세의 역량을 증진시키고 하나의 연세로서의 정체성을 강화하기 위한 노력을 결코 소홀히 할 수 없었다.

연세 정체성 강화 노력은 교수와 학생, 행정 등 다방면에서 여러 형태로 추진되었다. 우선 '캠퍼스 내 및 캠퍼스 간 교원겸직' 프로그램을 통해서 생명시스템대학 및 대학원 융합오믹스 의생명과학과와 의과대학 교수들이 상호겸직을 시작하여 다학제 교육, 연구 공동체를 이룩하였다. '미래융합연구원'ICONS은 신촌캠퍼스, 의료원, 원주캠퍼스, 국제캠퍼스의 교수들이 참가하는 전형적인 멀티캠퍼스 바탕의 미래연구를 목표로 2013년 설립되었고, 신촌 338명, 의료원 111명, 원주 62명, 국제 14명의 교수들이 참가하면서 시작하였다. '국제캠퍼스와 신촌캠퍼스 간 교육 연계'를 위해서 신촌캠퍼스의 모든 신입생들은 1년 동안 송도 국제캠퍼스에서 RC교육을 받고 2, 3, 4학년은 신촌캠퍼스에서 수업을 하게 되었다. 이로써 거의 모든 재학생이 두 개 캠퍼스 생활을 경험할 수 있게 되었다. 스마트 캠퍼스 시스템을 도입함으로써 4개 캠퍼스의 여러 자원을 공유하고 각 캠퍼스에서 진행되는 특강을 비롯한 각종 행사자료를 모든 구성원이 언제 어디서나 공유할 수 있게 함으로써, 연세인의 공감대를 넓혀나갈 수 있었다.

모금의 활성화

2012년 2월부터 4년간 모금은 총 2,616억 원에 달하며, 이중 특정 목적 기부금이 1,853억 원, 장학금 425억 원, 수증 물품 337억 원에 달한다. 특히 고액 기부자들이 크게 기여하였다. 100억 원 상당의 우정원 기숙사를 기증한 부영의 이중근 회장, 100억 원 상당의 부동산을 기증한 故김순전 여사 등이 있다. 이 밖에 우리은행에서 지원한 스마트 캠퍼스 프로젝트의 100억 원을 포함하여 일부 연구 진흥 사업 등 직접적인 모금 이외에 다른 형태의 지원금도 상당액에 달하였으나 모금 총액에는 포함되지 않았다.

미명문대 졸업생 기부율 70%... (한국경제, 2014. 5. 29.)

"美명문대 졸업생 기부율 70% ⋯ 국내 대학은 2% 그쳐"

교육부장관賞 – 정갑영 연세대 총장

"대학이 경쟁력을 갖추려면 투자가 필수인데 대학 재정이 얼마나 튼튼하냐에 따라 투자 규모가 달라질 수밖에 없습니다. 학교마다 대학기금을 얼마나 잘 운용하고 관리하느냐가 매우 중요한 과제가 된 것이지요."

정갑영 연세대 총장은 시상식 직후 진행한 인터뷰에서 이같이 말했다. 4148억원의 대학기금(2013년도 교비회계 기준)을 굴리는 연세대는 쌍방향 자금운용시스템을 구축, 안정적이면서도 수익성을 높이기 위해 노력한다는 점에서 대학기금 운용의 우수 사례로 꼽혔다.

정 총장은 "자금운용위원회와 자금운용실무위원회에서 논의한 결과를 돌려보낸 일이 한 번도 없다"며 "전문성이 요구되는 일은 위원회의 결정을 가장 존중해야 한다는 게 신조"라고 강조했다.

연세대는 2008년 금융위기 당시엔 보유하고 있던 펀드 상품을 신속히 정리해 손실을 피하고 반대로 금리가 급등할 때는 후순위채에 투자해 연 10%가 넘는 수익을 올리기도 했다. 정 총장은 "자본시장은 불확실하고 누구도 단정적으로 예측하기 힘들다"며 "기금운용위라는 조직이 있어야 투자 위험을 감수하기도 하고 총장과 위험을 분담할 수도 있는 법"이라고 설명했다.

연세대는 전체 기금의 38%(1612억원)를 유가증권에 투자해 초과 수익을 올리고 있다. 그는 "등록금 등은 안전성에 최우선을 두고 관리하지만 장기자금은 위험자산을 포함해 다양한 상품에 투자하는 식으로 달리 접근해야 한다"고 했다.

정 총장은 이번 기금·자산운용대잔으로 대학기금에 대한 사회적 인식이 개선되는 것은 물론 기부 활성화에도 도움이 될 것으로 내다봤다. 그는 "미국 아이비리그 대학들은 동문의 60~70%가 모교에 기부하지만 국내 대학은 2~3%에 불과하다"고 지적했다.

이어 "올해부터 기부금 공제 방식을 기존의 소득공제에서 세액공제로 전환하면서 기부인센티브가 확 줄었다"며 "기부문화 활성화를 위해 이 개정 세법은 반드시 재고돼야 한다"고 덧붙였다. 허란기자 why@hankyung.com

---

제17대 총장 재임 기간 중 모금액

구분	모금액(억원)	구성비(%)
특정목적기부금	1,853.4	70.85
장학금	425.3	16.26
수증물품	337.2	12.89
합계	2,615.9	100.00

* 2012.2.1.–2016.1.31. 약정기준. 의료원 및 원주캠퍼스 모금액 포함

백양로 재창조 사업 모금

백양로 모금 운동은 2012년 2월 1일에 시작하여 2015년 12월 31일까지 4년간 전개되었으며 2만 2천명의 동문과 교직원이 참여하였다. 1억 원 이상의 기부자들의 모임인 백양클럽에는 94명이 참여하였다. 총 백양로 모금은 503억 원^{약정기준}으로 모금 계획인 500억 원을 돌파하였다. 백양로 모금 운동은 대학 역사상 단일 모금 운동으로 인원과 모금액 등에서 가장 대규모의 운동이었다. 특히 백양로 모금 운동은 동문 10% 모금 참여라는 대학 기부 문화 변화의 가능성을 보여주었다.

백양클럽 2012년 백양로 재창조 사업을 위한 1억 원 이상의 고액 기부자들의 모임인 '백양클럽'이 구성되어 2015년 말까지 94명의 회원이 가입하였으며, 이들 회원은 최소 1억에서 최대 100억^{박삼구 회장}에 이르는 기부를 통해 백양로 재창조 사업을 성공으로 이끄는 데 중추적인 역할을 담당하였다.

백양로 재창조 사업 기부자 명패 제막식(2015. 10. 7.)

동문 음악회 - '오월의 별 헤는 밤'

'오월의 별 헤는 밤'은 '동문들에 의한, 동문들을 위한' 음악 공연으로 대학의 새로운 열린 공동체 문화를 정립하기 위해서 계획되었다. 동문 가수들이 재능 기부의 형태로 공연에 참여하였으며, 입장권 수입은 기부금으로 처리되었다. 학교는 백양클럽 등 주요 기부자들을 초청하였고 교직원, 동문, 학생들이 관람하였다. 2014년 5월 29일 저녁 노천극장에서 열린 제 1회 공연에는 전체 7천500명의 연세 구성원들이 관람하였다. 2015년 공연은 5월 8일, 9일 이틀간 행해졌다. 8일 공연에는 6천 명이, 9일 공연에는 7천 명이 관람하였다. 2014년 공연과 2015년의 이틀간 공연에 윤형주, 이장희, 조진원, 김광진, 동물원, 조규찬, 박진영, 윤건, 스윗소로우, 해이, 호란, 알리, 에일리 등의 동문 가수들이 참여하였다. 이와 같이 동문 가수들의 재능 기부로 무대가 구성되고 대학의 구성원 모두가 함께 어울린 것은 한국 대학에서 매우 드문 일이었다. 특히 학부생들과 동문이 노천극장에서 함께 어우러짐으로써 연세의 강한 유대감을 느낄 수 있는 행사가 되었다.

'2015 오월의 별 헤는 밤'성황리 개최(연세소식 581호, 2015. 6. 1.)

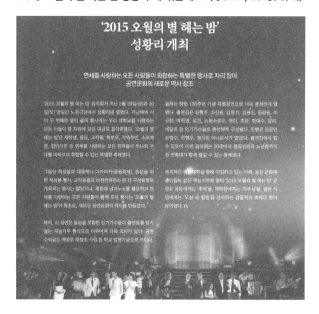

대학 소통 매체의 활성화

교내 중추 소식지 「연세소식」은 월 2회로 증간되어 연간 20여 회를 발간하게 되었다. 온/오프라인으로 발간하는 연세소식은 기존의 구성을 확장하여 〈기획기사〉, 〈백양로소식〉, 〈연구프론티어〉, 〈여기 연세인〉, 〈Deans' Leadership〉, 〈Academia〉, 〈연세사랑〉 등을 포함하고 마지막에는 주간 백양로 기부자들의 명단을 제공하였다. 연세소식의 영문판인 「Yonsei News Letter」는 온/오프로 연 12회 발간하였다. 교내 웹진인 「연세투데이」는 여러 소식을 내용으로 주 1회 이상 상시 발간하였다가 2015년 2학기에는 한 두 개의 핵심 뉴스 중심으로 발간하는 방식으로 개편되었다. 영문 브로슈어는 1년에 한 번 발간하였다. 영문 브로슈어는 세계 대학평가의 peer review에서 학교의 인지도를 향상시키는 역할을 하였다. 뉴스 클리핑인 「언론 속 연세」는 매일 주요 일간지 뉴스를 클리핑하는 서비스로서 교내 구성원들에게 매일 오전 이메일로 제공하였고 홈페이지에도 주요 뉴스 클리핑을 게시하였다.

YNN은 교내 각 건물에 설치된 100여 대의 모니터를 이용하여 대학 관련 주요 뉴스와 행사 소식 및 공지 사항을 신속하고 효과적으로 알리기 위해서 2015년 개국한 디지털 뉴스 사업이다. 대외협력2팀과 커뮤니케이션 대학원생 9명으로 구성된 제작팀이 연세소식 업데이트 주기에 맞추어 격주로 소식을 업데이트하고 있다. 주요 내용은 연세소식과 교내 공지사항을 포함한 정기 영상과 학교 주요 행사와 각종 이벤트를 홍보하는 비정기 영상으로 구성된다.

YNN 보도

소셜미디어 커뮤니케이션^{SNS}을 위한 시스템 구축

연세대 공식 '페이스북' 운영으로 친근하고 빠른 소통이 가능하게 되었다. 또한 연세대 공식 '블로그' 운영으로 다양한 정보를 제공하였다. 이를 위해서 학생들이 중심이 된 온라인 여론 모니터링팀으로 SNS 학생 기자단 Y-on을 조직하였으며, 이들은 학교 뉴스, 학생들의 의견, 학교 생활 관련 정보를 빠르게 제공하였다.

제3 창학을 소개하는 핵심 홍보물을 2014년과 2015년 각각 발행하였다. 2014년에는「YONSEI UNIVERSITY: Initiatives for the Third Founding, 제3 창학을 위한 혁신」을 발간하였다. 책자는 호레이스 언더우드의 기도문을 시작으로 ①제1 창학, 2 창학, 3 창학의 소개, ②글로벌 명문교육 확립^{RC, UIC, GLD, 송도 GIT, APRU, G10}의 소개, ③세계 수준의 연구강화^{연구역량 증가, 융합교육과 융합연구, 치료기술, ICONS} 소개, ④캠퍼스 인프라 선진화^{백양로 재창조 프로젝트, 연세암병원, 우정원, 제중학사, 법현학사, 경영대학, 송도 2학사, 포스코그린빌딩, 크리스틴 채플, 원주 기독병원, 스마트 캠퍼스} 소개, ⑤멀티캠퍼스 자율과 융합^{캠퍼스별 특성화 강화, 캠퍼스별 시너지 효과} 소개, ⑥공동체 문화의 확산^{나눔과 섬김의 리더십, 동문네트워크} 등으로 구성되었다. 제3 창학의 마무리 단계인 2015년에는 전 호의 내용을 보완하는「Initiatives for the Third Founding 2012-2015: We are Yonsei, 제3 창학을 위한 혁신」을 발간하였다. 2014년 책자가 학교의 신규 건축물과 환경을 중심으로 구성된 것에 비해 2015년 판은 주로 연세를 구성하는 교수, 학생, 동문 등의 다양한 구성원의 인물 사진으로 이미지를 구성하였다. 2015년 판에는 Open and Smart Education, AEARU, 연세노벨포럼 등이 새롭게 추가되었다.

U.I. 구축 및 건축물 인식의 통일화

디자인센터는 연세대의 일관된 Identity 유지 및 강화를 목적으로 3개 캠퍼스의 U.I. 매뉴얼을 작성, 배포하였으며 2015년 백양로 재창조 사업의 마무리와 맞추어 교내 전 건축물을 쉽게 알아볼 수 있도록 캠퍼스를 세부적으로 구획하여 색깔로 구분하고 모든 건축물에는 알파벳과 숫자가 조합된 번호를 부여하여 건축물 인식 체계를 통합하였다.

새로운 U.I. 도입

동문 네트워크의 강화

사립대학 연세대의 발전을 위한 핵심 지원 구성원인 동문과의 네트워크를 활성화하였다. 사회적 리더십을 발휘하는 동문들과의 유대를 강화하기 위해서 공직자 모임, 국회 모임, 언론 모임, 금융 모임 등이 강화되었다. 예로 2012년 법조계, 관계, 금융계, 기업 등에서 활약하는 80년대 이후 학번의 한국 사회의 중추적 동문들의 조직인 「미래포럼」을 구성하였다. 이들 동문들은 주로 정기적인 모임을 통해서 소통을 강화하였으며 2015년 10월 백양로 공사가 완성된 후 다양한 동문 모임이 백양누리에서 개최되었다.

교내 구성원과의 소통 강화

연세비전 교직원컨퍼런스 개최 학교의 비전을 공유하고 제3 창학의 추진 상황을 공유하기 위하여 매 학기 시작 전에 교직원 수양회와 비전 컨퍼런스를 개최하였다. 전통적으로 1월말에서 2월 사이에 개최된 교직원 수양회를 보완하기 위하여 8월말에 교직원 비전 컨퍼런스를 새롭게 신설하였다. 2012년 8월에 처음 개최된 비전 컨퍼런스에서는 486명의 교직원이 참가하여 '제3 창학의 비전과 실행'에 대한 계획을 공유하는 기회를 가졌다. 2013년 8월에는 약 500명의 교수와 직원들이 원주캠퍼스에서 캠퍼스간 융합과 제3 창학을 주제로 논의하였으며, 2014년과 2015년 8월에도 제3 창학과 연세의 새로운 100년을 모색하는 비전 컨퍼런스를 개최하여 각각 557명과 635명이 참가하였다.

Junior Faculty Society 교내 Junior 교수들과 총장 간의 대화의 장을 마련하기 위해 의료원 의과대학, 치과대학, 간호대학, 보건대학원 포함 본교 재직 10년 미만 45세 이하의 정년트랙 조교수/부교수를 영빈관으로 초청[학과별 1명], 총장과의 대화 및 만찬을 진행하였다. 약 60여 명의 교원이 참석하였으며 2012-1,2, 2013-1,2학기 총 4회에 걸쳐 실시하였다.

자문위원회를 통한 폭넓은 여론 수렴

연세의 새로운 역사를 쓰게 될 제3 창학의 성공을 위해 정갑영 총장은 가능한 폭넓고 다양한 교내 구성원의 아이디어를 수렴하고자 노력하였다. 이를 위해 연세미래전략위원회[Yonsei Strategic Initiatives, YSI], 국제화자문위원회, 홍보자문위원회, 캠퍼스간융합자문위원회 등 4개의 위원회를 설치하여 수시로 캠퍼스 내외의 다양한 사안과 중장기 발전 전략에 대한 자문을 수렴하였다.

연세미래전략위원회 YSI는 대학의 중장기적 발전을 위한 정책 과제의 입안을
목적으로 구성되어 2012년 3월부터 2014년 2월까지 제1기^{위원장 민경찬 교수}가, 그리고 2014
년 3월부터 2016년 2월까지 제2기^{위원장 박승한 교수}가 활동하였다. YSI에는 신촌캠퍼스
교원은 물론 의료원과 원주캠퍼스, 국제캠퍼스 교원이 모두 참여하여 대학의
중장기 발전 전략이 특정 캠퍼스 소속 구성원의 의견에 편향되지 않도록 하였다.
제1기 위원회는 인재 양성, 연구 수월성, 제도와 행정, 문화와 소통, 멀티캠퍼스의
다섯 영역에 걸쳐 대학의 중장기 정책을 구상하는 데 역점을 둔 반면 제2기는 교육,
연구, 행정의 3개 분야에서 조금 더 현실적인 실천 방안을 구상하는 데 역점을 두어
활동을 전개하였다. 제1기 YSI는 대학이 나가야 할 방향과 위원회의 논의 내용을
담아 2015년 2월 보고서로 발간하였다.

YSI 보고서

보고서에서는 우리 대학 역사와 학풍을 진지하게
돌아보고 우리 대학이 지식 중심 교육을 벗어나 지성·
덕성·영성이 조화된 인재를 양성하고 연구 성과의
실질적인 영향력에 초점을 맞춘 연구 업적 평가제도를
도입함으로써 사람 및 가치 중심의 연구 생태계를
형성하는 한편 호기심에 기반한 장기적 연구 몰입
환경을 조성하는 등 대학이 교육과 연구라는 본연의
역할에 충실해야 함을 역설하였다. 또한 신촌-의료원-원주-국제캠퍼스가 각각
특성화 전략을 추구하면서도 서로 융합하여 시너지를 창출할 수 있는 방법에 대한
제안과 함께 제도와 행정을 선진화하고 연세 문화와 구성원 간 소통을 진작하는

방안에 대한 제안도 담고 있다.

　　보고서는 위와 같은 노력들을 통해 궁극적으로 연세대학교가 우리 사회를 선도하고 세상을 변화시키는 대학으로 거듭나는 것을 목표로 해야 함을 역설하고 있다. 그리고 이는 사회적 책임과 기여, 가치지향적 교육과 연구, 새로운 담론과 미래의 제시, 세계 주요 대학들과의 공동 리더십 형성을 통해 이루어질 수 있다고 보았다. 특히 세계적인 명문 대학으로 도약하기 위해서는 UIC^{Underwood International College}와 의료원 등을 중심으로 한 글로벌 네트워크 확대가 필수적이라고 분석하였으며, 글로벌 리더십을 갖추기 위한 전제 조건으로 Asia's World University가 되는 것을 꼽았다.

제1기 미래전략위원회 보고서 내용 요약

- 연세대학교는 연세대학교만의 특성을 가진 인재를 길러내야 한다. 이를 위해서 먼저 구성원들의 동의를 얻어 인재상을 설정하여야 하고, 연세대학교의 교육과정이 인재상을 중심으로 운영되어야 한다. 입학에서 졸업에 이르는 모든 과정이 인재상을 중심으로 새롭게 정립되어야 하며, 졸업 후에 성과를 평가하는 한편 데이터베이스를 구축해 추후 교육정책을 개선하는 선순환 구조를 구축해야 한다.

- 연세대학교는 2030년까지 글로벌 수월성 기준에 의거한 연구 잠재력과 수행능력이 세계 최상위권에 속하는 연구중심 명문 대학으로 도약하는 것을 목표로 한다. 이를 위해서는 성과 지향적 연구에서 가치 지향적 연구로 전환해야 한다. 특히 세계적 석학, 우수 대학원생, 우수 포스닥 등 우수한 인적자원을 확보하는 것이 매우 중요하며, 이를 위한 재정이 확보되어야 한다.

- 교육 및 연구의 향상을 위해서는 행정의 선진화가 뒷받침되어야 한다.

- 사라져가는 고유의 문화와 공동체 정신을 되살리기 위해서는 각종 교내 행사에 구성원들이 참여할 기회를 늘리고, 구성원들 간의 소통의 기회를 늘려야 한다. 또한 교내 예술활동을 장려하여 구성원들이 일상생활 속에서 문화예술을 접할 수 있도록 해야 한다.

- 연세대학교는 다양한 캠퍼스로 구성되어 있다. 따라서 다양한 캠퍼스 간의 균형과 조화를 확립하고 자원을 효율적으로 사용함으로써 시너지를 창출해야 한다. 이를 위해서는 공통전략과 함께 각 캠퍼스별로 입지 조건 등 유리한 점을 활용한 개별전략을 수립하여 시행해야 한다.

국제화자문위원회　국제화자문위원회^{위원장 문정인 교수}는 대학의 국제화를 위한 전략적 정책 제안을 목적으로 2012년 3월부터 2014년 2월까지 활동하였으며 우리 대학교의

영어 강의, 국제 연구협력, 행정서비스 국제화의 현황 및 개선안과 함께 우리 대학 국제화의 가장 일선에 서있는 언더우드국제대학, 국제학대학원 및 언어연구교육원, 출판문화원, 원주캠퍼스의 동아시아국제학부의 발전 방안 등에 대해 구체적인 논의를 거쳐 제안을 마련하였다.

국제화자문위원회의 제안 요약

- 지난 몇 년간 연세대학교에서 실시되는 영어강의는 양적으로 많이 증가하였으나, 질적인 차원에서의 개선이 요구된다.
- 원주캠퍼스의 동아시아국제학부와 Global Village 프로그램은 성공적으로 실행되고 있다. 다만, 두 프로그램 모두 학생들이 영어권과 관련된 분야에 지나치게 집중되고 있어 동아시아 지역과 관련된 분야에 대한 참여를 유도해야 할 것으로 보인다.
- 뛰어난 연구 성과를 내기 위해서는 국제적 수준의 지식 네트워크가 필요하다. 이를 위해서는 해외 유명학자들과의 인적교류가 활성화되어야 한다. 따라서 현재 개별 연구자 단위로 이루어지고 있는 국제협력연구를 행정 분야에서 체계적으로 지원하여 진입장벽을 낮추어야 한다.
- 연세대학교의 국제화를 위해서는 행정도 국제화되어야 한다. 이를 위해서 현재 크게 부족한 국제화 관련 인력을 확충하는 한편, 교내 온라인 소통에 있어서 영어가 반드시 병기되어야 한다.

홍보자문위원회 대학 환경의 변화에 따른 교내 및 교외와의 홍보는 물론 소통과 교류의 요구가 커지고 소통의 방식 또한 변화됨에 따라 대학이 교내외 홍보와 소통을 더욱 원활하고 효과적으로 수행하기 위하여 2012년 홍보자문위원회^{위원장 김영석 교수}를 구성하여 2014년 2월까지 활동하였다. 시간이 흐름에 따라 홍보의 중요성이 더욱 커졌을 뿐만 아니라 홍보의 방식 역시 크게 변화하고 있기 때문에 이에 맞게 홍보 전략을 수립하는 것이 더욱 중요해지고 있다. 과거에는 언론을 통한 일방적 커뮤니케이션을 통해 홍보하였다면 이제는 각종 온·오프라인 이벤트, 지역 사회와 함께 하는 사회 공헌 활동 등 다양한 쌍방향 커뮤니케이션의 중요성이 커지고 있다. 홍보자문위원회에서는 내부 및 외부 고객들에 대한 홍보는 물론 이들과의 소통 및 연계를 활성화하는 방안에 대하여 다각적인 방안을 제안하였다.

- 시대의 변화에 따라 연세대학교는 홍보에 더 많은 노력을 기울여야 한다. 뿐만 아니라 홍보의 방법에 있어서 과거와 같은 언론을 통한 일방적 커뮤니케이션보다는 다양한 쌍방향 커뮤니케이션을 적극적으로 활용해야 한다. 홍보의 대상은 크게 내부 공중과 외부 공중으로 구분한다.

- 내부 공중과 관련해서는 다양한 구성원들 간의 소통을 증진시켜야 한다. 특히 총장 및 부총장의 적극적인 자세가 요구되며, 학생들에게 익숙한 모바일 기반의 소셜 네트워크 등을 활용하는 것이 바람직하다. 또한 현재 중구난방으로 활용되어 제 기능을 하지 못하고 있는 이메일 서비스 시스템을 개선해야 한다.

- 외부 공중을 대상으로 하는 홍보는 연세대학교의 이미지를 개선하는 방안을 중심으로 생각해볼 수 있다. 백양로 사업의 경우, '친환경 교육문화공간'의 이미지를 강조하는 한편, 동문을 대상으로 사진전과 같은 행사를 개최함으로써 이미지 제고와 소속감 고취 등을 꾀할 수 있다.

- RC의 경우에는 인천 및 송도 지역 학생들을 대상으로 하는 멘토-멘티 프로그램을 통해 봉사활동 이미지를 적극적으로 홍보해야 한다. 또한 RC를 경험한 학생들을 대상으로 한 설문조사를 기반으로 RC에 대한 홍보를 강화하는 한편 이들이 직접 참여하는 형태의 프로그램을 구성하는 것이 바람직하다. RC를 사회적인 이슈로 만들고 경험과 스토리에 기초한 홍보를 통해 그 효과를 높여야 한다.

캠퍼스간융합자문위원회 캠퍼스간융합자문위원회^{위원장 장양수 교수}는 국제캠퍼스 설립에 따라 신촌-국제, 원주-국제 등 캠퍼스 간 특성화 및 융합화에 대한 전략이 시급하며 중대하다는 YSI의 의견에 따라 2012년 2학기에 구성되어 2013학년도 1학기까지 활동하였다. 주로 교육과 연구 분야에서 각 캠퍼스들이 어떤 방향으로 특성화를 추구할 것인지, 또한 어떤 분야에서 융합을 추구하는 것이 대학의 발전을 위해 도움이 될 것인지와 이를 위해 어떤 행정 지원이 필요한가에 대하여 집중적으로 논의하고 그 결과를 보고서로 발간하였다.

- 미래학문강좌를 개설하여 미래 사회를 이끌어갈 인재를 양성해야 한다. 미래학문강좌는 국제캠퍼스 또는 원주캠퍼스에서 계절학기를 이용하여 융합에 필요한 여러 강의를 하나의 그룹강좌로 개설하여 운영한다.

- 이러닝 센터를 설립하여 각 캠퍼스 간의 유기적 소통과 융합을 촉진하여 시너지를 극대화해야 한다. 이를 통해 캠퍼스별 교육 및 연구 관련 사이버 리소스를 통합 관리하고, 스마트 기기 및 인터넷 강의를 중심으로 한 유비쿼터스 학습 환경을 조성하여야 한다.

- 연세심화학습센터를 설립하여 계절학기 동안 심화학습을 실시하는 한편 이중전공을 촉진한다.

- 현대 사회의 주요 문제들을 해결하기 위해서는 다양한 학제 간의 융합연구가 필요하다. 이를 위해서 미래융합연구원 등 기존 인프라를 활성화하는 한편 다양한 융합연구 지원 프로그램을 신설해야 한다.

- 캠퍼스 간 통합을 위해서는 협의체를 구성하여 장기 비전을 논의해야 한다. 또한 여러 행사를 통해 서로 다른 캠퍼스에 있는 학생 및 교직원의 교류를 증진해야 한다. 연수원 건립 등은 이를 위한 하나의 방안이 될 수 있다.

- 신촌캠퍼스와 의료원의 입지 조건을 활용하여 연세의생명기초연구원을 설립함으로써 융합연구의 발전을 꾀할 수 있을 뿐만 아니라 캠퍼스 간 융합을 꾀할 수 있다.

2. 연세의 사회적 리더십 재정립

연세의 나눔과 배려

대학은 기본적으로 학문을 전수하고, 배우는 교육과정을 통해 지식을 사회에 환원해야 하는 사회적 책임을 가지고 있다. 특히 연세대학교는 기독교 정신에 의해 창립되고 '진리와 자유의 정신을 체득한 지도자'를 양성하는 사명을 갖고 있으며 이를 통해 '섬김의 리더십'을 실천하는 교육 공동체이다. 따라서 연세는 교육을 통해 새로운 지식을 사회에 보급하는 기본적 사명 이외에 우리 사회의 건전한 발전을 위하여 섬김의 정신을 발휘해야 하는 기독교의 정신을 실천해야 한다.

전통적인 사회적 리더십의 실천은 대학이 지성의 집단으로서 사회가 나가야 할 바람직한 방향을 제시하고, 이러한 사회적 발전이 이루어지도록 적극적으로 참여하는 것이다. 실제로 연세대학은 조국의 독립과 민주화, 산업화 과정에 한국의 어떤 대학보다도 적극적으로 참여하여, 사회가 나가야 할 방향의 사상적 배경을 제공하였음은 물론 교수와 학생들이 개인의 희생을 무릅쓰고 직접 사회 운동에 참여하여 왔다.

그러나 2000년대에 접어들어 민주화와 산업화가 달성되면서 대학의 사회적 리더십도 새로운 국면을 맞이하고 있다. 과거와 같은 직접적인 운동에 참여하는 대신 사회발전에 대한 담론과 새로운 과학적 지식과 전문 지식인의 양성을 통해 한국의 선진화를 유도하는 역할에 대한 기대가 더욱 커졌다. 특히 국가의 발전은 물론 사학의 명문으로서 교육정책을 선도할 수 있는 틀을 연세가 지속적으로 만들어 가는 역할을 담당해야 했다. 실제로 제3 창학기 연세는 Residential College 를 도입하고, 스마트캠퍼스를 조성하며, 필요에 의한need-based 장학금 제도를 채택함으로써 한국 고등교육에서 선도적 역할을 했던 것이 사실이다. 총장이나 주요 보직자가 지속적으로 사회 혁신을 위한 목소리를 내는 것도 중요한 사회적 리더십을 발휘하는 과정이었다.

이와 함께 연세의 고유한 기독교적 전통을 바탕으로 소외 계층을 향한 따뜻한 손길과 학생들에게 섬김의 리더십을 체험하게 하고, 구성원 전체가 어려운 이웃을 배려하는 체험을 하도록 유도하는 나눔과 배려의 문화를 확산시키는 활동을 전개하였다. 이러한 차원에서 연세는 섬김을 위한 교육과 실천을 중시하고, 전문영역 중심으로 체계적인 조직화 등을 통해 나눔과 배려의 운동을 적극적으로 전개하였다.

이것은 연세의 사회적 공헌임과 동시에 다양한 영역에서 봉사하고 섬길 수 있는 글로벌 리더를 양성하는 한 과정이기도 하다. 따라서 대학에서 인문학이나 문화 예술, 체육 등 기초교육을 강화함과 동시에 정규 교과목만으로는 부족한 리더십, 지적활동, 공동체 의식의 함양 등을 중심으로 한 실천의 현장을 제공할 수 있도록 노력하였다.

이 결과 연세는 2014년 한 해만 해도 사회봉사과목과 자발적인 지원을 통해 7,535명의 재학생이 다양한 봉사활동에 참여하였으며, 무려 16만 8천여 시간의 사회봉사와 7만 4천 시간의 자원봉사가 이루어졌다. 전체 재학생의 약 30% 이상이 봉사에 참여한 셈이다. 재학생들의 봉사활동은 매우 다양하여 교육과 재능봉사가 가장 많고, 취약계층의 지원과 농촌 지원, 의료 봉사, 병원 업무 보조, 해외 봉사 등으로 이루어졌다.

재학생 이외에도 교직원은 물론 학생동아리, 자원봉사센터, 국제처, 교무처, 교목실 등 다양한 기관에서 여러 형태로 봉사활동의 영역을 개발하고 지원하여, 연세대학교 차원의 조직적인 사회공헌 체계를 정립하였다.

연세대학교 사회공헌 사업 체계

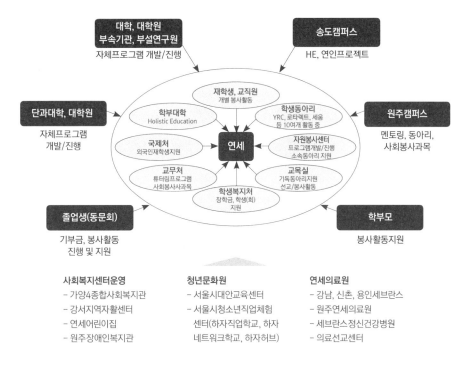

대학, 대학원
부속기관, 부설연구원
자체프로그램 개발/진행

송도캠퍼스
HE, 연인프로젝트

단과대학, 대학원
자체프로그램
개발/진행

원주캠퍼스
멘토링, 동아리,
사회봉사과목

학부대학
Holistic Education

재학생, 교직원
개별 봉사활동

학생동아리
YRC, 로타렉트, 세움
등 10여개 활동 중

국제처
외국인재학생지원

연세

자원봉사센터
프로그램개발/진행
소속동아리 지원

교무처
튜터링프로그램
사회봉사사과목

교목실
기독동아리지원
선교/봉사활동

학생복지처
장학금, 학생(회)
지원

졸업생(동문회)
기부금, 봉사활동
진행 및 지원

학부모
봉사활동지원

사회복지센터운영
- 가양4종합사회복지관
- 강서지역자활센터
- 연세어린이집
- 원주장애인복지관

청년문화원
- 서울시대안교육센터
- 서울시청소년직업체험
  센터(하자직업학교, 하자
  네트워크학교, 하자허브)

연세의료원
- 강남, 신촌, 용인세브란스
- 원주연세의료원
- 세브란스정신건강병원
- 의료선교센터

'열린 사회'를 위한 나눔과 섬김

신촌과 원주, 국제 등 모든 캠퍼스에서 연세의 학생들은 다양한 봉사활동에
적극적으로 참여하며 사회적 리더십을 세워나갔다. 신촌캠퍼스의 '연세전공알리미'
YDMC, '드림스타트', 원주캠퍼스의 '머레이캠프', 국제캠퍼스의 '연인﹏프로젝트' 등의 사
업은 지역 사회와 더불어 공존하고 협력하면서 사회를 이끌어 나가려는 연세의 노
력을 보여주는 대표적인 프로그램들이다. 각종 청소년 멘토링 프로그램은 학업지
도와 같은 단순한 성적 향상을 넘어서 함께하는 문화 체험, 고민 상담, 진로 상담
등 다각적인 면에서 진행되었다. 이를 통해 멘티 청소년들에게 실질적인 도움을 주

VI. 열린 공동체 문화 조성

는 동시에 멘토로 참여하는 대학생들에게는 섬김의 리더십을 배양하고 문화적 다양성을 체험할 수 있게 하였다.

연세 창립 130주년 기념 정갑영 총장 인터뷰(중앙일보, 2015. 5. 6.)

"반값등록금, 대학교육 수준낮춰 오히려 교육 사다리 없애는 셈"

정갑영 연세대 총장 취임1년

연세대 정갑영 총장은 "우리 경제가 지금 도약할지, 소득 2만달러에 머물듯, 장기침체기로 갈지 갈림길에 서 있는데 한국 대학 교육이 경쟁력을 잃으면 이를 돌파하기 힘들 것"이라고 말했다.

연세대 정갑영(62) 총장은 박근혜 대통령 당선인의 '반값 등록금' 정책에 대해 "이 정책으로 질 낮은 대학 교육이 보편화할 우려가 있다"며 "대학 수준이 떨어져야 능력 있는 인재를 키울 수 없고 경제성장이 정체돼 5~6년 후 우리 사회에 부메랑으로 되돌아올 것"이라고 말했다. '반값 등록금' 정책은 전체 등록금 규모(14조원)의 절반 수준인 7조원을 국가 장학금과 교내 장학금 등으로 지원하는 것이다.

정 총장은 11일 취임 1주년을 즈음해 본지와 가진 인터뷰에서 "모든 대학생에게 등록금 부담을 줄여주는 반값 등록금의 부작용은 이미 나타나기 시작했다"며 이같이 말했다. 그는 산업 인력의 전문대학 진학생이 오히려 줄어들고 있고, 재정 부족으로 대학의 연구개발(R&D)은 감소하는 것을 구체적인 예로 들었다.

질 낮은 대학교육 보편화돼 능력인재 못 키워 '사회 부메랑'

'자율형 사립대' 모델 도입해 세계적인 명문대로 키우고 소외계층 특례입학 허용해야

정 총장은 "지난 대선 이후 교육과 의료 분야 보편적 복지가 시대정신이 됐는데, 정말 이대로 된다면 국가 미래를 위해 바람직하지 않다"며 "등록금 정부 지원 정책이 단기적으로는 인기 있고 괜찮아 보이지만, 장기적으로는 산업 인력 양성 실패 등 우리 사회에 부작용을 낳게 될 것"이라고 말했다. 그는 "소외계층 학생이 좋은 교육을 받고 계층 이동이 가능해지는 게 바람직한 사회"라며 "하지만 반값 등록금으로 대학이 재정 압박을 받으면 교육수준이 떨어지고 오히려 우리 사회 '교육 사다리'가 사라지는 결과를 낳을 것"이라고 말했다. 대학이 우수 교수를 초빙하고 연구비에 투입할 여유가 없어 교육질이 떨어질 수밖에 없다는 것이다.

그는 지금이라도 정부가 대학을 선별적으로 지원하고 구조조정을 동시에 추진해야 한다고 주장했다. 그가 제안하는 학교 모델은 '자율형 사립대'다. 우수 대학에는 (등록금 인상 등) 자율권을 허용하되, 소외 계층 특례 입학과 등록금 감면 등 사회적 책임도 다하도록 하자는 것이다.

정 총장은 "우리 경제 규모라면 세계 100대 대학에 10개쯤은 포함해야 한다"며 "삼성·현대와 같은 브랜드 파워를 가진 대학이 우리나라에서 이제 나와야 한다"고 말했다. 그는 자율형 사립대가 도입되면 국내 우수 대학들이 세계적 대학으로 성장할 수 있고 소외 계층에게는 명문대에서 교육받을 기회를 줄 것이라고 말했다. 그는 "예컨대 미국 아이비리그(동부 명문 8개 사립대)는 부모 연봉이 6만달러 이하이면 등록금을 받지 않는데, 자율형 사립대를 도입하면 우리도 그런 제도를 실시할 수 있다"고 말했다.

정 총장은 대학이 성장하려면 정부 규제는 더 줄어들어야 한다고 했다. 그는 "입시가 복잡해진다고 하는데 정부의 규제가 심하다 보니 대학들이 이를 피해가면서 점점 복잡해지는 것"이라며 "짜장면을 규제하면, 간짜장과 삼선짜장이 생기게 된다"고 했다.

경제학자인 정 총장은 연세대 경제학과 졸업 후 미국 코넬대에서 박사 학위를 받았다. 2012년 2월부터 연세대 총장으로 재직 중이다. 정 총장은 올해부터 연세대 신입생 3400명 전원이 송도캠퍼스 기숙사에서 생활하는 것을 의무화하는 제도를 도입하기도 했다.

그는 "연세대는 미국 프린스턴대, 영국 킹스칼리지 등 세계 명문대와 학생·교수 교류를 확대해 조만간 세계 50위 안에 들어가는 게 목표"라고 말했다. 안석배·김효인 기자

자원봉사센터에서 운영하는 '연세전공알리미'YDMC는 중고등학교 학생들이 정보의 부족이나 성적의 제약으로 적성에 맞지 않는 전공을 선택하는 현실의 문제를 해결하기 위한 진로 탐색 프로그램이다. '드림스타트'는 학부재학생과 서대문구 내 저소득층 자녀의 중고등학생이 멘토와 멘티로 짝을 이루어 학습, 인성, 문화 방면에서의 멘토링을 진행하였다. 이를 통해 멘토에게는 지역 사회에 이바지하는 동시에 다양한 사회경험을 할 수 있는 기회를 제공하고 멘티에게는 양질의 학습 기회 및 문화 생활 체험의 기

회를 제공하였다. '연세머레이캠프'는 강원도 내 탄광 지역 청소년과 군인자녀들을 대상으로 학교 캠퍼스에서 2주간 기숙 생활을 하면서 교수로부터 직접 논술지도와 학습지도를 받고 방과 후에는 취미 및 특기적성 개발 프로그램에 참여하는 지식 나눔 활동이다. '연인™프로젝트'는 국제캠퍼스에서 수학하는 우수한 재능과 잠재 역량을 가진 대학생들이 인천 지역 초중고생의 방과 후 학습과 체험 학습을 지도하는 교육 협력 사업이다. 봉사 활동과 더불어, 국내 최초로 기초 수급 대상자와 차상위 계층 학생들에게 등록금 전액과 생활비 일부를 지원하는 장학 제도를 도입하는 등 공공성과 사회적 책임 실천에 적극적으로 앞장서 왔다.

세대를 넘어 이어온 언더우드家의 연세사랑

우리 대학의 설립자인 언더우드 가문의 증손자 알렌 레이몬드(Allen Raymond)가 지난 4월 2일 우리 대학교를 방문했다. 알렌 레이몬드 씨는 "연세대에 와서 직접 보게되니 말로만 들었을 때보다 훨씬 깊은 감명을 받았습니다"라고 방문 소감을 밝혔다. 우리 대학의 전신인 연희전문학교는 알렌 레이몬드의 외증조부가 기부한 돈으로 설립되었다. 그의 외증조부인 존 토마스 언더우드(John Thomas Underwood,1857~1937)는 우리대학 설립자인 호러스 그랜트 언더우드(Horace Grant Underwood, 1859~1916)의 맏형이다. 존 토마스 언더우드는 조선이라는 낯선 땅에서 학교 설립에 애를 쓰는 동생을 위해 당시 매우 큰 돈이었던 5만 달러(현재 가치로 약 5,000억 원)를 기부했다. 동생인 호러스그랜트 언더우드는 이 돈으로 현재 신촌캠퍼스 교지인 19만 여평의 땅을 사서 학교를 세울 수 있었다.

언더우드의 꿈(신촌캠퍼스 마스터플랜)

사회적 리더십: 사회를 향한 연세의 목소리 발신

연세는 사학의 명문으로서 사학에 대한 교육 정책을 선도적으로 이끌어나가야 할 역사적 사명과 사회적 책임을 지니고 있다. 이러한 책임을 수행하기 위하여 정 총장은 지속적으로 '자율형 사립대학'의 필요성을 제기하였다. 대학은 산업 사회의 발전을 이끌어갈 수 있는 지식을 지속적으로 창출하고, 교육을 통해 사회적 격차를 해소하는 역할을 해야 한다. 우리 사회는 불행히도 소득수준과 대학입학이 상당히 높은 상관관계를 가지고 있고, 소외 계층의 대학에 대한 진입 장벽이 너무나 높다. 이런 이유로 대학이 신분 이동의 사다리 역할을 제대로 수행하지 못하는 것이다. 따라서 대학 정책은 각 대학^{특히 사립대학}이 자율성을 부여받아 우수 학생을 선발하고, 동시에 일정 수준의 사회적 약자를 배려할 수 있는 입학 정책이 마련되어야 한다. 그러나 우리 현실은 여전히 대학의 자율화는 요원하고, 입시에서도 소외 계층을 배려해 줄 수 있는 여력이 극히 제한적이다. 이를 동시에 해결할 수 있는 대안이 바로 '자율형 사립대학'이다. 대학이 입시와 등록금 등 중요한 정책을 자율적으로 결정할 수 있도록 하되 일정 수준의 사회적 배려자를 의무적으로 받아들이는 사회적 책무를 동시에 부여하는 것이다.

이렇게 되면 자율형 사립대학은 현재의 제도보다 훨씬 자유롭게 여러 방법으로 특성화와 국제화를 추구할 수 있으며, 동시에 소외 계층에 대한 대학의 문은 지금보다 훨씬 더 크게 열릴 것이다. 이러한 정책이 시행되어야 소외 계층이 좋은 대학에서 교육받을 수 있는 권리도 더욱 크게 신장되며 대학의 글로벌 경쟁력도 크게 향상시킬 수 있다. 대학 간 차별화와 자율성이 담보 상태에 있는 가운데 등록금과 입시 등 획일적인 규제가 지속된다면 한국 대학들은 점차 하향 평준화되고, 소외 계층의 입시장벽은 크게 낮아지지 않을 것이다. 한국과 같은 경제규모에서 세계 100

대 대학이 10개쯤 등장하려면 자율형 사립대학을 선택적으로 허용해야 할 것이다. 현행과 같은 평준화와 획일적인 규제로는 대학의 경쟁력을 높이기도 어렵고, 소외 계층의 교육 기회도 제한되고, 국가적으로는 질 낮은 대학 교육을 보편적으로 받게 함으로써 엄청난 자원의 낭비가 발생하게 될 것이다.

Ⅶ. 멀티 캠퍼스 자율과 융합

연세는 우리나라 대학으로는 유일하게 신촌과 의료원, 원주, 인천에 4개의 멀티 캠퍼스를 운영하는 대학이다. 연세 제3 창학의 5대 과제 중 하나는 이들 캠퍼스들이 고유한 역량을 바탕으로 자율적으로 특성화를 추구하되 중복 투자를 피하고 자원을 효율적으로 공유하며 융합 시너지를 만들어 내는 '멀티 캠퍼스의 자율과 융합'이다.

의료원은 아시아 최고를 자랑하는 임상 역량 위에 연구력을 더하여 아시아 최고의 의과학 콤플렉스로 발전시키기 위해 최고의 의료 서비스와 글로벌 세브란스를 향한 노력을 기울이고 있다. 2013년 에비슨의생명연구센터[ABMRC] 개원 및 2014년 제중-법현학사 공동 재건축을 필두로 의생명과학단지 종합 플랜을 세워 의료원과 본교 간의 유기적 협력 및 통합을 더욱 강화해 나가고 있다.

제3 창학의 멀티캠퍼스 간 자율과 융합 정신에 따라 원주캠퍼스도 신촌 및 의료원과의 협력을 적극 모색하면서 동시에 원주캠퍼스 환경에 맞는 자율적 특성화 방안을 고민하게 되었다. 원주캠퍼스는 연세의 하나이지만 동시에 강원·원주지역에 위치한 지역 거점 대학의 특성도 간과할 수 없는 요소이다. 연세의 수월성을 향한 제3 창학의 흐름에 걸맞는 원주캠퍼스의 자율적 특성화 방안에 대해 많은 고민이 있었으나 일련의 논의와 협의 결과 크게 두 가지의 목표를 설정하고 그 기초 작업에 착수하였다. 여기서 두 가지 목표란 연세가 자랑할 만한 지역 거점 대학의 확립과 국내 최고 수준의 건강힐링 캠퍼스 구축이다.

국제캠퍼스는 2010년 1학기 1-1단계 사업 완료로 강의동, 기숙사, 종합관, 임시 도서관 등 8개 동, 연면적 43,794평의 교육과 연구에 필요한 기반 시설을 확보하였으나 상주 재학생 465명, 상주 교원 55명에서 답보 상태였다. 대학본부에서 각종 인센티브를 제시하며 국제캠퍼스 이전 학사 단위를 찾았으나 교내 갈등과 소문만 확대재생산될 뿐이었다. 우리 대학의 지지부진한 이전 실적에 인천 시의회, 시민 단체, 지역 언론들 사이에서 부정적이고 회의적 여론이 극에 달했다. 제3 창학의 기치 아래 레지덴셜 칼리지를 전격 도입하기로 하고 1학년 전원을 국제캠퍼스에서 교육시키기로 하면서 전환기를 맞이하였다. 레지덴셜 칼리지의 필수 시설인 제2 학사 건립을 비롯하여 I-2A 및 I-2B 단계 공사가 조속히 진행되어 49,000여 평의 공간에 5,000여 명의 학생과 교원 130명이 상주하는 종합 캠퍼스의 위용을 명실공히 갖추게 되었다. 현재 종합 R&D단지 구축을 위한 지속가능발전연구원, 중국연구원, YBMI^{연세바이오디온}, DFK^{디자인팩토리코리아} 등이 설립되었거나 추진 중에 있다.

1. 연세의료원: 아시아 최고의 의과학 Complex 구현

130년 역사의 저력을 갖춘 의료원은 아시아 최고를 자랑하는 임상 역량 위에 연구력을 더하여 아시아 최고의 의과학 콤플렉스로 발전하기 위하여 최고의 의료 서비스와 글로벌 세브란스를 향한 노력과 더불어 의생명 과학 단지의 설립 등 본교와의 유기적 협력 및 통합을 더욱 강화해 나가고 있다. 또한 "질병의 고통으로부터 인간을 자유롭게 한다."는 설립이념을 실천하기 위하여 저개발국가 및 재해지역 의료봉사를 비롯하여 나눔활동도 활발하게 벌여 나가고 있다.

의생명과학 융합연구 기반 구축

의료원의 임상의학과 본교 생명과학 분야의 융합을 위해선 공동 연구의 장이 필수적이었다. 의료원이 2013년 4월 개원한 '에비슨의생명연구센터'ABMRC는 연면적 40,229㎡ 규모에 아시아 최대의 동물 실험실과 국제적 수준의 연구 시설을 갖추어 본격적인 융합연구를 뒷받침하고 있다. 특히 ABMRC개원과 함께 '연세의생명연구원'을 신설하여 의료원의 의과대학과 치과대학, 세브란스병원 그리고 본교의 생명시스템대학과 약학대학, 공과대학 간의 체계적인 융합연구의 지원 체계를 갖추도록 하였다. 의료원의 적극적인 융합연구 활성화에 발맞추어 범연세 차원의 융합연구 활성화 추진을 위한 회의체 운영을 강화하는 한편 의대와 치대 및 생명시스템대의 공동 연구 공간인 '의생명과학단지'Bio-Medical Science Park 마스터플랜을 2014년 4월 수립했다.

의생명과학단지에는 현 알렌관 부지 주변에 지하 4층 지상 7층, 66,115㎡의 규모로 '의생명컴플렉스'Bio-Medical Complex 및 생명시스템대학을 본교 캠퍼스에서 옮겨 각각 신축한다는 계획이다. 이를 통해 기존의 노후하고 협소한 의대의 연구 공간 부족을 해소함과 동시에 의학과 치의학 및 생명시스템 분야가 한 곳에서 유기적인 협업

연구를 추진하고 그 성과를 의료산업화로 적극 연계하는 융합연구 강화를 지향하고 있다. 특히 의생명과학단지는 교육 공간으로도 활용하여 학생들이 자연스럽게 융합 학문에 대한 이해를 기르고 연구 정신을 함양하도록 함으로써 미래 연세 의생명과학 발전에 큰 주춧돌로 삼고자 했다.

융합연구 활성화의 성과로 의과대학은 2013년부터 3년 연속 전국 의대 중 가장 많은 연구비를 수혜 받는 대학으로 선정되었으며 의료원 전체로는 2014년과 2015년 외부 연구비 수혜 실적이 1,000억 원을 돌파함으로써 국내 최고의 연구 중심 대학으로 자리매김하게 되었다. 또한 세브란스병원은 보건복지부 지정 1차 연구 중심 병원에 선정되어 국책 지원 과제 수행에 있어 유리한 위치를 선점하고 중장기적인 R&D사업에 박차를 가할 수 있게 되었다.

산업체와 상시적 연구 협력 체계를 구축하여 연이은 연구 성과들을 의료 산업화로 연계하기 위해 의료원은 '산학융복합의료센터'를 2016년 2월 신설하여 대학 내 융합연구의 외연을 더욱 확장하는 한편 대학의 새로운 성장 동력을 확보하는 계기를 마련했다.

세계 최고의 의료 서비스, 새로운 의료 문화 디자인

한정된 국내 의료시장을 두고 병원 간 경쟁이 더욱 심화되는 가운데 의료원은 더 앞선 진료 수준과 환자 편익 서비스 제고를 통한 진료 경쟁력 강화를 지속적으로 추진했다. 그 중에서도 희귀 난치성 및 중증 질환 진료 서비스 향상에 힘을 기울였다. 그 핵심 사업 중 하나가 지난 1969년 국내 첫 암전문 진료기관으로 개원한 연세암센터의 확장이었다. 이미 경쟁 병원들이 최신 시설의 암센터를 개원한 가운데 후발 주자로서 인지도와 경쟁력을 확보할 수 있겠느냐는 우려가 있었다.

그러나 학교 차원의 전폭적인 정책 지원과 동문들의 기부로 2014년 4월 연세암병원으로 확장, 개원하게 되었다. 지상 15층, 지하 6층 연면적 10만 5000㎡의 510병상으로 개원한 연세암병원은 개원 10개월 만에 전체 임상 진료실적 목표를 20%나 상회하는 큰 성과를 거두었다. 또한 그동안 축적된 암진료 및 기초 연구 성과에 첨단 시설이 더해져 개원 1년 만에 다국적 임상시험을 포함한 100여 건의 임상시험 과제를 수주하여 암 연구 분야에 있어 세계 수준의 임상 역량을 재확인하는 한편 다시금 국내 최고의 암전문 진료기관으로서의 명성을 다지게 되었다.

연세암병원 개원으로 암진료 부서가 암병원으로 집중됨에 따라 세브란스병원은 진료 공간의 효율적 배치와 진료 시스템 개선에 착수했다. 2013년 3월 신설된 창의센터Center for Creative Medicine는 환자 편익 서비스는 물론 병원 전반의 진료 시스템과 병원 문화까지 변화시켜 진심어린 배려가 가득한 환자 중심 병원을 구축하는 데 핵심 역할을 수행했다.

이러한 노력들은 병원 개원 이래 처음으로 2016년 1월 외래 진료 환자 1만 명을 돌파하는 결실로 돌아왔으며 한국생산성본부 주관 국가고객만족도^{NCSI} 병원 부문 5년 연속^{2011~2015} 1위 병원, 한국대학신문 선정 한국 대학생이 가장 선호하는 1위의 병원으로 9년 연속 ^{2007~2015} 선정되는 결과로 나타났다.

아시아를 넘어 글로벌 세브란스로 순항

레드오션^{Red Ocean}의 국내 의료시장에서 벗어나 블루오션^{Blue Ocean}의 해외 의료시장으로 진출 모색은 지난 10여 년 전부터 의료원에서 중점 사업으로 추진되어 제3 창학 기간 동안 가시화된 성과로 나타났다. 때마침 정부의 해외 의료시장 진출 장려 정책과 맞물려 세브란스병원과 강남세브란스병원은 적극적인 해외 환자 유치를 위한 신속 진료시스템^{Fast Track} 구축과 시설 개선에 나섰다.

세브란스병원은 아랍에미리트^{UAE}와 사우디아라비아 정부와 협력을 맺고 현지 난치성 및 중증 환자 유치를 확대해갔다. 강남세브란스병원은 극동 러시아 및 중앙아시아 지역 국가를 중심으로 특화 건강검진 수검자와 항암치료 환자를 확대했다. 그 결과 세브란스병원은 지난 2015년 한 해만 외래 환자 3,400여 명, 입원 환자 1,400여 명을 유치해 국내 병원 중 가장 많은 해외 환자를 치료하는 병원이 되었다. 또한 강남세브란스병원은 국내 병원 중 가장 많은 러시아권 환자를 유치하게 되었다.

귀국한 해외 환자의 치료 경험 소개를 통해 그리고 여러 국제 학술 심포지엄과 발표되는 연구 결과를 통해 세브란스의 앞선 진료 수준과 의학 연구력이 널리 알려짐에 따라 세계 각국의 전문 의료진 연수가 해마다 크게 증가했다. 2015년 한 해에만 중국과 일본, 몽골, 동남아시아, 동유럽, 그리고 미국과 유럽 선진 의료국 등 37개국 500명의 의사와 간호 전문 인력이 의료원에서 장단기 연수 과정을

VII. 멀티 캠퍼스 자율과 융합

이수하였다. 특히 사우디아라비아의 많은 국비 연수생들이 기존의 미국과 유럽에서 한국 세브란스병원으로 연수지를 변경함으로써 세브란스의 높은 의료 수준을 확인케 해 주었다.

"메르스 사태 되풀이 않으려면 민·관합동 국가 재난병원 설립해야" (한국경제, 2015. 7. 6.)

국가 재난병원 화두 꺼낸 정갑영 연세대 총장

"메르스 사태 되풀이 않으려면 민·관합동 국가 재난병원 설립해야"

여러 연수 프로그램 중에서도 2005년 세브란스병원이 암수술용으로 국내 첫 도입하여 세계 최초로 단일 병원으로 1만 건의 수술을 돌파한 로봇 수술 교육 프로그램에 많은 신청이 이어졌다. 이러한 교육 실적에 로봇 수술기 제조사인 다국적 의료기기 회사인 Intuitive Surgical은 세브란스병원을 아시아 지역 공식 국제 교육센터로 지정하고 아시아 전역은 물론 미국과 유럽 외과 의사 연수생을 보내며 교육 지원에 적극 나서는 성과를 거두기도 했다.

해외 연수생 교육을 더욱 활성화하기 위해 의료원은 세브란스 아카데미팀을 설치하고 다양한 맞춤형 교육 프로그램을 개설해 교육 만족도 향상은 물론 귀국 후 세브란스의 홍보대사로서 현지 환자를 의뢰할 수 있는 연수생 동문 네트워크를 구축하는 사업을 성공적으로 추진했다.

국제적으로 세브란스의 의료 수준에 대한 신뢰도가 높아짐에 따라 의료원은 해외 직접 진출 계획을 추진하게 되었다. 그 1차 진출국은 지리적으로 인접하고 의료 서비스 잠재 수요가 세계적으로 가장 큰 중국과 경제 수준에 비해 낙후된 의료 시스템을 가진 중앙아시아 지역이었다.

중국 진출을 계획한 세브란스병원은 타 국내 병원들이 현지의 사회경제적 배경에 대한 이해가 부족한 가운데 직접투자 형태로 진입했다 실패한 여러 사례를 참고하여 합자 형태의 의료기관 설립 모델을 선택했다. 현물 등의 직접투자는 지양하되 의료진의 파견과 병원 의료정보시스템과 병원 경영, 교육 등의 소프트웨어에 투자하고 개원한 의료기관은 세브란스 브랜드에 대한 로열티를 받는 투자 형식이었다. 이러한 투자 배경에는 협력 파트너 측의 세브란스 첨단 의료서비스에 대한 높은 신뢰도와 발전 가능성에 대한 확신이 있었기에 가능했다. 지난 2015년 7월 산둥성 칭다오시에 '칭다오세브란스병원' 건립 협약을 체결했다. 이는 국내 의료 기관으로 첫 종합병원 건립 사례로 기록되었다. 이에 앞서 치과대학병원은 2014년 12월 칭다오시에 '칭다오 연세국제치과병원' 건립 협약을 체결했다. 2016년 3월 현재 두 병원은 건축 설계 작업을 진행 중이며 상반기 중 구체적인 착공 및 건축 일정을 확정할 예정이다. 강남세브란스병원도 지난 2014년 12월 카자흐스탄 알파라비 국립대학 내 건강검진센터의 설계 및 운영을 맡아 개소했다. 개소식에 '나자르바예프' 대

Ⅷ. 멀티 캠퍼스 자율과 융합

통령이 직접 참석할 만큼 현지에서는 세브란스 의료서비스 시작에 큰 관심을 보였다. 이와 더불어간호대학은 2015년 9월 한국국제협력단^{KOICA}과 협약을 맺고 보건 의료 환경이 열악한 방글라데시에 최초의 국립 간호전문대학원 개교를 위해 현지 교수진에 대한 이론 및 임상 교육을 담당하게 되었다.

세브란스 공동체 의식 함양

연세의 모태로서 의료원은 2015년 제중원 창립 130주년, 연세치의학 100주년을 맞아 다양한 기념 행사로 지난 한 세기 국내 의학의 요람이자 발전을 이끈 선도자로서의 공헌을 널리 알렸다.

2015년 4월 10일 '연세창립·제중원 130주년' 행사는 국내외 많은 귀빈들이 참석한 가운데 성황리에 개최되었다. 기념식과 학술대회, 전시회 등 다양한 기념 행사에 제중원과 세브란스의 설립자인 '알렌', '에비슨', '세브란스' 씨의 후손이 참석하여 선조들이 세운 병원과 학교가 국제적인 의료기관으로 성장한 것에 큰 기쁨을 전하며 선조들의 유품도 다수 기증했다. 이들 기증 유품 중 알렌 박사가 고종황제로부터 받은 '훈공일등 태극대수장'과 3.1운동 후 국내 기독교계 지도자들이 세계 각국의 기독교계에 일제의 탄압을 알리고 도움을 구하는 '대한국야소교회 대표자 호소문'은 국가 문화재로 공식 등록되어 의미를 더했다. 아울러 국내 대학교 사학자들이 참여한 학술 대회에서는 '제중원' 설립이 근대 의료 문화의 전파는 물론 조선의 개화에 끼친 영향을 조명했다. 또한 의료 선교사로 제중원과 세브란스병원에 내원한 해외 선교사들이 한국 기독교의 전파와 발전에 있어 갖는 공헌과 의의를 각종 사료를 통해 발표하였다. 아울러 백양아트홀에서는 김관동 음대학장의 총괄 지휘 아래 연세 신포니에타와 국내 정상급 성악가와 연주가가 참여한 가운데 성대한 기념 음악회가 개최되어 500여 관객들에게 큰 감동을 선사했다.

한편 의료원은 창립 130주년을 맞아 다양한 사회 공헌 활동을 통해 이웃 사랑의 기독교 창립 정신을 대내외적으로 널리 알리고자 했다. 그 중에서도 세브란스병원의 '기쁨 나눔 행사'는 교내는 물론 사회적으로 큰 반향을 일으켰다. 힘든 이웃을 돌아보고 세브란스를 후원해 준 우리 사회에 작은 공헌을 하자는 취지로 마련된 이 행사는 전 교직원과 협력 업체 소속 직원 6,186명에게 일인당 5만원의 '나눔의 종자돈'을 지급하여 부서별 또는 동료들끼리 사회 공헌 활동을 스스로 계획하고 실천하도록 한 행사이다. 같은 뜻을 가진 동료들끼리 다양한 사회 복지 시설을 찾아 필수품을 기부하거나 시설 개보수 봉사 및 해외 난민 캠프에 의료 및 학용품을 보내면서 세브란스인들은 설립자들의 뜻을 체험을 통해 이해하는 기회를 갖고 사회 공헌의 의지를 다졌다.

세브란스 창립 130주년 기념식에 참석한 설립자 후손들

왼쪽부터 애비슨 박사의 증손녀 Sheila Horin, Martha Dunnagan, 세브란스씨의 고조카 손녀 Mary Smith, 알렌 박사의 고손녀 Catherine Harman, 정남식 의료원장

의료원은 또한 2014년 3월 통일보건의료센터를 설치하고 북한 동포의 보건 향상을 위한 다양한 지원 활동과 북한의 열악한 보건 의료시스템을 통일 후 재건하기 위한 기초 연구조사에 착수하였다. 여러 학술 심포지엄 개최를 통해 남북한 보

건의료 시스템의 통합 준비 필요성을 사회적으로 확산시킨 통일보건의료센터는 2015년 10월 '연세통일기금'을 조성했다. 의료원 교직원 2,200여 명이 매달 급여 공제 등으로 모은 1억 800여만 원으로 북한 의료기관에 수액을 보내는 '통일수액프로젝트'를 시행하여 많은 국내 언론의 조명과 함께 통일 의료에 대한 사회적 인식을 확대하는 성과를 거두었다.

세브란스 브랜드 강화

의료원은 국제적인 의료기관으로서의 브랜드 강화를 위한 대외 인증 획득에 지속적인 투자를 병행했다. 지난 2007년 국내 병원 중 처음으로 국제적인 병원 진료 서비스 기준인 국제 의료기관 평가 JCI인증을 획득한 세브란스병원은 2013년 3차 인증에, 강남세브란스병원은 같은 해 2차 인증에 성공하며 글로벌 병원으로서의 명성을 다시금 확인받았다. 이러한 국제적 진료 시스템은 2015년 3월 5일 '마크 리퍼트' 주한 미국대사의 피습에 따른 입원 치료 시에 진가를 발휘하였다.

리퍼트 대사가 입원한 6일간 세브란스병원은 국내는 물론 세계 유수의 언론으로부터 신속한 응급 진료 시스템과 첨단 진료 수준 및 시설에 대하여 집중 보도와 찬사를 받았다. 이를 통해 세브란스의 유무형의 브랜드 인지도 확산과 강화에 큰 진전을 이루었다. 또한 같은 해 봄 전국적인 '중동급성호흡기증후군'MERS의 감염 확산을 맞아 의료원 산하 전 병원은 철저한 감염 예방과 치료로 '메르스 청정 세브란스'라 일컬을 만큼 대국민 신뢰도를 얻는 전화위복의 계기를 맞기도 했다.

의료원 및 캠퍼스 간 협력 강화

연구 분야 협력과 더불어 캠퍼스 간 협력과 융합 확대를 통해 의료원과 본교의 투자 효율성을 높이고 장기적인 캠퍼스의 마스터 플랜에 내실화를 다질 수 있었다.

많은 재학생들의 거주 문제를 해소하기 위해 시설이 낙후된 의과대학과 법과대학 기숙사인 '제중학사'와 '법현학사'의 공동 재건축을 추진했다. 2015년 5월 기공식을 가진 '제중-법현학사'는 기존의 두 기숙사에 비해 면적이 4배나 확장되어 수용 학생도 300명에서 1,000명으로 크게 늘어나게 된다.

또한 백양로 재창조 사업으로 의료원과 본교의 지하 주차장 3,800여 대가 물리적으로 통합됨에 따라 의료원의 만성적인 주차난이 해소될 수 있게 되었다. 실제로 주간에는 의료원에 주차 수요가 집중되고 본교에는 야간대학원의 주차 수요가 많기 때문에 통합된 주차장의 효율성이 크게 증가하게 되었다. 백양로 재창조 사업에 의료원이 300억 원을 투입한 것도 괄목할 만한 협력의 상징이었다.

아울러 본교 교원 및 동문들의 적극적인 협력으로 의료원에 불합리하게 부과된 세금을 철회토록 하여 의료원 재정에 기여했다. 세브란스는 국공립 대학병원과 같이 환자 진료와 교육, 연구를 수행하는 곳임에도 불구하고 국공립 대학병원에는 지속적으로 적용되는 해외에서 들여오는 의학 연구용 기구 및 의료 장비에 대한 세제 감면 혜택이 철회되었다. 이에 대학 차원에서 주무 관청과 적극적으로 접촉하여 대학 병원으로서의 특수성을 호소한 결과 과세를 철회하고 납부한 금액을 환급받을 수 있었다. 에비슨의생명연구센터[ABMRC]에 대한 매입부가세 부과 또한 조세심판원에 심판을 청구하여 부가세를 환급받았다.

의학 연구와 진료 서비스 등에 기울인 의료원의 일련의 노력은 이제껏 추구해 온 친절 서비스 향상에서 한차원 도약하며 새로운 의료 문화[Beyond Hospital]의 창달로 나아가기 위함이다. 외형적 평가를 넘어 인류에 대한 공헌으로 인간 존중의 가치와 새로운 보건 의료서비스를 창조하는 의료원의 목표는 제3 창학 정신과 맥을 같이 하는 것이다.

향후 과제: 의생명과학 사이언스파크 추진

의료원이 제3 창학의 견인차로서 역할을 다하기 위해선 연구 역량 강화의 필요성이 그 어느 때보다 커지고 있다. 현재까지 연세의료원의 대부분의 재원은 진료 수익에 의존하고 있다. 그러나 국내 의료 환경의 불확실성으로 진료 수익으로는 안정적인 병원 운영조차 어려워지고 있다. 국민 건강 보장성 확대에 따른 정부의 건강보험 급여수가에 대한 통제가 심화되면서 의료 수익률은 계속 낮아지는 반면 해외 의료기관의 국내 진출이 가시화되어 국내 병원의 입지는 더욱 줄어들고 있다. 동시에 다국적 기업은 물론 국내 IT와 BT산업에서도 고부가가치 의료산업 분야로의 적극적인 진출을 모색하고 있어 현재와 같은 진료 중심의 병원 시스템으로는 의료 분야의 주도권을 잃어버리게 될 위험이 높아지고 있다.

이렇듯 커지는 외부 위기 요소의 파고에 맞서 의료원은 제3 창학에서 추진한 캠퍼스 간 융합과 협업을 통한 공동 연구와 연구 인프라 공유를 통해 연구 역량과 재정 효율성을 극대화해야 한다. 연구 활성화를 통해 신약 물질과 신의료 기술 및 의료기기의 개발에 박차를 가하고 연구 성과를 의료산업화로 연계하여 부가가치를 창출해 내야만 한다.

이 같은 배경에서 추진 중인 '의생명과학파크'Bio-Medical science Park는 향후 연세의의학과 생명과학 및 공학 분야 융합연구 활성화에 큰 전환점을 마련할 것으로 기대되고 있다. 그러므로 '의생명과학파크'가 성공적으로 개원하고 연구 성과를 내기 위해서는 향후 캠퍼스 간 융합연구에 대한 대학 차원의 일관된 정책 추진과 지원이 전제되어야 한다. 또한 의과학 분야의 융합연구를 담당할 인재 양성을 위한 학과 또는 대학원 과정을 신설하는 방안도 적극 검토되어야 할 것이다. 이러한 융합 연구를 통하여 Deep Learning 등의 신학문을 개척하고 향후 21세기를 선도할 로봇 의학 및 공학, 인공 지능 및 인공 의료와 같은 첨단 학문 분야 발전의 초석을 마련하여야만 한다.

2. 원주캠퍼스 특성화

제3 창학의 멀티 캠퍼스 간 자율과 융합 정신에 따라 원주캠퍼스도 신촌 및 의료원과의 협력을 적극 모색하면서 동시에 원주캠퍼스 환경에 맞는 자율적 특성화 방안을 고민하게 되었다. 원주캠퍼스는 연세의 하나이지만 동시에 강원·원주 지역에 위치한 지역 거점 대학의 특성도 간과할 수 없는 요소이다. 연세의 수월성을 향한 제3 창학의 흐름에 걸맞은 원주캠퍼스의 자율적 특성화 방안에 대해 많은 고민이 있었으나 일련의 논의와 협의 결과 크게 두 가지의 목표를 설정하고 그 기초 작업에 착수하였다. 여기서 두 가지 목표란 연세가 자랑할 만한 지역 거점 대학의 확립과 국내 최고 수준의 건강힐링 캠퍼스 구축이다.

연세가 자랑할 만한 지역 거점 대학

원주캠퍼스는 1980~2000년대 강원·원주지역에 첨단 의료기기 산업을 일으킨 대학으로 지역 발전에 핵심적 역할을 수행한 경험이 있고 최근 혁신도시와 기업도시의 유치 및 공공기관의 원주 이전과 평창동계올림픽 인프라 건설 등으로 본격적인 산학협력을 위한 기회를 맞고 있다. 이에 역내 입주 기관과의 산학협력을 확대하고 지역 주민을 상대로 한 평생 교육과 사회 봉사 활동을 통해 지자체와의 유대를 강화함으로써 지역 거점 연세대학으로서의 위상을 확고히 하는 작업을 시작하였다. 우선 원주캠퍼스 미래 전략을 수립할 기구로써 미래전략위원회50대 이상 중진 교수 15명으로 구성와 미래혁신위원회40대 중반 이하 교수 9명으로 구성를 발족하고 교내 의견과 외부 전문가 의견을 수렴하도록 하였다. 그리고 구 캠퍼스특성화위원회를 캠퍼스경쟁력강화위원회로 확대 개편하고 주요 학교 정책 이슈와 현안 과제에 대해 전체 교수들이 자유롭게 토론하는 연세원주미래정책포럼을 신설하여 가동하였다.

연세원주미래정책포럼 개최 현황

구분	내용	일시
미래 정책 포럼	– 원주캠퍼스 교육제도 혁신방안(1) 1학년 통합교육 방안 'Renaissance Man' 프로젝트	2013.3.28.
	– R.C Ver.3.0 – 대학원 제도 개선과 연구력 강화 방안	2013.4. 18.
	– 현 정부의 대학정책과 우리캠퍼스 발전방안 – 연구수주 활성화 방안(연구과제 수주를 망설이는 이유?)	2013.5.23.
	– 원주혁신도시 입주 공공기관 협력발전추진위원회 진행사항 발표 – 원주캠퍼스 교원의 바람직한 교수상(像)	2013.10.31.
	– ACE 특성화 사업 개요 소개 – 교원창업	2013.11.28.
	– 산학관 협력증진을 위한 제 방안 모색 – 빈곤문제국제개발연구원 현황 및 추진 사업 – 바이오웰니스융합연구원 현황 및 추진 사업	2014.5.29.
혁신 도시 협력 발전 위원회	– 원주혁신도시 입주 공공기관과의 상호 협력 방안 논의(1)	2013.5.20.
	– 원주혁신도시 입주 공공기관과의 상호 협력 방안 논의(2)	2013.6.10
	– 원주혁신도시 입주 공공기관 협력발전 추진전략II – 기관별 협력발전 추진 사항 발표	2013.7.8.
	– 기관별 협력발전 추진 사항 재점검	2013.10.31.
	– '법과학' 분야 학위프로그램 및 기타 협력 프로그램 운영에 관련 타 대학의 사례조사와 우리캠퍼스의 대응방안 발표	2013.11.25.
	– 국립과학수사연구원 협력방안: 학부 및 대학원 과정 신설방안 발표	2013.12.23.
	– 자원 관련 혁신도시 이주 공공기관과의 협력방안	2014.1.3.
	– 의료 관련 혁신도시 이주 공공기관과의 협력방안과 ACE II사업 방안	2014.2.3.
	– 대학별 지방대학 특성화사업(CK-I) 준비 내용 발표 및 토의	2014.3.3.

　　다른 한편 지역 발전과 산학협력 문제에 특화할 혁신도시협력발전위원회를 발족하여 수도권에서 원주로 이전하는 공공기관을 안내하고 향후 산학 협력의 토대를 만드는 작업을 시행하였다. 이에 따라 원주로 이전하는 13개 공공기관의 기관장과 운영 이사, 그리고 이전 작업의 책임자들을 학교로 초청하여 서로 의견을 공유하고 협력 방안을 모색하는 회의를 수차례 개최하였다.

원주캠퍼스 혁신도시협력발전위원회 개최 현황

회 차	일 시	내 용
제1차	2013. 5. 20.(월)	원주혁신도시 입주 공공기관과의 상호 협력 방안 논의(1)
제2차	6. 10.(목)	원주혁신도시 입주 공공기관과의 상호 협력 방안 논의(2)
제3차	7. 8.(월)	1) 원주혁신도시 입주 공공기관 협력발전 추진전략II 2) 기관별 협력발전 추진 사항 발표
제4차	10. 31.(목)	기관별 협력발전 추진 사항 재점검
제5차	11. 25.(월)	'법과학' 분야 학위프로그램 및 기타 협력 프로그램 운영에 관련 타 대학의 사례조사와 우리캠퍼스의 대응방안 발표
제6차	12. 23.(월)	국립과학수사연구원 협력방안: 학부 및 대학원 과정 신설방안 발표
제7차	2014. 1. 3.(월)	자원 관련 혁신도시 이주 공공기관과의 협력방안
제8차	2. 3.(월)	의료 관련 혁신도시 이주 공공기관과의 협력방안과 ACEII사업 방안
제9차	3. 3.(월)	대학별 지방대학 특성화사업(CK-I) 준비 내용 발표 및 토의

국내 최고 수준의 건강힐링 캠퍼스

천혜의 자연환경 속에 자리 잡은 캠퍼스이자 국내 최초의 건강 도시인 원주시
에 위치한 캠퍼스답게 국내 최고 수준의 건강힐링 캠퍼스로 자리매김한다는 목표
아래 원주세브란스기독병원과 협력하여 학생들의 건강을 지키기 위한 'New Body,
New Soul' 프로그램을 2014년부터 시행하였다. 'New Body, New Soul' 프로그램은
건강 검진, 체형 교정, 체력 증진의 세 가지 요소로 구성되어 있는데 먼저 교내 복지
매장의 수익금을 재원으로 하여 모든 신입생에게 자부담 없이 건강검진을 받게 하고
모든 재학생에게 물리치료학과가 관장하는 체형 교정 프로그램을 제공하며 RC 운
동 프로그램과 교양체육 활동을 통해 전체 학생들의 체력 증진을 촉진하도록 하
였다. 본 프로그램은 원주캠퍼스에 입학한 학생은 모두 질병에서 벗어나서 건강하게
지내다가 건강한 모습으로 사회로 나가야 한다는 비전을 담고 있다. 이 같은 건강힐링
개념은 연세가 원주캠퍼스에 국내 최초로 수립한 4년제 보건과학대학의 위상에 부

합하고 원주시에 수립된 의료기기 산업단지 이미지와도 맞물려 원주캠퍼스의 위상 제고에도 크게 기여할 것으로 보인다.

건강힐링캠퍼스 개념도

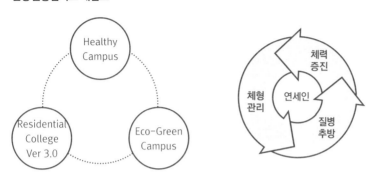

　　건강힐링 캠퍼스의 활성화를 위하여 원주캠퍼스가 관리를 맡고 있는 8만 평 규모의 매지호수를 친환경 체육 공간으로 활용하는 방안도 추진되었다. 마침 호수 접경 무궁화 공원의 관리권이 원주시에서 학교 이관되었기 때문에 매지 호수의 활용이 용이해졌으며 때맞춰 교내 스포츠센터를 중심으로 카누클럽이 결성되어 활동 중이다.

원주캠퍼스

캠퍼스 간 융합과 협력 모색

제3 창학이 추구하는 캠퍼스 간 융합 및 협력 방안과 관련해서는 원주캠퍼스와 신촌캠퍼스 및 의료원 사이에 행정 업무의 공유, 교수들의 공동 연구, 인적 교류의 활성화 등의 방식으로 다양한 형태의 캠퍼스 간 연합 행사와 사업이 진행되었고, 계속하여 추가적인 융합 및 협력 방안을 모색 중이다.

교목실의 경우 신촌캠퍼스, 원주캠퍼스, 의료원, 국제캠퍼스의 교목실 소속 교목과 직원이 2014년 하계 방학 기간을 이용하여 한군데 모여 워크숍을 개최하고 정보를 공유함으로써 학원 선교와 교목실 활동의 전문성을 강화하는 기회를 마련하였다. 또한 신촌과 원주의 학생 취업팀은 학생들의 취업 지도를 위한 협의회를 갖고 취업/채용 박람회 방문 행사와 주요 취업 특강 및 기업 추천 채용 시 서로 협업해 나가기로 뜻을 모으기도 하였다. 한편 신촌, 의료원, 원주캠퍼스를 잇는 모바일 스마트 캠퍼스 사업이 진행되는 동안 각 캠퍼스의 학술정보팀이 오랜 기간 긴밀히 협력하여 범연세 차원의 네트워크를 구축한 것은 제3 창학이 추구하는 캠퍼스 간 융합의 확고한 결실이라고 볼 수 있다.

이상과 같은 부서 간 협업 사례 외에 캠퍼스 간 인적 교류도 증가하였는데, 2013년 여름 방학 기간에 원주캠퍼스에서 개최된 연세비전 교직원 컨퍼런스 행사에는 신촌과 원주의료원에서 470여 명의 교수와 직원이 교내 기숙사에 머물며 공유와 화합의 자리를 가졌다. 특히 본 행사에서는 캠퍼스별 유사 전공 교수와 유사 분야 직원들이 조별 모임을 통해 상호 이해의 폭을 넓히는 기회를 가졌다. 캠퍼스 간 인적 교류는 교수들의 연구 영역에서도 진행되어 융복합연구의 증진을 위해 발족한 연세 미래융합연구원ICONS 내에 원주 교원이 책임을 맡는 연구센터가 5개 선정·개설되었다. 글로벌 분자진단 기반 진단 의료기술 실용화 융복합연구센터 이혜영

VII. 멀티 캠퍼스 지향과 융합

교수, 우주과학기술 융합연구센터 박준수 교수, 대사에너지 항상성 연구센터 박규상 교수, 세계 빈곤문제 퇴치를 위한 국제개발 연구센터 김창수 교수, 그리고 물리적 약물전달 연구그룹 서종범 교수가 ICONS 연구센터로 활동 중이다.

원주의료원의 재창조

원주세브란스기독병원과 원주의과대학도 연세 제3 창학의 목표와 가치의 구현을 위해 원주의료원 재창조 사업을 적극 추진하였다. 연세가 자랑할 만한 최고 수준의 경쟁력을 갖춘 지역 거점 의료원으로 도약하고자 개원 이래 최대 규모의 시설 인프라권역외상센터와 외래센터 및 주차장과 후생관 건축, 권역응급의료센터 리모델링 등를 확충하였고 혁신과 도약을 위한 제반 조치를 취하였다.

먼저 능동적인 조직 문화를 강화하고 시의적절한 변화 대응을 위하여 교수 세미나와 신진 교수 워크숍 외에 전체 교직원을 대상으로 하는 서비스 아카데미 교육과 행정 직무 역량 강화를 위한 직무 교육을 실시하였고, 한 학기 분량의 W-MBA 과정을 개설하여 주요 보직자와 팀장들이 경영 지식과 마인드를 점검하는 기회를 마련하였다. 그 가운데 강원도 지역 유일의 권역응급의료센터와 권역외상센터를 보유한 의료원으로서 그 역할을 충실히 수행하여 도내에서 연세의 이름을 한층 높이는데 기여하였다. 응급의료전용헬기닥터헬기의 출동이 연 300회에 이르면서 중증 응급환자의 이송 체계도 크게 활성화되었다.

한편 2014년 12월 국제올림픽위원회IOC는 아시아에서 최초로 원주세브란스기독병원을 IOC 스포츠손상방지연구센터IOC Research Center for Prevention of Injury and Protection of Athlete Health로 선정하였고, 이후 원주의료원의 운동의학센터는 2015~2018년 기간 동안 신촌캠퍼스의 융합체육과학연구소와 함께 IOC가 추진하는 스포츠 손상 관련 연구 과제를 수행하고 있다. 나아가 원주의료원은 2018년 평창동계올림픽과 장애인 동계올림픽 대회의 의료 분야를 지원하는 올림픽 병원으로 지정되어 각종 테스트를 위한 의료 인력을 파견하고 있을 뿐만 아니라 선수촌병원^{Poly Clinic}을 운영할 준비를 하고 있다. 이 같은 올림픽 병원 사업은 원주의료원이 최고 수준의 경쟁력을 갖춘 지역 거점 의료원으로 도약하는 데에 좋은 기회가 될 것으로 기대된다.

향후 과제

원주캠퍼스가 연세 제3 창학의 목표와 가치를 보다 완벽하게 실천해 나가기 위해서는 여러 조건과 제도적 장치가 필요하다. 우선 원주캠퍼스가 지니고 있는 두 가지 정체성, 즉 연세의 일원으로서 연세의 전통과 수월성을 지켜내야 하는 '연세성'과 지역 거점 대학으로서 지역 사회와 상생하며 지역적 상황과 기대에 잘 부응해야 하는 '지역성'을 잘 이해하고 두 가지 특성을 캠퍼스 발전 전략에 조화롭게 엮어 내야 한다. 두 요소가 상호보완적으로 작용하도록 멀티 캠퍼스 간 자율과 융합 방안을 강구해야 한다. 이를 위해서는 원주캠퍼스뿐만 아니라 전 연세 차원에서 원주캠퍼스의 발전 및 특성화 방안에 대한 공감 형성이 필요하다.

그 다음으로 원주캠퍼스의 자율적 특성화가 제3 창학의 수월성 기준에 부합하도록 국제적, 전국적 경쟁력을 갖춘 방안을 계속 찾아나가야 한다. 제3 창학 기운 아래 캠퍼스 발전에 대한 관심이 다시 증가하고 특성화 발전 방안들이 시도되었지만 완성까지는 아직 먼 여정이 남아 있다고 말할 수 있다. 지난 수년간 특성화 방안이 지역 거점 대학과 의료원으로서의 위상 확립에 초점을 두어 왔다면 차제에 최고의 경쟁력을 갖는 분야들을 적극 발굴하여 연세의 수월성에 기여할 특성화 방안을 강구해야 할 것이다.

그리고 원주캠퍼스가 최고 수준의 지역 거점 대학과 의료원으로, 동시에 몇몇 중점 분야에서는 연세의 수월성을 빛낼 교육·연구·임상기관으로 우뚝 서기 위해서는 재정 건전성과 안정성이 절대적으로 요구되며 인적 자원의 보강도 절실하다. 반값등록금 추세가 지속되는 한 높은 등록금 의존율을 크게 낮추고 그 대안을 찾을 수밖에 없는데 원주캠퍼스가 지향하는 산학협력의 가속화를 통해 연구 과제 수주와 특허 수입을 늘려나갈 필요가 있다. 특히 역내 산학협력에도 눈을 돌려야 하는데 이를 위해서는 지자체, 입주 공공기관과 기업, 시민 조직과의 협력망을 적극 구축하고 대학 내 지식 자원을 기반으로 지역 발전 협의와 계획 단계에서부터 주도적 역할을 수행해나갈 것이 요청된다. 다른 한편 원주캠퍼스의 인력 보강을 위해서는 신규 채용보다는 연세 멀티 캠퍼스 간 인적 교류와 인재 풀^{pool}의 활성화가 보다 현실적인 대안으로 보이며, 이를 위한 연세 차원의 제도적 정비와 보강이 절실히 요청된다.

3. 국제캠퍼스 활성화

국제캠퍼스는 2010년 1학기 1-1단계 사업 완료로 강의동, 기숙사, 종합관, 임시 도서관 등 8개 동, 연면적 43,794평 등 교육과 연구에 필요한 기반 시설을 확보하였으나 상주 재학생 465명, 상주 교원 55명에서 답보된 상태였다. 대학 본부에서 각종 인센티브를 제시하며 국제캠퍼스 이전 학사단위를 찾았으나 교내 갈등과 소문만 확대 재생산될 뿐이었다. 우리 대학의 지지부진한 이전 실적에 인천 시의회, 시민단체, 지역 언론들 사이에서 부정적이고 회의적 여론이 극에 달한 상태였다. 그러나 제3 창학의 기치 아래 레지덴셜 칼리지를 전격 도입하기로 하고 1 학년 전원을 국제캠퍼스에서 교육시키기로 하면서 전환기를 맞이하였다. 레지덴셜 칼리지의 필수 시설인 제2 학사 건립을 비롯하여 I-2A 및 I-2B 단계 공사가 조속히 진행되어 49,000여 평의 공간에 학부생 4,600여 명을 포함하여 5,000여 명의 학생과 교원 130명이 상주하는 종합 캠퍼스의 위용을 명실공히 갖추게 되었다. 현재 종합 R&D단지 구축을 위한 지속발전연구원, 중국연구원, YBMI^{연세바이오디온}, DFK ^{디자인팩토리코리아} 등이 설립되었거나 추진 중에 있다.

상전벽해의 변화: 2011년과 2015년 비교

하드웨어 인프라 국제캠퍼스는 2011년 말 현재 1-1단계^{기공식 2008.11.26, 봉헌식 2010.3.3.} 건축이 완공된 후 추가 건립이 유보된 상태로 강의동, 기숙사, 종합관, 임시 도서관 등 8개 동, 연면적 43,794평의 완공으로 교육과 연구에 필요한 최소한의 시설을 확보하고 있었다.

국제캠퍼스 1-1단계 시설 확보 현황

구분	건물명	층수	연면적(평)	비고
1-1단계	자유관A	B1/6	4,278	2008. 11. 착공 ~ 2010. 3. 완공
	자유관B	B1/6	4,042	
	종합관	B1/5	3,182	
	송도1학사(A,B,C동)	B1/10	17,779	
	지혜관A	1/2	222	
	국제캠퍼스 기념관	1/4	389	
	파워플랜트	B1/5	1,750	
	주차장	B1	11,589	
	저에너지친환경실험주택	1/4	563	
1-1단계 합계			43,794	

　　정갑영 총장은 임기 중 I-2A 및 I-2B 단계 공사를 완공하여 49,000여평의 공간을 추가로 확보함으로써 명실공히 국제캠퍼스로서의 위용을 갖추었다. 국제캠퍼스는 2015학년도 말^{2016년 2월} 현재 93,000여 평에 달하였으며 종합 R&D단지 구축을 위한 노천극장, YBMI^{연세바이오디온}, DFK^{디자인팩토리코리아} 등을 건립 중이거나 추진 중에 있다.

　　무엇보다도 총장의 핵심 공약인 레지덴셜 칼리지의 성공적 실시를 위하여 필수 시설인 기숙사를 대폭 확충하였다. 기존 제1 학사는 2인실 위주였으나 3인실을 확충함으로써 2,430명을 수용할 수 있도록 리모델링하였다. 동시에 제1 학사의 반대편에 제2 학사^{수용인원 2,923명}를 BTL방식으로 건립함으로써 도합 5,300여 명을 수용할 수 있는 초대형 기숙 시설을 완비하였다. 제2 학사는 4개 동 2,115실을 갖추고 2,923명을 수용할 수 있으며, 연면적은 총 19,282평에 달한다. 사생실 외에도 중소형 세미나실, 토론방, PC실, 당구장 등 오락시설까지 갖추고 있어 학습과 생활 공동체(Living and Learning Community)로서 충분하고 RC에 최적의 환경을 제공하고 있음은 물론 시설면에서도 국제 수준과 비교해도 손색없는 우수한 수준으로 평가되고 있다.

국제캠퍼스 1-2단계 시설확보 현황

구분	건물명	층수	연면적(평)	비고
1-2A단계	언더우드기념도서관	B1/7	3,961	2011. 4. 착공 ~ 2013. 2. 완공
	진리관A	B1/5	2,920	
	진리관B	B1/4	2,896	
	진리관C	B1/4	3,313	
	진리관D	B1/5	2,795	
	크리스틴 채플	1	217	
	지혜관B	1	76	
	포스코 그린 빌딩	B1/5	1,678	
	주차장	B1	10,379	
소계			28,235	
1-2B단계	송도2학사(D, E, F, G동)	B1/13	19,282	2012. 7. 착공 ~ 2014. 1. 완공
	지혜관C	1	102	
	주차장	B1	1,572	
소계			20,956	
1-2단계 합계			49,191	

교육 프로그램 및 구성원 현황 정갑영 총장 취임 직전인 2011-2학기 기준으로 국제 캠퍼스에는 UIC, 자유전공, 의예·치의예과, 외국인 글로벌학부 및 약학대학의 재학생 465명, 전임 교원 55명, 직원 28명이 상주하며 93개 강좌, 139개 분반이 개설되어 있었다. 하드웨어는 43,000여 평에 달했으나 상주 인원 및 교육 소프트웨어는 아직 걸음마 단계였으며 그나마 후속 이전 학사단위나 계획도 별로 없는 상태였다. 우리 대학의 지지부진한 이전 실적에 인천 시의회, 시민단체, 지역 언론들의 부정적이고

회의적 여론이 매우 강했다.

그러나 RC의 전면적 도입과 더불어 새로운 학사단위가 속속 증가하여 정갑영 총장의 임기 마지막 학기인 2015-2학기 기준으로 국제캠퍼스에는 4,600여 명의 학부생들을 포함하여 5,000여 명의 학생들과 120여 명의 전임 교원이 상주하고 있다.

2015-2학기 국제캠퍼스 상주인구 현황

구분	학사 단위	재학생 수(명)		전임 교원 수(명)
		학부	대학원	
RC 대상	학부대학	3,031	–	54
	의과대학	79	–	–
	치과대학	45	–	–
	언더우드국제대학	475	–	–
	글로벌인재학부	219	–	–
국제캠 개설 전공	글로벌융합공학부	39	65	15
	언더우드국제대학	641	–	–
	약학대학	138	44	38
	GIT	–	20	13
계		4,667	129	120

국제캠퍼스 학생수 증가 추이

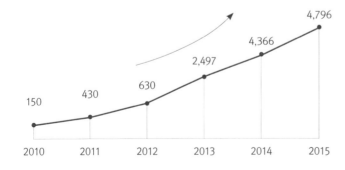

150 (2010)
430 (2011)
630 (2012)
2,497 (2013)
4,366 (2014)
4,796 (2015)

국제캠퍼스 조직 현황 국제캠퍼스의 조직도 크게 확대되어 2015년 말에는 독립된 대학 캠퍼스에 버금가는 수준으로 성장하였다. 2015년 말 현재 국제캠퍼스는 12개 학사단위와 16개 행정 부처를 운영 중으로 695명의 운영 인력이 배치되어 있으며, 누적 연구비 수주액도 1,337억 원에 달하고 있다.

국제캠퍼스 현황(2015년 말 기준)

교육 환경 개선 및 프로그램

스터디하우스 개관 2만 권의 장서와 각종 서비스^{학술데이터베이스, e-book, 멀티미디어 자료제공, 노트} 북대여를 갖춘 임시 도서관^{현 지혜관A, 지상2층 222평 규모}을 개관하였다.

국제캠퍼스 언더우드기념도서관 개관^{2013.4.1} 지하 1층/지상 7층, 11,172m²^{3,379평} 규모 지하 보존서고 1,374㎡(416평) 별도의 언더우드기념도서관은 Residential College Library로서 연세대학교 국제캠퍼스의 글로벌 명문 RC 교육에 부합하는 다양한 서비스를 제공하고 있다. 국제캠퍼스의 중심에 위치한 언더우드기념도서관은 가구와 시설, 서비스에 IT와 SNS 기술, UX 디자인을 최적화하여 탄생시킨 최첨단 스마트 라이브러리로

Ⅶ. 멀티 캠퍼스 자율과 융합

학생들의 학습·문화·생활과 소통의 거점이 되고 있음은 물론 많은 언론을 통해 현대적 학술정보원의 모델로 소개되기도 하였다. 언더우드기념도서관의 2015년 2월 현재 장서 수는 78,925책(멀티미디어 9,642점 포함)에 이른다.

언더우드기념도서관 현황

구분	좌석수	내용
계	1,147	휴게석 제외 967석
열람석	341	팡세(9), 캐럴(20), 조망형 열람석 등
PC석	124	커뮤니티석, Express Zone 등
그룹스터디룸	118	14개(6인실~16인실)
미디어열람석	132	미디어열람PC, 제작/편집석 등
단체석	223	국제회의실(160), 교육실(36) 등
휴게석	180	소파 등

Residential College 현황 2013년에는 1학년 학생 전원이 한 학기씩 이수하는 것으로 확대되었고, 2014년부터는 음악 및 체육 계열을 제외한 전체 신입생이 1년간 RC 교육을 받고 있다. 전인교육(Holistic Education)을 위한 RC 교과 과정과 RC 비교과 과정을 개발·운영 중이다. RC 교과 과정으로는 HE_사회봉사, HE_문화예술, HE_체육, 연세 RC101 등이 개설되어 있으며, RC 비교과 과정으로 학술제(RC특강, 독서와 프레젠테이션, 뉴스레터), 문화예술제(RC공연, REC), 체육제(RC올림픽, 송도 마라톤, 굴리샘)와 같은 프로그램을 운영 중에 있다.

글로벌 융합교육 산실로 성장

교육 프로그램 국제캠퍼스에는 2016년 3월 현재 12개의 학부·대학원 세부 학사 단위가 구성되어 있으며 지식 산업과 국제화 추세에 맞춰 융합 교육에 초점을 둔 학사단위를 개설하여 해당 분야의 인재들을 배출하고 있다.

지식산업 | 융합 | 국제화

지식산업
- 약학대학
- 약학대학(대학원)
- 제약의료규제과학 (대학원)

융합
- 언더우드국제대학 TAD
- 언더우드국제대학 ISED
- 언더우드국제대학 ISSD
- 글로벌융합공학

국제화
- 언더우드국제대학 ASD
- 글로벌인재학부
- GIT(대학원)

프리미엄 교육(Residential College System)

국제캠퍼스 Residential College 프로그램은 글로벌 인재의 핵심 역량으로 5C 함양을 목표로 두고 있는데, 핵심 역량 중 융복합 능력Convergence을 포함시켜 1학년 기초 교육부터 글로벌 융복합 능력에 대한 전인 교육을 시행하고 있다.

정규 교과로 창의적 융복합 교육, 책읽기 및 토론 교육을 시행하고 있고 개별 지원 프로그램으로 Creative Leader Program을 시행하고 있으며 비교과 학습으로 다양한 프로그램을 지원하고 있다. 특히 언더우드국제대학에 아시아학부, 테크노아트학부, 융합사회과학부, 융합과학공학부를 신설하여 기존 학과 중심의 한계를 넘어 인문, 사회, 과학을 아우르는 진정한 융합 학부로서의 모습을 갖추었다.

언더우드국제대학에서 운영하고 있는 DFKDesign Factory Korea는 학생들이 주체적으로 제품 아이디어를 구상하여 시제품을 만들고 사업화까지 할 수 있는 교육-연구-창업이 융합된 플랫폼으로 핀란드 Aalto University와의 협력을 통해 세계 6번째로 송도 국제캠퍼스에 유치하였다.

창의적인 아이디어, 설계, 프로토타이핑, 마케팅에 이르는 전 과정에 대한 현장 교육이 가능한 프로그램을 갖추고 구글, 삼성, 엘지, KT 등과 산학협력 프로젝트가 예정되어 있다. Design Factory Global Network의 광범위한 해외 협력 네트워크도 활용할 수 있게 된다.

또한 다빈치형 인재 양성을 목적으로 미래창조과학부 주관 IT 명품인재양성 사업에 선정된 글로벌융합공학부는 정보, 전자, 나노, 바이오, 에너지 등 과학기술 분야와 인문, 사회과학, 예술, 디자인 등을 유기적으로 결합하여 진정한 첨단 융합교육을 실시하고 있다.

글로벌융합공학부 교육과정

Computation & Communications	빅데이타분석 연구, Cloud Management 연구, 차세대융합통신망설계, 나노네트워크 연구, 미래형 영상 취득/분석, 표현 시스템 융합연구, 소프트제어 유무선 광전송 기술
Smart Living	Photonics/그린에너지 융합기술 연구, 나노·바이오/의료 융합 연구 차세대 디스플레이 TFT/융합 소자 연구, 정보/ 에너지 융합 반도체 소자 연구
Technology & Design	인간중심 Human Machine Interaction(HMI) 융합연구, 인간중심 Human Robot Interaction(HRI) 융합연구, 산업체와 연계한 Future Lifestyle Design Projects, Public Health and Wellbeing 연구
Seamless Transportation	Smart Car 및 Green Car 융합연구, 지능형 무인시스템 및 위치/항법시스템 융합연구, 인간중심 Human Machine Interaction(HMI) 융합연구
Medical Systems	Retinal Prosthesis 및 Neural Signal Recording Chip 연구, Radar Systems and Electromagnetic Wave Imaging 융합연구, Spectral CT 및 차세대 CT System 연구, Electromagnetic Ablation 및 Millimeter-Wave Imaging 연구
Computation & Communications	기술정책, 기술경영 및 혁신, 산업구조 변화, ICT 산업 분석

Research and Business Development 활성화

국제캠퍼스 누적 연구비 수주액은 1,337억 원으로 연세대학교가 그간 쌓아온 연구력을 바탕으로 대규모 정부 과제를 수주하기 위한 노력의 결과였다. 연구 기반이 구축되고 연구 기능이 강화됨에 따라 연구비 수주는 지속 증가할 것으로 예상된다. 국제캠퍼스는 글로벌 융합기술원을 필두로 약학대학의 종합약학연구소, 바이오 신약 개발을 위해 산학협력으로 추진 중인 지속가능발전연구원, 중국연구원, YBMI^{Yonsei-BioDion Medical Institute}, DFK 등 연구 개발과 산업화가 융합된 R&BD 플랫폼 구축을 진행하고 있다.

지속가능발전연구원^{Institute for Global Sustainability, IGS} 21세기에 주요 이슈로 부각한 지속가능 발전 분야에 대해 융합적 접근을 통하여 연구 성과를 축적하고, 이를 바탕으로 교육, 정책 개발, 교류 협력을 중점적으로 추진하여 대학 발전뿐만 아니라 지역, 국가, 지구의 지속가능한 발전을 추구하고자 2015년 4월 4일 국제캠퍼스에 설립되었다.

2015년에는 개원 행사와 함께 UNOSD, 독일 환경부, 세계자연기금 등 지속가능 발전 분야 국제 기구의 주요 인사들을 초청하여 특별 강연, 월별 세미나를 개최하여 세계적인 지속가능 개발 이슈를 확인하고 토론하는 장을 마련하여 연세대학교가 지속가능 발전 이슈를 주도하는 데 기여하였다. 연구원의 국내외 연구 교류 및 협력 관계를 구축하기 위해 연세대학교와 긴밀한 학술 교류 관계를 맺고 있는 시드니대학교와 제네바대학교와의 공동 워크숍을 통해 기후 변화 연구와 관련된 공동 프로젝트 진행을 논의하여 일차적으로 2016년부터 시드니대학과 신재생에너지 분야의 공동 연구를 수행하기로 하였다. 2016년 2월에는 영국의 킹스칼리지와 스위스의 제네바 대학교를 방문하여 지속가능 발전 분야와 관련하여 업무 협의를 이끌어 냈다. 또한 국제캠퍼스가 있는 송도에 위치한 녹색기후기금^Green Climate Fund과의 구체적 협력 방안을 발굴하기 위해 기획재정부, 환경부, 미래부, 국토부, 산업자원부, 인천시 등과 논의를 진행 중이며 구체적인 활동 가능성을 모색하고 있다.

미얀마의 실태 조사 및 국제 기구 연계 방안 연구, 동아시아의 감축-적응이 고려된 경제적 효과분석, 베트남의 기후 변화 적응 정책 연구 등을 수행하며 지속가능 발전 분야의 연구 참여 및 역량을 점차 확대해 나가고 있다. 아시아개발은행^ADB의 지속가능 에너지 온라인 교육 과정 개발 참여를 통해 관련 분야의 인력 양성을 위한 교육 프로그램을 연구, 제작 중에 있다. 이 밖에도 지속가능 발전에 대한 사회적인 관심을 불러일으키고자 사회적으로 영향이 있는 주제와 이슈 주도 방안 및 제안서를 작성하고 연구원의 활동을 홍보할 예정이다. 국제캠퍼스가 위치한 인천시와의 지역 연계 협력 방안의 일환으로 인천시의 지역 교육 프로그램에 적극 참여하는 방안을 논의 중이며 동서문제연구원, 미래융합연구원 등 관련 교내 연구 기관과의 연계를 통해 교내외 협력 방안을 모색하며 활발한 교류 및 상호 협력을 지속적으로 이루어 나갈 것이다.

중국연구원 2015년 1월 연세대학교 중어중문학과 동문회 회장인 유진그룹 유경선 회장의 도움으로 송도 국제캠퍼스에 중국연구원^Yonsei Institute for Sinology, YIS이 설립되어 중국 관련 전 분야에 걸친 종합적이고 융합적인 연구의 기반이 되었다. 국내 중국학 연구의 균형잡힌 발전은 물론 나아가 바람직한 한중관계의 구축 및 발전에 기여하게 되었다. 국경을 면하고 있는 지정학적인 면에서나 유구한 시간 이어 온 한중관계, 세계 경제 및 국제 관계에서 중국이 갖는 중요성에도 불구하고 그동안 우리 대학은 중국 연구에 큰 관심을 기울이지 못했다. 중국연구원의 설립으로 우리 대학은 중국을 더욱 심층적이고 종합적으로 연구하여 그 성과를 사회적으로 확산

함은 물론 인문학과 사회과학 분야의 학제 간 연구를 바탕으로 국내 중국학 연구의 통합적 발전을 이끌어 갈 수 있게 되었다. 2016년 3월 현재 1명의 객원 교수와 7명의 전문 연구원, 3명의 객원 연구원과 2명의 연구원이 국제 관계와 외교·통상 문화 교류, 법학 등 다양한 분야에서 중국 관련 연구를 추진하고 있다. 또한 중국 전 지역에 걸쳐 31개 대학 및 4개 연구원을 거점 협력 추진 기관으로 확보하여 다양한 연구 협력 프로그램을 추진하고 있다.

Yonsei-BioDion Medical Institute[YBMI]는 바이오 신약 개발을 위한 연세대학교와 (주)바이오디언의 산학협력 프로젝트이다. 양 기관 협력을 통해 신약 개발 시설을 확보하고 공동으로 신약 개발을 추진할 계획이며 신축 시설은 공동 연구 및 약학대학 교육 연구에 적극 활용할 예정이다. 2015년 4월 공동 연구를 위한 YBMI 설립 MOU가 체결되었으며 같은 해 8월에 YBMI 건립 및 연구 약정서를 체결하여 공동 연구소 설립을 가시화하였다.

연세대학교-BioDion 협력 모델

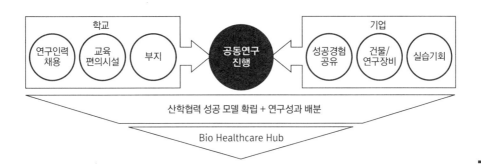

YBMI는 (주)바이오디언이 건축비 전액약 100억 원을 투자하여 국제캠퍼스 부지 내에 지상 5층, 연면적 약 2천 평의 건물로 건립될 예정이다. 저층부에는 신약 생산을 위한 GMP 시설이 예정되어 있고, 고층부에는 실험과 연구, 사무를 위한 공간으

로 구성될 예정이다. 이 건물은 건립 25년 후 학교에 기부채납할 예정이다. YBMI 는 대학과 기업이 산학 공동연구를 통해 성공 모델을 확립하고, 단순 연구에 그치지 않고 산업화를 통한 연구 성과를 배분하여 재투자하는 연구 개발 선순환 구조를 만드는 우리 대학교의 첫 번째 모델이 될 것으로 기대된다. YBMI는 중장기적으로 국제캠퍼스 1단계 사업과 추진을 준비하고 있는 2단계 사업의 징검다리 역할을 할 것으로 기대되며 특히 2단계 사업이 Science Park 모델로 귀결될 경우 연세대학교가 보유하고 있는 기본 역량의 핵심 사례가 될 것이다.

YBMI 조감도

향후 추진 과제: 국제캠퍼스 노천극장 설립 추진

국제캠퍼스에 전체 재학생이 참여하여 학교의 공식 행사 및 문화 행사를 진행할 수 있는 노천극장을 건립하여 학생들의 애교심을 고취하는 구심점이 되도록 할 계획을 세우고 부지 선정과 설계를 진행하였다. 국제캠퍼스 노천극장은 4천 명을 수용할 수 있는 규모로 2015년 4월 법인 이사회 승인을 얻었다. 2016년 3월 현재 도시계획 승인과 실시설계를 진행 중이며, 공사비는 약 40억 원이 소요될 것으로 예상된다.

국제캠퍼스 노천극장 조감도

송도 교육 특구와 연계한 새로운 사업 개발

2012년 7월 교육부는 '교육 국제화 특구의 지정·운영 및 육성에 관한 특별법'을 제정하여 전국의 자치단체를 대상으로 교육 국제화 특구 지정 신청을 받았다. 교육 국제화 특구는 국제화된 전문 인력을 양성하고 나아가 국가의 국제 경쟁력 강화와 지역 균형 발전을 도모함을 목적으로 한다. 이에 연세대학교는 학부대학을 중심으로 국제캠퍼스가 소재한 인천 연수구의 특구 신청서를 주도적으로 작성하였고 이 같은 노력의 결실로 전국적으로 인천 연수구, 인천 서구·계양구, 대구 북구·달서구, 전남 여수시 등 4개 지역이 교육 특구로 선정되었다. 교육 국제화 특구 특별법에 따르면 대학의 국제 경쟁력 강화를 위하여 특구 안의 대학은 교육의 국제교류·협력 활성화 및 대학 교육의 국제 경쟁력 강화를 위한 기반 조성 계획을 수립·시행 할 수 있고, 외국 대학과의 공동·복수 학위제, 교육 과정의 공동·복수 학위제, 교육과정의 공동 운영 및 학점 교류의 확대 등이 가능하게 되어 있다. 또한 국가 또는 특구 지방자치단체는 이러한 사업을 추진하는 대학에 행정적·재정적 지원을 할 수 있다. 그리고 국가는 특구 안의 대학이 외국인 학생 유치를 추진하는 경우 장학금, 기숙사 및 취업 지원 등 필요한 지원을 할 수 있다. 이러한 지원을 연세대학교가 잘 활용하면 국제캠퍼스는 향후 아시아 지역에서 국제화 교육의 허브로 거듭날 수 있을 것이다.

국제캠퍼스 2단계 조성 계획

Yonsei Science Park^{YSP} 조성   1단계에서 구축한 연세대학교 국제캠퍼스의 융합 교육 및 연구 인프라와 연세의료원의 연구 및 산학협력 인프라를 기반으로 연세대학교의 우수한 연구 역량 및 창업 지원 시스템을 활용하여 자생적으로 확장해 갈 수 있는 혁신 생태계를 갖춘 산학연 클러스터를 구축하는 계획을 추진하였다.

Yonsei Science Park 개념도

YSP의 기본 구조 Design Culture and Entertainment, Energy and Environment, Bio & Healthcare, Future Mobility, Advanced ICT의 5개 전략 분야를 중심으로 구성하되 특히 연세대학교 의료원을 중심으로 산업화 관점에서의 연구 역량을 집중하여 Bio & Healthcare 분야가 중심이 되는 산업 단지를 구축하여 송도 IFEZ의 발전 전략과의 연계를 극대화한다.

Yonsei Bio-Medical Cluster 모형

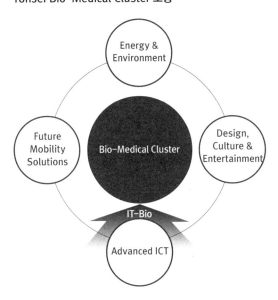

YSP의 차별성 및 실현 가능성 성공적인 국내외 산학연 클러스터는 기업 유치와 같은 Hardware적 접근 방법이 아닌 대학의 연구 역량을 중심축으로 하는 Software적 접근 방법으로 형성되었다. Bio & Healthcare 산업의 폭발적인 성장 가능성과 연세의료원의 축적된 연구 역량 및 IFEZ에 입주한 제약회사들의 역량과 자원이 결집될 경우 중국 시장을 겨냥하는 최첨단 의료 복합 산업단지로의 성공 가능성이 매우 크다고 할 수 있다. 또한 YSP는 송도 IFEZ 및 인천시에서 추진하고 있는 산업 고도화 전략에 가장 부합하는 정책 수단으로써 남동공단을 첨단 산업기지로 변모시킬 수 있는 기회를 제공하므로 인천시와의 유기적 공조가 가능하다.

VII. 멀티 캠퍼스 자율과 융합

그동안 송도 국제캠퍼스는 짧은 기간에 비약적인 발전을 거듭해 왔다. 부지 매입 초기의 많은 반대와 비난을 무릅쓰고 2008년의 금융위기를 극복하면서 1단계 하드웨어의 건설을 성공리에 마무리하였다. 한때 국제캠퍼스에 가겠다는 단과대학이 하나도 없어 큰 도전에 직면하기도 했지만, 신입생에 대한 RC를 전면 실시하는 획기적인 전략을 도입하여 위기를 극복하였다. 도입 초기 교수, 학생 및 동문들로부터 저항과 우려가 적지 않았음에도 불구하고 총장을 중심으로 혼연일체가 된 행정보직자들의 강력한 의지와 리더십, 그리고 많은 교수와 직원들의 헌신과 열정으로 RC를 성공적으로 정착시켜, 국제캠퍼스는 이제 한국 대학교육의 패러다임을 선도하는 모범 캠퍼스로 변모하였으며, 이제 연구분야로 그 지경을 확장해 가는 시발점에 있다.

앞으로도 국제캠퍼스가 지속적으로 발전하기 위해서는 고등교육을 선도하는 글로벌 캠퍼스의 위상과 전략을 지속적으로 추진해야만 할 것이다. 특히 신촌캠퍼스는 물론 원주 및 의료원과도 서로 융합하며 협력하는 모델을 구축하여 첨단의 교육과 연구 모델을 지속적으로 창출해나가는 캠퍼스로 성장하여야 할 것이다. 목전에 닥쳐있는 2단계 국제캠퍼스 조성사업에서도 연세가 세계적 명문으로 도약하기 위한 미래지향적이고 선도적인 교육 프로그램을 개발·정착시켜야 할 것이다.

맺음말

연세대학교 제17대 정갑영 총장의 임기는 연세대학교의 '제3의 창학'을 향한 기반을 다지고 역사를 새롭게 만드는 대학으로서의 연세$^{YONSEI, where\ we\ make\ history}$의 위상을 다시 한 번 확고히 세웠던 시기로 기록될 수 있을 것이다. 1885년 제중원 개원에 이은 세브란스병원과 연희전문의 개교로 대표되는 연세대학교의 '제1 창학기'는 최초의 근대 고등교육기관의 출발과 역사를 함께하며 조선 근대화를 견인한 시기였다. 1957년 연희와 세브란스의 통합으로 시작된 '제2 창학기'의 연세는 원주캠퍼스의 개교를 거쳐 그 지경을 확장하며 대한민국 최고 명문사학으로서 한국 사회의 산업화와 민주화를 선도하여 왔다. 2010년 인천 국제캠퍼스의 개교를 계기로 연세는 '제3 창학기'를 맞이하였고, 정갑영 총장은 제3 창학기의 연세를 글로벌 명문 대학으로 도약시키기 위한 초석을 굳건히 다지는 데 그의 임기를 바쳤다.

취임 전 발전계획서에서 정 총장은 글로벌 명문교육 확립, 세계 수준의 연구 강화, 캠퍼스 인프라 선진화, 공동체 문화 확산과 멀티 캠퍼스 자율과 융합의 다섯 개 분야에 걸친 발전 목표를 제시하고 이를 달성함으로써 대학의 수월성과 위엄을 공고하게 하고 21세기 세계를 선도하는 교육과 연구의 전당으로 발전시키겠다는 비전을 제시하였고, 실제로 4년이라는 길지 않은 재임 기간 중 이들 대부분을 실현시켰다.

원주캠퍼스에서 5년 이상 축적된 노하우를 적용하여 송도 국제캠퍼스에 Residential College^{RC} 교육을 도입하고 5천여 명이 함께하는 학습과 생활이 어우러진 창의적 공동체를 만들어냄으로써 대학의 기본인 교육의 수월성을 높였다. 이와 함께 7개 전공 220여 명 정원이던 언더우드국제대학$^{Underwood\ International\ College,\ UIC}$을 16개 전공 입학 정원 422명 규모로 확대·발전시켜 우수 외국인 학생과 해외 유학 수요를 국내로 끌어들이는데 크게 기여하고 있다. 또한 글로벌인재학부를 개설하여 한국 및 아시아

지역 전문가를 길러냄은 물론 고도화된 ICT환경을 기반으로 세계적인 MOOCs
Massive Open Online Courses 교육 플랫폼에 참여하여 연세의 강의를 온라인으로 전 세계에
공급하며 교육의 국제적인 경쟁력을 높였다.

연구 생태계를 활성화하여 차세대 성장 동력이 될 새로운 지식을 생산해 내기 위하여 교내 연구비 지원을 확대하였고 미래융합연구원을 설립하여 융합적인 접근을 통해 우리 시대가 당면하고 있는 복잡다단한 문제들에 대한 종합적이고 창의적인 해결 방안을 찾고자 하는 시도를 적극적으로 지원해왔다. 더불어 기초 연구력 증진을 위한 꾸준한 관심과 지원으로 대형 연구 과제를 유치하는 데 기여함은 물론 ICT의 올바른 활용과 중국 지역 연구 활성화를 위한 기금을 유치하여 대학이 이들 연구 분야에서 지도력을 발휘할 수 있는 전기를 마련하였다.

약 1천억여 원이 소요되는 3만 8천여 평에 이르는 백양로 재창조 사업에 2만 2천여 후원자의 참여를 이끌어 내 완벽한 성공을 거두며 대학 모금에 새로운 역사를 이룩하였다. 백양로 재창조 사업으로 캠퍼스의 중심 백양로를 차 없는 녹지로 변화시키고 지하에 각종 문화 시설과 편의 시설을 갖춘 백양누리를 조성하여 차량으로 혼잡하고 보행자 안전까지도 위협하던 백양로를 문화와 지성의 전당이자 소통의 마당으로 탈바꿈시켰다. 또한 애비슨의생명연구센터, 암병원, 우정원 기숙사, 경영관의 신축을 포함하여 대학의 숙원 사업들을 차례로 완성시켜 교육과, 연구, 의료 분야의 도약 기반을 획기적으로 개선함은 물론 학생 복지까지 향상시켰다.

동시에 노동조합과의 상생협력을 통해 성과연동급여 체계와 다직군제를 도입하여 대학의 재정 부담은 낮추면서 직원의 전문성을 높였다. 교원들에게도 업적 기반 성과급을 확대하여 학문적 우수성이 존중받는 문화를 정착시켜 가고 있다.

RC 교육과 연계한 사회봉사 프로그램과 지역 기반 교육 프로그램을 확대하여 학생들이 교육과 생활을 통해서 자연스럽게 섬김의 리더십을 체득할 수 있는 환경을

조성하였다. 또한 동문들의 재능 기부 참여로 '5월의 별 헤는 밤'이라는 문화 공연을 열어 수입 전액을 대학 발전을 위해 기부하는 새로운 나눔의 문화를 정착시켰다.

전통 학문 중심의 신촌캠퍼스와 의료원, 교육 및 지역 기반 산학협력 중심의 건강힐링 캠퍼스를 표방하는 원주캠퍼스, RC와 국제화 교육, 그리고 첨단 융합학문의 메카로 부상하고 있는 송도 국제캠퍼스의 4개 캠퍼스가 각각 자율적인 특성화 전략을 추구하며 발전해 나갈 수 있도록 하였다. 동시에 교원의 겸직, ICT인프라 통합 등 각 캠퍼스의 자원을 효과적으로 공동 활용할 수 있는 시스템을 정착시켜 4개 캠퍼스가 어우러져 융합의 시너지를 만들어 낼 수 있게 하였다.

대학은 구성원들의 다양한 목소리와 상충되는 주장이 상존하여 그 어느 한 목소리나 주장도 소홀히 할 수 없는 곳이다. 제3 창학기에도 정책을 실현해 가는 과정에서 여기저기서 상충된 다양한 주장들이 서로 목소리를 높였다. RC 교육 실시 계획을 세우는 과정에서 학생들과 교수들은 신입생들이 국제캠퍼스에서 생활하게 되면 입학 지원자 수준이 급격히 떨어지리라 우려하였다. 경영관 신축 부지를 결정할 때도 용재관을 허는데 반대하는 교원들이 있었고, 백양로 프로젝트 공사를 착수하려 했을 때는 일부 연세 구성원들이 중앙도서관 앞뜰에 농성천막을 세우고 언론을 동원해 사업에 대한 반대 의견을 피력했다. 이렇게 연세가 갈등하는 모습을 보일 때 총장은 관련 기관 및 이익 관계자들과의 꾸준한 협의 노력을 보이며 순리에 따라 사업을 추진하여 구성원들이 학교 발전에 동참할 수 있도록 공감대를 만들어가기 위해 노력하였다.

정 총장은 또한 소신을 지키는 교육행정가로서, 학령 인구 감소와 규제 위주의 교육 정책, 글로벌 대학 경쟁 심화와 같은 어려운 환경 속에서, 대학의 자율성을 확대하고 명문 사립대학으로서 재정 건전성을 공고히 하기 위해 '자율형 사립대학'의 필요성을 꿋꿋이 주장하였다. 이와 함께 저소득층 학생을 선발하고 학자금을 지원하는 등 대학이 계층 이동의 사다리로써 제 구실을 다하고 사회적 책무를 실천하는 데에도 앞장섰다.

이 같은 노력의 결과 지난 4년간 우리 대학은 역사상 처음으로 QS세계대학평가에서 100위권에 안정되게 정착하였으며 영국의 대학평가관인 THE^{Times Higher Education} 평판도 평가^{Reputation Evaluation}에서 역사상 처음으로 80위권에 진입하였다. 톰슨 로이터는 우리 대학을 세계에서 36번째로 혁신적인 대학으로 선정하기도 했다.

그러나 매일 보는 같은 강이라 해도 그 속에 흐르는 물은 어제의 그 물이 아니듯 조직도 매일 새롭게 변화하려 하지 않으면 고여서 썩은 물처럼 쇠락의 길을 걸을 수밖에 없다. 혁명은 하루아침에 이룰 수 있지만, 혁신은 매일매일 일상처럼 지속되지 않으면 이전까지 쌓아온 노력도 수포로 돌아가게 된다. 지성과 자유의 상아탑이라 할 대학은 혁명의 장이 아닌 끊임없는 혁신의 요람이 되어야만 할 것이다. 수많은 연세인의 열정과 헌신으로 이루어 온 연세 제3 창학을 향한 노력이 앞으로도 지속되어 글로벌 명문을 향한 연세의 도약 모멘텀이 더욱 탄력을 받게 되기를 기대해 본다.

송도 국제캠퍼스에서 이루어지고 있는 신입생을 위한 RC교육에 신촌캠퍼스의 전공 교수님들도 더 많이 관심을 가지고 참여해야 RC교육이 더 내실화될 수 있다. 확대일로를 걸어온 언더우드국제대학과 새롭게 출범한 글로벌인재학부 및 GIT도 꾸준한 관심과 지원이 없으면 후발 주자들의 맹렬한 추격에 자칫 경쟁력을 상실할 수 있다. 시행 3년 차에 접어든 미래선도연구 지원 사업에도 지속적인 지원이 이루어지지 않으면 연구비 지원 정책에 대한 교원들의 예측 가능성이 낮아지고 연구 행정에 대한 신뢰가 현격히 추락할 위험이 있다. 본교와 의료원의 우수한 역량을 결집시키기 위한 의생명과학단지의 건축이나 국제캠퍼스 2단계 건설 사업도 모두 지대한 관심과 헌신을 기다리는 사업들이다.

산적해 있는 과제들에 비해 대학이 운신할 수 있는 여지는 점차 좁아지고 있는 것이 우리나라 대학들의 안타까운 현실이다. 우수 교원 및 학생을 유치하기 위해 세계의 대학들이 각축전을 벌이고 있음에도 우리 정부는 형평성을 기준으로 모든 대학을 유사한 틀로 옭아매어 입학 정원에서부터 등록금, 심지어 학사 운영까지 간섭의 정도를 높여가고 있다.

연세인 모두가 다시 한번 연세의 비전을 가다듬고 사명을 되새겨 긴 안목으로 현재의 난관을 돌파해 나갈 수 있기를 기대한다. 요즘처럼 교육 환경이 급변할수록 우리 연세는 글로벌 명문을 향한 목표를 일관되게 추진하고, 아시아 고등교육을 선도하는 명문 사학으로서의 위엄과 학문적 수월성을 높여 나가야 할 것이다.

연세인들이 언더우드와 알렌, 그리고 애비슨과 같은 선각자들이 보여준 소명 의식과 도전과 개척의 정신을 기억하고 그를 따른다면 연세는 앞으로도 새로운 희망과 성취의 역사를 일구어 가게 될 것이다. 제17대 정갑영 총장 재임 중 추진되었던 '제3 창학의 비전과 과제'를 되돌아 보며 앞으로도 모든 연세인들이 뜻을 합하여 자랑스러운 글로벌 명문 연세로 도약시켜 나가기를 소망한다.

연세대학교 기초 통계

2015년 10월 1일 기준

						37,742 명
재학생	학부	본교		14대학 1학부 71학과(전공)	17,531 명	26,103 명
		의료원		3대학 3학과(전공)	1,197 명	
		원주매지		4대학 1학부 33학과(전공)	6,269 명	
		원주일산		1대학 3학과(전공)	1,106 명	
	대학원 *일반대학원은 본교로 편성	본교	일반대학원	1대학원 114학과(전공)	6,053 명	11,639 명
			전문대학원	7대학원 24학과(전공)	1,847 명	
			특수대학원	7대학원 41학과(전공)	2,764 명	
		의료원	전문대학원	2대학원 2학과(전공)	256 명	
			특수대학원	2대학원 2학과(전공)	427 명	
		원주매지	특수대학원	2대학원 13학과(전공)	292 명	

			학위과정생	학점교류학생	어학연수생	계	
외국인 학생	*중국(36%), 미국(14%), 일본(7.9%), 캐나다(3.5%) 등을 비롯 113개국 출신 학생들 현황 (재적생 기준)	본교	1,835 명	771 명	1,711 명	4,317 명	4,538 명
		의료원	15 명	0 명	0 명	15 명	
		원주매지	74 명	48 명	62 명	184 명	
		원주일산	22 명	0 명	0 명	22 명	

교원	전임교원	본교	996 명	의료원	633 명	1,994 명	5,006 명
		원주매지	215 명	원주일산	150 명		
	비전임교원	본교	714 명	의료원	522 명	1,410 명	
		원주매지	79 명	원주일산	95 명		
	시간강사	본교	1,323 명	의료원	0 명	1,602 명	
		원주매지	275 명	원주일산	4 명		
외국인 교원	전임교원	본교	116 명	의료원	3 명	127 명	278 명
		원주매지	8 명	원주일산	0 명		
	비전임교원	본교	56 명	의료원	8 명	80 명	
		원주매지	15 명	원주일산	1 명		
	시간강사	본교	65 명	의료원	0 명	71 명	
		원주매지	6 명	원주일산	0 명		
직원	본교				747 명	1,093 명
	의료원				120 명	
	원주매지				183 명	
	원주일산				43 명	

부설 연구 기관	대학교부설연구소				40 개	120 개
	대학간연구소				11 개	
	대학부설연구소				65 개	
	대학원부설연구소				4 개	
장학금	(2015 회계연도 추경예산)	본교	96,264 백만원	의료원	8,667 백만원	132,933 백만원
		원주매지	24,318 백만원	원주일산	3,684 백만원	
개설강좌 (2015 2학기)			영어강의	한국어강의	계	5,679 강좌
	본교	학부	535 강좌	1,320 강좌	4,369 강좌	
		대학원	379 강좌	2,135 강좌		
	의료원	학부	2 강좌	190 강좌	263 강좌	
		대학원	0 강좌	71 강좌		
	원주매지	학부	98 강좌	738 강좌	908 강좌	
		대학원	0 강좌	72 강좌		
	원주일산	학부	0 강좌	139 강좌	139 강좌	
기숙사	본교	신촌캠퍼스	시설규모(㎡)	72,311	3,262 명	12,862 명
		국제캠퍼스	시설규모(㎡)	122,514	5,305 명	
	의료원		시설규모(㎡)	–	0 명	
	원주매지		시설규모(㎡)	45,770	3,741 명	
	원주일산		시설규모(㎡)	7,038	554 명	
동문 (정규학기)	세브란스전문대학				1,994 명	297,920 명
	연희전문대학				3,857 명	
	연세대학교(학부)				202,091 명	
	연세대학교(대학원)				89,978 명	
도서관 장서수 (2015. 3.)	좌석수(석)			좌석수(석)	장서수(권)	3,020,185 권
	본교			6,660	2,193,798	
	의료원			542	210,148	
	원주매지			1,196	522,865	
	원주일산			585	93,374	

주1) 학부 학과(전공)수는 학과(전공)명 변경에 따른 혼선을 최소화하고자 정원내 모집 및 재적단위를 기준으로, 대학원의 경우,
　　고등교육통계조사 등 대외 제출 학과 수를 기준으로 함.
주2) 직원수의 경우, 교비회계를 기준으로 대상수를 산정함 (병원회계 기준 직원은 제외됨)
주3) 부설연구 기관에서 연구 기관 산하 연구소의 경우는 제외함
주4) 개설강좌는 학정번호 및 개설대학을 기준으로 산정함(분반 및 폐강과목은 제외함)

재정현황 (신촌캠퍼스에 한함, 단위: 억원)

자금 수입			자금 지출		
과목명	2011회계	2015회계	과목명	2011회계	2015회계
등록금및수강료수입	2,994.0	3,078.8	보수	1,883.6	2,087.0
전입및기부수입	828.3	1,226.1	관리·운영비	630.3	861.2
교육부대수입	126.1	428.2	연구·학생경비	1,267.4	1,373.5
교육외수입	458.8	211.0	교육외비용	44.0	3.8
			전출금	16.8	66.1
			예비비	–	–
운영수입합계	4,407.2	4,944.0	운영지출합계	3,842.1	4,391.6
투자와기타자산수입	1,131.0	1,515.7	투자와기타자산지출	1,138.5	733.7
고정부채입금	4.1	4.9	고정자산매입지출	554.2	1,342.0
			고정부채상환	6.2	26.0
자산및부채수입합계	1,135.0	1,520.6	자산및부채지출합계	1,698.9	2,101.7
미사용전기이월자금(1-2)	4.1	58.8	미사용차기이월자금(1-2)	5.5	30.2
1 기초유동자산	1,254.3	1,425.4	1 기말유동자산	1,271.1	1,382.6
2 기초유동부채	1,250.1	1,366.5	2 기말유동부채	1,265.6	1,352.3
자금 수입 총계	5,546.4	6,523.5	자금 지출 총계	5,546.4	6,523.5

연구성과

1. 주요 대학 2012~2015 SCI급 논문 통계

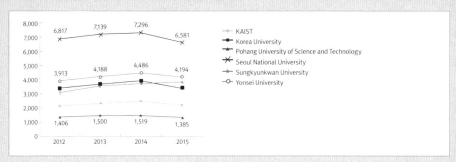

학교명	2012	2013	2014	2015
서울대	6,817	7,139	7,296	6,581
연세대	3,913	4,188	4,486	4,194
고려대	3,423	3,702	3,952	3,449
성균관대	3,154	3,611	3,801	3,804
KAIST	2,150	2,333	2,482	2,238
포항공대	1,406	1,500	1,519	1,385

주1) 자료출처: SCOPUS, SciVal 2016년 1월 4일 현황, Article만 포함(Review, conference paper, editorial 등 제외). 우리학교와 고려대는 분교(원주, 조치원) 전임교원 포함.

2. 2012-2015년도 신촌캠퍼스의 주요 과제별 연구비 수주액

사업명	수주액(억원)	사업명		수주액(억원)
Y-IBS[1]	27.0	GL(글로벌연구실)		73.4
IT명품	319.3	미래유망파이오니어		70.3
선도연구센터	271.4	민간(삼성)		99.1
리더연구(창의)	130.9	WCU		140.4
ADD	265.4	U-City		36.7
바이오의료	137.5	기타	미래기반기술	38.0
BK	636.0		중점연구소	46.7
SSK(사회과학연구)	149.6		창의적자산	7.2
HK(인문한국)	123.4		첨단융합	24.0
글로벌프론티어	105.6			

주1) IBS는 2015.12.1에 과제가 시작되어, 2015년에 27억 원을 수주하였으며, 2016년에는 80여억 원을 지원받을 예정.
주2) 2015년도 연구비는 주요 사업만 추가.

주요 대학 평가 결과

(1) 요약

국내외 10여 개 이상 기관에서 매년 대학평가 자료를 발표하고 있으며, 발표기관 수는 증가 추세

2010년 이후 주요 세계 대학 평가에서 우리 대학 순위 지속적 상승 추세

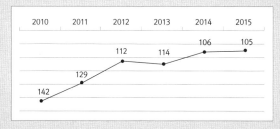

QS 세계대학평가 순위 추이(2010-15)

2014년부터 국내 사립대학 최초로 연세 역사상 처음 세계 100위권 진입

- 2014 THE^{Times Higher Education} 평판도 평가 세계 81-90위
- 2015 CWUR^{세계대학랭킹센터} 세계 98위

우리 대학의 장점 지표 순위는 2015년 평가 결과를 기준으로 함

가. 학계 평판

- QS 학계 평판 세계 107위
- U.S. News & World Report 아시아지역 연구 평판 19위

나. 동문의 우수성

- QS 졸업생 평판 세계 84위
- CWUR^{세계대학랭킹센터} Forbes Global 2000대 기업 CEO를 대상으로 선정하는 동문의 우수성 지표 세계 45위

다. 특허

- 국제 특허, 산학 공저 비율 등을 평가하는 로이터 '가장 혁신적인 대학' 세계 36위
- CWUR^{세계대학랭킹센터} 국제특허 수 지표 세계 23위

우리 대학의 취약점

가. 연구 영향력 피인용

- QS 교원당 피인용 세계 367위
- THE 논문당 피인용 세계 500위

나. 세계적 수준의 연구 실적

- 상해교통대학평가 네이처, 사이언스지 게재 논문편수 4.9/100점
- 대만국립대학평가 피인용 상위 1% 논문편수 세계 251위

2015 평가 결과

가. 절대 순위 상승

구 분	평가 결과
QS	2015년 105위, 작년 대비 1계단 ⬆
국립대만대학	154위, 16계단 ⬆
CWUR	98위, 9계단 ⬆
로이터 혁신대학평가	36위 (※ 올해 첫 발표)
중앙일보평가 KAIST, POSTECH 2015년 종합평가 대상에서 제외	국내 4위, 2계단 ⬆

나. 절대 순위 하락

구 분	평가 결과	비고
THE	2015년 301-350위	방법론 변경으로 국내 모든 대학 순위가 대폭 하락
U.S. News & World Report	260위, 37계단 ⬇	

방법론 및 지표 성격에 따라 ±100 이상 순위 변동

가. 150위 이하는 논문 한두 편에 따라 순위 등락이 크므로 순위가 큰 의미 없음

예) 상해교통대학평가 'Nature & Science 게재편수' 지표 등

나. 평가 기관이 대부분 영리 기관이어서 이해관계자의 의견에 따라 잦은 방법론 변동

예) 2015년 THE 평판도 설문 대상자 지역 배분 변경(북미 ⬇, 유럽/아시아 ⬆) → 우리 대학, 서울대, KAIST,
POSTECH 등 평판도 점수 약 50% 하락, 중앙일보 국내대학평가에서 성균관대가 서울대에 이어 2위

다. 지표 구성에 따른 순위 상승 유리벽 존재

예) 상해교통대학평가 '노벨상 및 필즈메달 수상 동문 / 재직교원' 지표(가중치 각 10%, 20%) → 국내대학 모두 0점, 'Nature & Science 게재편수' 지표 등

라. 평판도 평가의 불합리성과 과다한 배점: 사실상 인지도 평가

예) 해당 분야의 우수성과 관계없이 영국, 미국의 6개 대학이 평판 답변의 대부분을 차지하고 있으며(평판 6위와 7위가 2배 이상의 점수차를 보임), 평판도 30위권 이하 순위는 의미 없음 (아주 적은 수의 답변으로 큰 순위변동 발생)

(2) 주요 국내외 대학평가 결과 및 추세

1. 2015 QS 세계 대학 평가

가. 개요

- 평가기관: QS[Quacquarelli Symonds]_영국 소재 고등교육평가기관
- 특징: 연구[실적/평판], 교육, 국제화 등 대학의 성과물을 고르게 평가

나. 종합 순위 2015년 105위로 QS 역대 최고 순위, 학문분야 평가 전 분야 100위권 진입

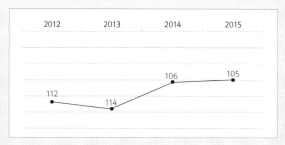

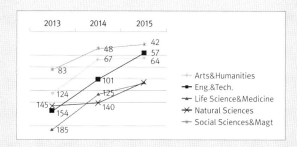

다. 국내 주요 대학 순위: 우리 대학 국내 5위

대학	2014	2015	전년 대비 변동
서울대	31위	36위	5 ↓
KAIST	51위	43위	8 ↑
POSTECH	86위	87위	1 ↓
고려대	116위	104위	12 ↑
연세대	106위	105위	1 ↑
성균관대	140위	118위	22 ↑

2. 2015 CWUR 세계 대학 평가

가. 개요
- 평가기관: Center of World University_사우디아라비아 소재 컨설팅 기관
- 특징: 연구, 특허, 동문의 우수성 등을 평가

나. 종합순위
- 2015년 98위로 작년 대비 9계단 상승
- 국내 사립대학 최초 100위 내 진입. 사립대학 중 세계 30위/아시아 3위

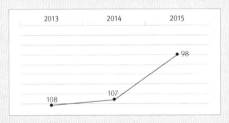

다. 국내 주요 대학 순위: 우리 대학 국내 2위

대학	2014	2015	순위변동
서울대	24위	24위	=
연세대	107위	98위	9 ↑
고려대	130위	115위	15 ↑
KAIST	128위	144위	16 ↓
POSTECH	186위	165위	21 ↑
한양대	174위	192위	18 ↓
성균관대	204위	211위	7 ↓

3. 2015 National Taiwan University[NTU] Ranking

가. 개요
- 평가기관: 국립대만대학
- 특징: 과학분야 논문[SCI, SSCI] 실적만으로 평가하며, 연구의 양적·질적 측면과 장·단기 성과를 고루 반영

나. 종합순위: 154위로 작년 대비 16계단 상승

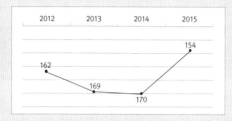

다. 국내 주요 대학 순위: 우리 대학 국내 2위

대학	2014	2015	14 대비 변동
서울대	45	51	6 ↓
연세대	170	154	16 ↑
고려대	201	191	10 ↑
성균관대	187	189	2 ↓

4. 2015 The World's Most Innovative Universities TOP 100

가. 개요
- 평가기관: Reuters_영국 소재 미디어 기업
- 특징: 과학기술을 변혁시켜 세계경제에 큰 영향을 미치는 대학 선정. 특허, 연구성과, 산업영향력, 산학공동 연구 등 평가. 2015년 첫 발표

나. 종합순위: 36위[아시아대학 중 7위]

다. 국내 주요 대학 순위: 우리 대학 4위^{국내종합사립대학 1위}

순위	대학	점수
10위	KAIST	1,515
12위	POSTECH	1,470
31위	서울대	1,335
36위	연세대	1,315
62위	한양대	1,170
66위	성균관대	1,153
84위	고려대	1,073

5. 2014 THE Reputation Ranking

가. 개요

- 평가기관: THE^{Times Higher Education}_미디어기관
- 특징: 2011년부터 평판도 조사 결과를 토대로 THE 세계대학평가와 분리하여 별도 발표. Top 100 대학만 발표

나. 종합순위: 81~90위^{국내 종합사립대학 최초로 100위권 진입}

다. TOP 100내 국내 대학

연도	TOP 100 국내대학
2013년	서울대(41위), KAIST(61-70위)
2014년	서울대(26위), KAIST(51-60위), 연세대학교(81-90위)
2015년	서울대(51-60위)

6. 2015 중앙일보 평가

가. 개요

- 평가기관: 중앙일보
- 특징: 연구, 교육여건, 학생교육 노력 및 성과, 평판도를 반영하는 총 42개 지표로 대학 활동의 다양한 측면 반영하고자 시도

나. 종합순위: 국내 4위

- 평가지표 및 배점 매년 변경으로 공정성 및 신뢰성 문제 제기: 2014년 32개 지표 총 300점·2015년 42개 지표 총 400점

다. 국내순위: 우리 대학 4위

대학	2014	2015
서울대	5위	1위
성균관대	3위	2위
한양대	7위	3위
연세대	6위	4위
고려대	4위	5위

* 2015년 종합평가에서 KAIST와 POSTECH 제외

7. 2015 Best Global Universities

가. 개요

- 평가기관: U.S. News & World Report_미디어기관
- 특징: 2014년 처음 첫 발표하였으며 평판도$_{글로벌, 지역별}$, 논문당 피인용, 교원당 박사학위 수여자 수 등 다양한 지표 활용

나. 종합 순위: 260위로 작년 대비 37계단 하락

※ 발표대학 확대(2014년 400개 대학 → 2015년 750개 대학) 및 지표 가중치 축소 및 신설(저서, 학술연구논문 모음집 게재 논문지표) 등 방법론 변경

다. 국내 순위: 우리 대학 국내 5위

대학	2014	2015	순위변동
서울대	72위	105위	33 ↓
KAIST	179위	184위	5 ↓
POSTECH	173위	197위	24 ↓
성균관대	228위	231위	3 ↓
연세대	223위	260위	37 ↓
고려대	157위	280위	123 ↓

8. 2015 Times Higher Education^{THE} 평가

가. 개요
- 평가기관: Times Higher Education^{THE}_미디어기관
- 특징: 2009년까지 QS와 공동으로 세계대학평가 진행, 2010년부터 분리 평가

나. 국내 순위: 우리 대학 국내 6위

대학	2014	2015	2014 대비 변동
서울대	50위	85위	
POSTECH	66위	115위	
KAIST	52위	149위	일제 하락
성균관대	148위	153위	
고려대	210위	256위	
연세대	211위	349위	

※ 2015년 방법론 변경으로 과거 순위와 직접 비교 의미 없음

구분	변경 전	변경 후
계량서지 데이터 출처	톰슨로이터 Web of Science	엘스비어 Scopus
분석기관	톰슨로이터	THE 자체 분석
평가규모	TOP 400	TOP 800
평판도 응답 분포		북미 / 유럽, 아시아

9. 2015 상해교통대학 평가

가. 개요
- 평가기관: 상해교통대학
- 특징: 중국과 세계 수준 대학 간 학술 및 연구 부분의 차이를 측정하기 위한 목적으로 2003년부터 발표 시작

나. 종합순위: 237위로 작년 대비 2계단 하락

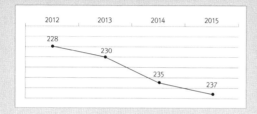

다. 국내 순위: 우리 대학 국내 3위

대학	2014	2015	순위변동
서울대	120위	122위	2 ↓
고려대	224위	219위	5 ↑
연세대	235위	237위	2 ↓
KAIST	227위	240위	13 ↓
성균관대	265위	276위	11 ↓
POSTECH	301위	331위	30 ↓

라. Highly Cited Researcher 학문분야별 피인용 상위 1% 논문 배출 연구자

- 톰슨로이터에서 2002~2012년 연구결과를 바탕으로 2014년 업데이트 명단 발표
  - 해당 국내 교원: 우리 대학 1명화학과 천진우 교수 포함 총 21명서울대 4명, 고려대 3명, POSTECH 2명 등
  - 2004년 발표된 이전 명단1984~2003 연구결과 바탕 에는 국내 4명우리 대학, 서울대, KAIST, UNIST 각 1명

마. Nature 및 Science 게재 논문

- 우리 대학 N&S는 의과대학 의존도2015 평가년도 기준 총 7편 중 4편가 높은 반면 국내 타 주요대학은 응용물리, 화학, 에너지과학 등 이공계 학과 전반적으로 고르게 배출

연도별 Nature 및 Science 게재편수 / **평가연도별 합산편수**

	09	10	11	12	13	14	15	2014 (09-13)	2015 (10-14)	2016 (11-15)
연세대	3	1	3	1	1	1	0	9	7	6
서울대	2	9	10	8	5	9	4	34	41	36
고려대	1	1	1	1	4	1	1	8	8	8
성균관대	3	2	5	4	5	6	4	19	22	24

기타

총장 주요 활동 실적

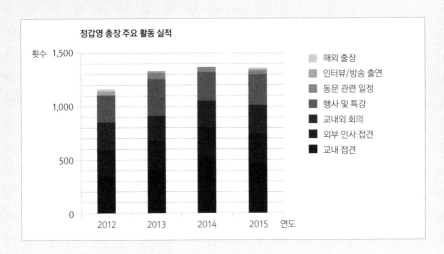

- 총장 업무 수행을 위해 1일 평균 5건 이상 접견 또는 회의 참석
- 주말과 공휴일에도 대부분 공적 활동을 수행하였으며, 연간 휴가는 1주일 미만
- 주요 기관 방문 및 교원, 기업인, 정관계, 언론인 등 접견 활동이 가장 많은 비중을 차지함. 회의 및 행사도 평균 1회 이상 참석
- 4년간 각종 행사에서 공식적인 축사와 격려사 등 615회 이상 연설

ACHIEVE

A Global Educational Institution
글로벌 명문교육 확립

World-Class Research
세계 수준의 연구 강화

Campus Development
캠퍼스 선진화: 시스템 & 인프라

Multi-Campus Autonomy and Convergence
멀티캠퍼스 자율과 융합

Community Culture
공동체 문화의 확산

A Global Educational Institution

글로벌 명문교육 확립

|

선진 명문형 RC 도입
Asia's World University

세계적인 명문교육의 핵심은 레지덴셜 칼리지(Residential College) 프로그램과 기초 인문학의 소양 교육, 학문 간의 장벽을 뛰어넘는 융합교육입니다. 국내 대학 최초로 연세대학교는 이 모든 것을 갖춘 특성화 인재교육을 실현하여 세계 명문대학들과 어깨를 나란히 하고 있습니다.

Residential College

선진 명문형 RC

UIC & EIC Premium Education

언더우드국제대학(UIC), 동아시아국제학부(EIC) 특성화 교육

RC 프로그램은 학습과 생활이 결합된 선진 명문형 교육 모델이다. 연세대학교는 2007년 원주 캠퍼스에서 아시아 최초로 RC 프로그램을 시행하였고, 2013년부터는 국제캠퍼스에서 전체 신입생을 대상으로 확대 시행하였다. 최고의 전인교육(Holistic Education) 프로그램인 RC는 한국 대학교육의 새로운 패러다임이 되었다.

UIC는 영어 공용화를 통한 글로벌 교육과 국제 기구 및 해외 교육기관과의 교류를 통해 한국 교육 시스템의 새로운 모델이 되었다. 원주 캠퍼스의 EIC 또한 모든 교육 과정이 영어로 진행되며, 동아시아 언어를 필수 외국어로 이수하여 현장 감각과 국제적인 마인드를 갖추도록 교육하고 있다.

UIC 학생 수(2016학년도 1학기 기준)

2,036명

45개국

외국인 학생 비율(2016학년도 1학기 기준, 전체 재적생 2,036명 중 외국인 266명)

13%

Global
Leadership
Division

글로벌인재학부 2015년 3월 설립

글로벌인재학부는 글로벌 특성화 교육의 일환
으로 우수 외국인과 재외교포 학생을 유치하여
한국어를 기반으로 교육하는 명문 교육 프로그
램이다. 한국의 언어, 문화, 사회 등 한국적인
것에 대한 심층적인 이해를 바탕으로 한국적
가치를 국제 무대에서 승화시킬 글로벌 인재
양성을 목표로 한다.

Global
Institute of
Theology

글로벌 신학원 2015년 3월 설립

글로벌 신학원은 글로벌 기독교 리더 양성을
위해 국제캠퍼스에 설립된 프로그램이다. 우리
교회의 뿌리가 되었던 외국인 선교사들의 역사
를 기억하며 이제 세계 교회의 부흥을 위해 한
국이 앞장서겠다는 소명으로, 아시아와 아프리
카 등 소외 지역의 학생들에게 최고의 신학교
육을 제공하고 있다.

Y-CES

선진형 수강신청 시스템

Y-CES(Yonsei Course Enrollment System)는 마일리지 제도와 타임티켓 제도, 대기순번 제도 등을 복합적으로 적용한 수강신청 제도다. Y-CES는 선착순의 문제점인 수요자 집중 현상을 해소하고 공정하고 합리적인 기준의 우선순위를 적용하여 학생들의 수강 신청을 효율적으로 관리하고 있다.

YSCEC2

국·영문 통합 표절검색
시스템 강화

2015학년도 2학기부터 새롭게 개편된 온라인 학습 관리 시스템(YSCEC2)에는 국영문 통합 표절검색 시스템을 도입하였다. 표절 검색 기능 지원을 통해 연구자가 연구과제에 대한 책임을 갖게 하고 윤리의식을 강화함으로써 올바른 인성을 함양한 창의적 인재를 양성하는 데 일조하고 있다.

Open & Smart Education

열린교육·스마트교육

Open Smart Education 센터를 신설하여 MOOC, LMS, OCX가 유기적으로 결합된 최신 학습법을 지원하는 온·오프라인 통합 교육 플랫폼을 성공적으로 구현하였다. 첨단 ICT를 기반으로 한 지식 정보화 사회로의 변화에 효율적으로 대응하고 미래지향적인 교육 정책을 수립함으로써 연세 교육의 수월성을 획기적으로 고양시켰다는 평가다.

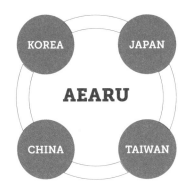

- Yonsei University
- Seoul National University
- Korea Advanced Institute of Science and Technology
- Pohang University of Science and Technology

- Tohoku University
- University of Tsukuba
- Kyoto University
- Osaka University
- Tokyo Institute of Technology
- University of Tokyo

AEARU

- Nanjing University
- Peking University
- Fudan University
- Tshinghua University Beijing
- University of Science and Technology of China
- Hong Kong University of Science and Technology

- National Tsing Hua University
- National Taiwan University

외국대학 교류 현황(2015년 6월 17일 기준)

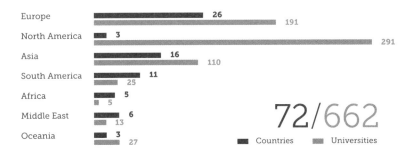

	Countries	Universities
Europe	26	191
North America	3	291
Asia	16	110
South America	11	25
Africa	5	5
Middle East	6	13
Oceania	3	27

72/662

외국인 유학생 현황(2015년 4월 1일 기준)

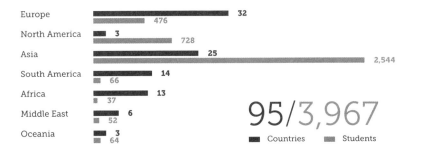

	Countries	Students
Europe	32	476
North America	3	728
Asia	25	2,544
South America	14	66
Africa	13	37
Middle East	6	52
Oceania	3	64

95/3,967

APRU
AEARU
G10

환태평양대학협회,
동아시아연구중심대학협의회,
3-캠퍼스 컨소시엄

연세대학교는 세계적인 대학들을 대상으로 연세
중심의 글로벌 네트워크를 구축하였다. APRU 참
여를 통해 대학의 다자간 교류협력 추세에 적극적
으로 대응하고, AEARU 가입으로 국제 연구 협력
에 활발히 참여하고 있으며, G10 가입으로 교류의
범위를 더욱 확대시켰다.

World-Class Research

세계 수준의 연구 강화

|

선도적 연구역량 강화

융복합 연구/산학협력 강화

다양한 분야의 최고 전문가들이 모여 있는 연세대학교는 융합 연구를 위한 최적의 기관입니다.
미래지향적 융복합 연구를 활성화하기 위해 미래융합연구원을 개원하였으며, 교원 내부겸직 활성화,
의생명 콤플렉스 설립, 융복합 전공 개설 등을 통해 학문의 경계를 뛰어넘는 연구 환경을 만들었습니다.

Research Capacity

연구역량 증가

연세대학교는 연구 역량 강화를 위한 다각적인 노력을 기울이고 있다. 세계 최정상급 연구자 확보를 위해 특별 채용제도를 도입하였고, 탁월한 성과를 거둔 교수를 '언더우드·에비슨 특훈교수'로 선정해 최고의 대우를 제공하고 있으며, 정교수 인센티브 제도로 연구 의욕을 고취하였다.

2015년 연구비 규모

3,995억 원

2013년 4,134 / 2014년 3,768
출처: 대학정보공시
(2014년의 경우 산학협력 실태조사)

2015년 SCI급/SCOPUS 논문 수

5,776편

2013년 5,265 / 2014년 5,630
출처: SciVal(SCOPUS)

2014년 특허등록 건수

650건

국내: 585 / 해외: 65
출처: 대학정보공시

Yonsei Nobel Forum

연세노벨포럼

연세노벨포럼은 노벨상 수상자를 초청하여 강연의 장을 마련함으로써 기초 학문에 대한 관심을 고취시키는 행사다. 2006년부터 시작된 연세노벨포럼은 물리학, 화학, 생리의학, 경제학 분야 등 그동안 29명의 노벨상 수상 석학들이 연세를 방문하여 지적 향연을 펼쳐 왔다.

Convergence Research & Industry- University Cooperation

융합연구와 산학협력

연세대학교는 교원의 내부 겸직 활성화, 의생명 콤플렉스 설립, 융복합 전공 개설 등을 통해 학문의 경계를 뛰어넘는 미래지향적 지식을 창조하고 있다. 또한 연구개발 실적을 기업과 공공기관에 이전하여 신산업을 창출하고 학생 창업 활성화를 통해 새로운 산학협력 모델을 제시하였다.

Global Treatment Technologies

세계적 치료기술

첨단 로봇수술의 메카, 세브란스는 가장 넓은 분야에서 활발한 로봇수술을 시행하고 있다. 축적된 경험을 토대로 100건이 넘는 국내외 연구논문을 발표함으로써 로봇수술의 발전 가능성과 유용성을 입증했으며, 2011년 한국 로봇수술 가이드라인을 발표하는 등 선도적인 역할을 하고 있다.

ICONS

미래융합연구원

미래융합연구원은 지식의 새로운 지평을 열기 위해 인문, 사회, 자연을 망라하고 기초와 응용을 아우르면서 다양한 학문의 융합을 이루고자 2013년 설립되었다. 미래융합연구원은 Bottom-up 방식의 자율적 연구공동체로 대학의 융합 연구를 활성화하는 연구 인프라로 자리잡았다.

3대 목표

세계적 융복합 연구 선도 — 연세 융복합연구의 중심 허브 — 미래적 신지식 · 가치 창출

연구센터 수(2016년 1학기 현재)

40개

참여교수 인원

470명

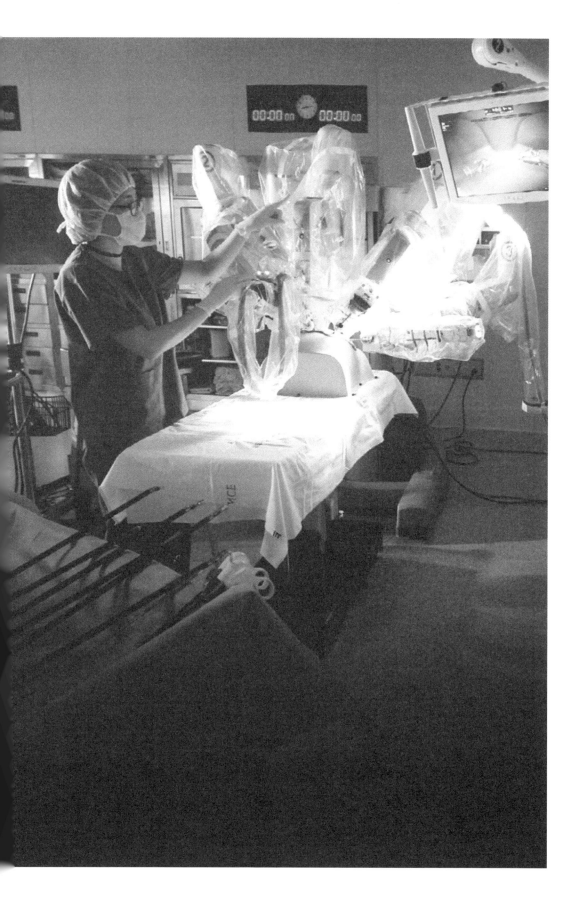

Campus Development

캠퍼스 선진화: 시스템 & 인프라

|

안정적 재정기반 확보

캠퍼스 환경 혁신

연세는 백양로 재창조 사업을 비롯한 각종 교육, 연구, 문화 시설의 인프라 구축을 완료함으로써
캠퍼스 선진화의 물적 기반을 마련하였습니다. 다음 단계로 스마트 캠퍼스 구축, 성과연동 직원급여체계
도입 등 소프트웨어와 시스템 개선에 집중하여 글로벌 명문대학으로서의 경쟁력을 강화하였습니다.

Baekyang-ro
Project

백양로 재창조 프로젝트

백양로 재창조는 학생들의 등록금 대신 동문들과 관계 기업들의 전액 기부로 달성한 대역사이자 캠퍼스 인프라 구축 사업의 백미였다. 나무가 늘어선 백양로와 학생들이 마주하는 광장으로 이루어졌으며, 지하에는 문화, 융합, 연구, 후생, 편의, 주차 공간 등이 조성되었다.

아스팔트 포장비율
아스팔트 포장비율 사업시행 후 9%로 현저히 감소

56% → 9%

이용 가능한 공간
보행자 중심의 공간(휴게, 보행, 잔디광장) 45%로 증가

11% → 45%

이용 가능한 녹지공간
관목중심의 조경을 개선하여 녹지공간 31%로 확대

5% → 31%

Yonsei Cancer Center

연세암병원

첨단 암치료와 연구를 주도해 온 연세암병원이 2014년 4월, 세브란스 Complex 내에 개원되었다. 연세암병원은 최고 수준의 시스템과 환자 중심의 프로세스를 구축하여 국내 암환자들이 경험하지 못한 새로운 치료서비스를 제공하여 '국민이 신뢰하는 암병원'으로 자리매김하였다.

진료과목 수

방사선종양학과, 소아혈액종양과, 종양내과, 종양재활의학과, 종양정신건강의학과, 종양마취통증의학과, 진단검사의학과

7 개

암종별센터 수

간암센터, 갑상선암센터, 대장암센터, 두경부암센터, 비뇨기암센터, 부인암센터, 소아청소년암센터, 식도암센터, 위암센터, 유방암센터, 췌장담도암센터, 폐암센터, 혈액암센터, 흉터성형레이저센터, 암예방센터, 암지식정보센터, 완화의료센터, 고난도암수술팀

18 개

Campus Infra

캠퍼스 인프라

대학의 교육과 연구 역량은 캠퍼스 인프라와 밀접한 관련이 있다. 연세대학교는 2012-2015년 동안 각 캠퍼스에 첨단 교육, 연구, 문화 시설을 대폭 확충하여 글로벌 명문으로 비상하기 위한 기반을 다졌다. 새롭게 확충된 캠퍼스 인프라는 연세 제3 창학의 견고한 주춧돌이 될 것이다.

01. 경영대학 신축

경영대학 신축 건물은 기존 용재관 타워의 상징성을 고려한 외관을 설치하고, 진달래동산을 복원하며, 건물 중앙에 아트리움을 설치하여 자연 채광과 환기가 가능하고, 강의실은 토론식 수업이 가능한 계단식 말발굽형 공간으로 구성되었다. 이 건물은 국내 대학 최초로 미국 USGBC의 LEED인증과 국내 녹색건축물 최우수등급을 동시에 받은 친환경 건축물이다.

규모: 연면적 20,004.7㎡
완공일: 2015년 8월

02. 제1공학관 증축

공과대학의 부족했던 교육 및 연구 공간을 넓게 확장하기 위해 제1 공학관 증축이 추진되었다. 건물 중심에 타워동을 증축하여 하나의 공간으로 통합함으로써 소통과 창의적 융합연구·융합교육의 장을 마련하였다.

규모: 연면적 20,871㎡
완공일: 1단계 2015년 7월,
2단계 2016년

03. 제중학사·법현학사 재건축

제중학사와 법현학사는 교직원과 학생을 동시에 수용하는 기숙사이다. 식당, 라운지, 체력단련실, 카페, 편의점, 멀티룸, 세미나실, 독서실, 휴게실 등 각종 편의시설이 구비된 최신식 기숙사로 미래 한국의 법조인과 의료 인력이 성장해 나갈 안락한 보금자리가 되었다.

규모(제중학사): 연면적 30,081.55㎡
규모(법현학사): 연면적 11,688.35㎡
완공일: 2016년 11월

04. 우정원 학생기숙사 신축

규모 연면적 6,612.06㎡
완공일: 2014년 8월

05. 국제캠퍼스 송도2학사(D, E, F, G동)

규모 지상 13층, 지하 1층, 연면적 63,742.36㎡
완공일: 2014년 1월

06.

07.

06. 원주세브란스기독병원 외래센터 / 권역외상센터(위)

원주세브란스기독병원은 외래진료과와 외래검사실을 한 곳에 집중시킴으로써 환자의 동선을 간소화하고 병원 이용의 편리성을 극대화할 수 있도록 외래센터 증축사업을 진행하였다. 또한 중증 외상 환자의 생존률을 높이기 위해 외상전문 치료기관인 권역외상센터를 완공했다.

규모(외래센터): 지상 6층, 지하 1층, 연면적 14,309㎡
규모(권역외상센터): 지상 4층, 지하 1층, 연면적 4,638㎡
완공일: 2015년 9월

07. 국제캠퍼스 언더우드기념도서관(아래)

언더우드기념도서관은 국제캠퍼스의 심장처럼 캠퍼스의 중앙에 배치된 상징적인 건축물이다. 연세 제3 창학의 핵심 요소인 RC 프로그램이 이루고자 하는 소통능력, 창의력, 융복합능력, 문화적 다양성, 크리스천 리더십을 도서관의 자료, 서비스, 시설환경에 녹여낸 건물이다.

규모: 지상 7층, 지하 1층, 연면적 13,094.98㎡
완공일: 2013년 2월

08. 에비슨의생명연구센터(ABMRC)

규모: 지상 6층, 지하 5층, 연면적
40,229.02㎡
완공일: 2013년 4월

09. 국제캠퍼스 포스코 그린빌딩

규모: 지상 5층, 지하 1층, 연면적 5,571㎡
완공일: 2013년 2월

10. 국제캠퍼스 크리스틴 채플

규모: 지상 1층, 연면적 718.9㎡
완공일: 2013년 2월

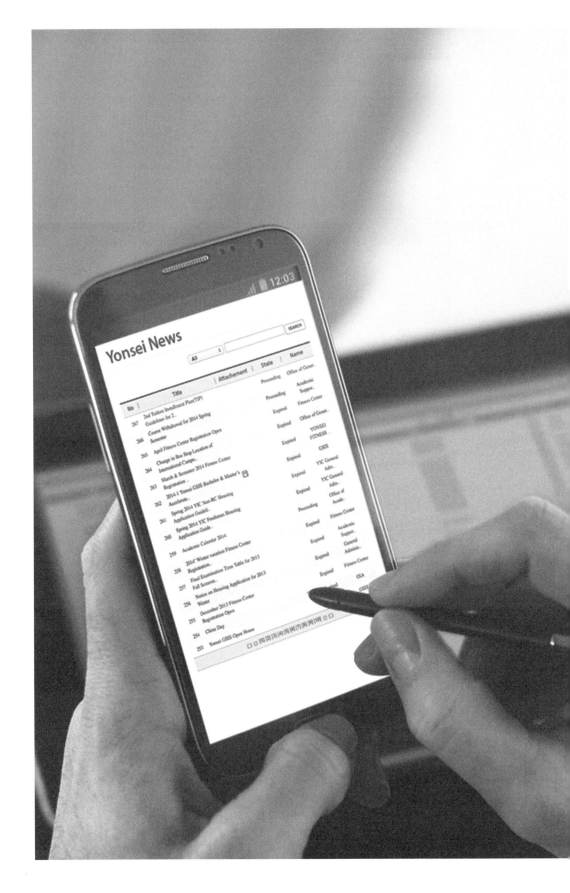

Smart Campus

스마트 캠퍼스 구축

2015년 연세대학교에서는 세계에서 가장 앞서가는 스마트 캠퍼스가 구현되었다. 연세대는 앞으로도 최첨단 IT를 이용한 세계 최고의 교육 서비스를 제공할 것이며, 정보의 융합과 스마트화를 주제로 끊임없이 새로운 대안을 제시해 나갈 것이다.

스마트 캠퍼스 구축을 위한 5개 분야

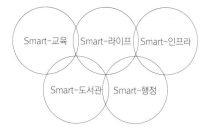

Performance-based Wage System

성과연동 직원급여체계

'행정시스템 선진화'와 '재정운용의 효율화'를 위해 40년 이상 적용해오던 경직된 급여제도를 2014년 9월부터 개편하고 새로운 '성과연동 직원 급여체계'를 도입하였다. 성과에 기반을 둔 합리적 보상체계로 바꿈으로써 조직의 역동성과 행정의 효율성을 향상시킬 것으로 기대된다.

Multi-Campus Autonomy and Convergence

멀티캠퍼스 자율과 융합

|

캠퍼스 간 시너지 효과
캠퍼스별 특성화 강화

연세는 108만 평 부지에 4개의 캠퍼스, 5만3천여 명의 교수, 학생, 직원으로 구성된 하나의 사회이자 학문 공동체입니다. 신촌캠퍼스와 의료원, 원주캠퍼스, 국제캠퍼스가 각 캠퍼스별 특성과 경쟁력을 갖추는 동시에 캠퍼스의 구분이 없는 융합연구와 학제간 소통을 통해 연세의 역량을 배가해 나가고 있습니다.

Multi-Campus Strengths

캠퍼스별 특성화 강화

Shinchon Campus
—————
신촌캠퍼스

130년 역사의
전통과 유산
한국사회 발전을 이끌어 온
리더십

신촌캠퍼스는 연세의 전통과 유산을 계승하면서 동시에 글로벌 한국의 정치, 경제, 사회, 문화의 중심에 서서 연세의 구심점 역할을 하고 있다. 연세의 문학, 상학, 이학, 신학, 공학, 사회과학의 산실이며 교육·연구의 심장부이다. 특히 연세 학풍의 뿌리가 되었던 문과대학, 이과대학, 상경/경영대학, 신과대학은 2015년, 설립 100주년을 맞이하였다. 신촌캠퍼스는 의료원과 원주캠퍼스, 국제캠퍼스를 연결하면서 연세가 세계 명문대학으로 성장하기 위한 경쟁력 강화기반을 수립하는 데 중추가 되고 있다.

Yonsei University
Health System

─────

연세의료원

글로벌 경쟁력을 갖춘 ━━━━
의료시스템
동북아시아의 의료 허브

연세의료원은 최초(the First)와 최고(the Best)의 수식어를 가진 우리나라 의학과 의료계의 역사이며 요람이다. 연세의료원은 국내 최고의 의료기관인 세브란스병원, 연세암병원, 강남세브란스병원, 치과대학병원, 용인세브란스병원을 갖춘 세계적인 메디컬 콤플렉스를 이루고 있다. 5개 병원이 갖고 있는 풍부한 임상 의학과 각 대학이 갖고 있는 기초의학 분야와의 융합연구를 통해 의료산업화를 선도하고 병원경영의 새로운 패러다임을 제시하고 있다.

Wonju Campus

—————

원주캠퍼스

**자연과 첨단의 ——————
어울림,
교육혁신으로
지역과 상생**

원주캠퍼스는 산학협력형 융복합캠퍼스를 지향하며 실무적 산학협력의 새로운 지평을 열어가고 있다. 전통적 학과 중심 체제에서 벗어나 인문사회계와 이공계를 대표하는 학문 클러스터를 만들어 나가고 있다. 원주캠퍼스는 원주시에 국제 경쟁력을 갖춘 지식기반형 의료기기 산업 클러스터를 구축하는 데 중추적 역할을 하였고, 군사 도시의 이미지가 강했던 원주시가 첨단 의료혁신 기업도시로 탈바꿈하는 데 기여하였다. 원주캠퍼스는 더 나아가 환경, 보건의료, 빈곤 퇴치를 위한 국제사회개발 분야에서의 산학협력 모델 개발에 주력하고 있다.

International Campus

국제캠퍼스

새로운 대학교육의
패러다임
세계로 통하는
글로벌 교육의 허브

━━━━━━━

국제캠퍼스는 RC, 융합교육, 국제화 프로그램 등 연세대학교가 제시하는 새로운 대학교육의 패러다임이 실현되고 있는 연세의 성장판이다. 가장 선도적인 융합교육이 진행되고 있는 공과대학 글로벌융합공학부, UIC의 융합과학공학부(ISE), 융합사회과학부(HASS), 아시아학부, 테크노아트학부, 약학대학의 모든 교육과정이 국제캠퍼스에서 이루어진다. 특정 학문이나 분야에 한정되지 않는 다각적이고 통섭적인 안목을 가진 글로벌 인재를 배출하는 요람이 되고 있다.

Inter-Campus
Synergy

캠퍼스 간 시너지 효과

연세대학교는 각각의 경쟁력을 갖춘 4개의 캠퍼스를 활용하여 융합연구와 교육, 학제간 소통을 다각화하고 있다. 각각의 캠퍼스가 가지고 있는 풍부한 학문적 성과와 지리환경적 특장점은 시너지가 되어 연세가 글로벌 명문으로 성장하는 데 중요한 자원이 되고 있다.

Community Culture

공동체 문화의 확산

|

섬김의 리더십 확대
열린 공동체 문화 정립

연세는 작게는 내부 공동체, 크게는 인류 공동체와 더불어 열린 마음과 섬김의 연세정신으로
공동체 문화를 만들어 가고 있다. 안으로는 연세 구성원들의 소통과 화합을 이끌고,
밖으로는 소외된 이웃과 지역사회를 위해 봉사하고 있다. 언더우드 선교사와 알렌 선교사,
그리고 신촌캠퍼스 부지 매입 자금을 기부해 준 언더우드 선교사의 형 존 T. 언더우드를 비롯한
선각자들의 나눔과 섬김의 정신은 연세의 DNA에 깊이 새겨져 면면히 이어지고 있다.

Servant Leadership

나눔과 섬김의 리더십

연세대학교는 뿌리부터 나눔과 섬김으로 시작
됐다는 사실에 큰 자긍심을 가지고 있다. 이러
한 전통을 이어받아 오늘의 연세도 나눔과 섬
김에 솔선수범하고 있다.

연세 나눔 활동 시간 *

242,617 시간

10,109일 / 27.7년

봉사 참여 인원 *

7,536 명

기부 참여 금액 *

6,314 백만 원

*2014년 신촌, 원주, 국제캠퍼스(의료원 제외)

Yonsei Culture

어울림과 소통의 문화

건전한 젊음의 에너지가 가득한 연세의 캠퍼스에는 봄의 '무악대동제'와 가을의 '연고전'과 같은 대규모 축제, 그리고 다양한 동아리가 펼치는 문화행사들이 사시사철 이어지고 있다.

Alumni

동문

연세대학교는 모교와 동문의 유대를 강화하기 위해 다양한 노력을 기울이고 있다. 연세가 나아가고자 하는 비전과 혁신을 동문들과 공유함으로써 진정성 있는 소통을 나누고 연대를 강화하는 계기가 되고 있다.

중앙 동아리 수

68개

공연: 18개 / 교양: 6개 / 사회: 8개 / 종교: 5개 /
창작: 6개 / 체육: 16개 / 학술: 9개

총 동문 수(2015년 10월 1일 기준)

297,920명

세브란스 전문대학 1,994명
연희전문대학 3,857명
연세대학교(학부) 202,091명
연세대학교(대학원) 89,978명

연세대학교 기금조성 현황
(2012년 2월~2016년 1월 31일)

조성금액

2,615.9 _{억 원}

YONSEI,
where we make *history*